本书受国家社科基金项目“残疾儿童心理健康及其与亲职压力关系的研究”
（13XRK002）资助

残疾儿童心理健康与家长亲职压力研究

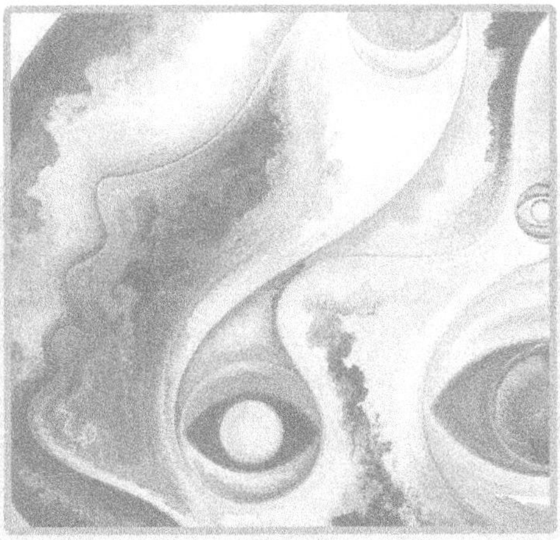

王　滔　等◎著

科　学　出　版　社
北　京

内 容 简 介

残疾儿童自身的缺陷和障碍不仅使其具有更高的罹患心理疾病的风险，同时也给他们的照顾者带来了更多的养育困难。本书旨在调查残疾儿童心理健康和残疾儿童家长亲职压力的状况及其双向关系，揭示亲子沟通和家庭功能中的家庭复原力在这一关系中的中介作用机制，从家庭环境系统里探寻重要的保护性因素（即有质量的亲子沟通和良好的家庭复原力），以缓冲或转化家长亲职压力对残疾儿童心理健康的消极影响，进而通过心理辅导的干预技术来提高残疾儿童及其家长的心理健康水平。本书提出的观点和策略可用于残疾儿童及其家长的心理健康教育实践，有助于促进残疾儿童家庭关系的积极重建与健康发展。

本书主要适用于从事特殊教育和心理健康教育的研究者与教育者，也适合对儿童家庭教育感兴趣的读者阅读。

图书在版编目（CIP）数据

残疾儿童心理健康与家长亲职压力研究 / 王滔等著. —北京：科学出版社，2022.6

ISBN 978-7-03-072558-5

Ⅰ. ①残… Ⅱ. ①王… Ⅲ. ①残疾人-儿童教育-心理健康-健康教育-研究 ②残疾人-儿童教育-家庭教育-研究 Ⅳ. ①G76 ②G78

中国版本图书馆 CIP 数据核字（2022）第 100950 号

责任编辑：朱丽娜　冯雅萌 / 责任校对：杨　然

责任印制：张　伟 / 封面设计：润一文化

科学出版社 出版

北京东黄城根北街 16 号

邮政编码：100717

http://www.sciencep.com

北京虎彩文化传播有限公司 印刷

科学出版社发行　各地新华书店经销

*

2022 年 6 月第　一　版　开本：720×1000　B5

2022 年 6 月第一次印刷　印张：17 1/2

字数：286 000

定价：108.00 元

（如有印装质量问题，我社负责调换）

前　言

初涉特殊教育是在2009年，现在算来已有13个年头。这一路走来，看到太多特殊孩子成长的困难与不易、家长养育特殊孩子的压力与焦虑，以及特殊教育教师的付出与努力。拥有心理学专业背景的我在与特殊儿童及其家长的相处中，越发感受到孩子和家长的心理健康状况会直接影响特殊儿童的教育康复效果，对特殊儿童家庭的生活质量也有极其重要的影响。

特殊儿童，尤其是残疾儿童，因其生理或心理发展上的缺陷和功能障碍，本身就比健全儿童更易出现心理和行为问题，这些问题会使家长在养育过程中感受到更大的亲职压力，危及家长的心理健康，而家长的心理困扰又会通过亲子间的消极反馈传递给孩子，导致孩子产生更多的心理和行为问题。一旦形成这样的不良循环，必然会给残疾儿童的成长及其家庭带来负面影响。基于此，我将研究视角转向特殊儿童及其家长的心理健康，希望可以在家庭系统里探寻到有助于缓冲家长亲职压力带给残疾儿童心理健康消极影响的保护性因素，于是以“残疾儿童心理健康及其与亲职压力关系的研究”为题目，申请了国家社会科学基金的资助，并有幸获准立项。

本书是国家社会科学基金项目“残疾儿童心理健康及其与亲职压力关系的研究”（13XRK002）的成果，主要研究内容可以概括为“四个变量”（残疾儿童心理健康、家长亲职压力、亲子沟通、家庭功能）、“两个关系”（双向关系、中介关系）、“两个干预”（减少残疾儿童的心理健康问题、减轻家长的亲职压力），由15项具体的实证研究构成，归纳起来有四个部分：首先是调查残疾儿童心理健康的现状与特点，即第一章的内容；其次是探讨残疾儿童家长亲职压力的特点和作用，即第二章的内容；再次是揭示残疾儿童心理健康与家长亲职压力之间的关系，尤其是亲子沟通和家庭功能作为中介变量，对残疾儿童心理健康与家长亲职压力关系的影响机制，包括第三章至第六章的内容；最后是探讨残疾儿童心理问题和家长亲职压力的干预，以缓解残疾儿童家长的亲职压力及维护残疾儿童的心理健康，即第七章的内容。

本书基于实证研究的结果，得出以下主要观点：①残疾儿童的心理健康表现在自我意识、学习适应、人际关系、生活适应和挫折体验五个方面，其自我意识的发展相对较差。②残疾儿童家长具有较高的亲职压力水平，且亲职压力越大的家长，其抑郁症状越明显，越倾向于使用消极的应对方式。作为一种消极的家庭环境变量，亲职压力是影响残疾儿童心理健康的危险性因素。③残疾儿童的情绪行为问题和亲社会行为不仅能直接影响家长的亲职压力，而且儿童的情绪行为问题还会通过亲社会行为的中介作用间接影响家长的亲职压力；反过来，家长的亲职压力尤其是亲子互动失调又会负向预测残疾儿童的心理健康。④合理的、高质量的亲子沟通可以缓冲亲职压力对残疾儿童心理健康的负性影响，成为压力情境下残疾儿童心理健康的保护性因素。⑤家庭功能，如家庭复原力所发挥的中介效应会减轻亲职压力对残疾儿童心理健康的消极影响。良好的家庭功能与亲子沟通相互促进，共同保护残疾儿童心理健康在家庭环境系统里能够获得优化发展。⑥残疾儿童心理康复和家长压力管理的临床干预实践具有良好的干预效果，尤其是亲职压力应对干预有助于维护残疾儿童家长的心理健康，进而减少残疾儿童成长中的家庭负能量，为其心理健康发展提供最佳的环境支持。

本书的主要特色表现在三个方面：①研究视角的转变。本书从心理健康的角度来探讨残疾儿童的发展及其父母和家庭的影响，强调健康的心理环境和家庭环境对于残疾儿童成功康复和成长的重要作用，将研究视角从单纯的生物-医学模式或教育学模式转移到心理学模式和社会学模式的共同参与，有助于探索残疾儿童健康发展的内部心理机制和外部环境条件，为特殊教育领域提供多元化的研究视野。②研究内容的系统化。本书把残疾儿童放在整个家庭生态系统中来考虑，把家长作为残疾儿童成长和发展的重要环境要素，用亲子沟通来联结和传递家长对儿童的影响，把家庭功能尤其是家庭复原力视为残疾儿童家庭中家长与孩子共同的环境支持，生态地、动态发展地、全面系统地研究残疾儿童心理健康、家长亲职压力及其相互关系。③研究方法的多样化。本书采用多样化的研究方法进行探索，将质性方法（叙事研究、实地观察）与量化方法（问卷调查、心理测验、数据建模、现场实验、单一被试实验）相结合，对质性资料进行编码和整理，对量化数据进行统计分析，用多元化的方法揭示了研究问题的内在本质。

本书所涉及的实证研究多达 15 项，其中问卷调查和心理测验研究有 9 项，实验研究有 3 项，叙事和观察研究有 3 项，整个项目研究历时 5 年。尽管抽样过程艰难，但我们还是竭尽所能，多方努力，先后在全国31所特殊教育学校和19个教育康复机构进行了调查与测验取样，最终获得有效的问卷调查和心理测验的研究对象为3071人，其中残疾儿童有2133人，家长有938人。此外，现场干预实验的研究对象为28人，叙事和观察研究的对象为28人，共有3127名残疾儿童和家长参与了本书的实证研究。在此非常感谢参与研究的所有残疾儿童及其家长，以及各特殊教育学校和教育康复机构里为数据收集提供支持和帮助的所有老师！

此外，还要感谢课题组的老师为课题研究提出的中肯建议，与我共同探讨研究的思路和方法。感谢硕士研究生杨晓翠和汪夕桢选择我的这一课题中的子课题作为其硕士学位论文题目，在我的指导下完成了两个关键内容的研究。感谢我的学生马利、蒋晓丹、苏刘梅、肖秋阳、许明丽、贺维、管丁琦、谭曦、沈晓玫、黄子真、杨佳、麦子翘、李景焓，与我一起为各项研究收集文献资料、采集研究数据和整理结果。感谢我的学生代兰和李潇，她们整理了全书的参考文献，并协助我审核和阅读了全书文字。本书的出版还得益于科学出版社的支持，特别感谢科学出版社付艳、朱丽娜和冯雅萌编辑为此付出的努力。

本书既是对国家社会科学基金项目研究成果的总结，更是一个新的开端，未来我将致力于把更多研究成果应用于为特殊家庭服务，切实提高特殊儿童及其家长的心理健康水平和生活质量。对特殊儿童及其家长心理健康的关注是长期而持久的，需要我们不断努力和探索。

谨以此书共勉！

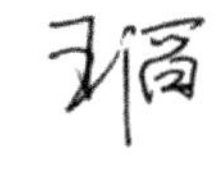

2021年6月21日

于重庆师范大学砺志楼

目　　录

前言

缩略语表

第一章　残疾儿童的心理健康……1

第一节　残疾儿童心理健康概述……2

第二节　残疾儿童心理健康问卷的编制……14

第三节　残疾儿童心理健康的现状与特点调查……26

第二章　残疾儿童家长的亲职压力……47

第一节　残疾儿童家长亲职压力的研究现状……47

第二节　残疾儿童父母的亲职压力与抑郁的关系……54

第三节　残疾儿童母亲的亲职压力和应对方式的特点……64

第三章　残疾儿童心理健康与家长亲职压力的关系……78

第一节　残疾儿童心理健康对家长亲职压力的影响……78

第二节　家长亲职压力对智力障碍儿童心理健康的预测作用……87

第四章　家长与残疾儿童的亲子沟通……101

第一节　亲子沟通的研究现状……102

第二节　亲职压力下残疾儿童母亲的亲子沟通方式……108

第三节　游戏活动中家长与残疾儿童的亲子沟通特点……120

第五章　家庭功能对残疾儿童家长的影响……134

第一节　家庭功能的研究现状……135

第二节　残疾儿童家庭功能与家长生活满意度的关系……143

第三节 脑瘫儿童家长压力应对方式与家庭功能的关系 …………159

第六章 亲子沟通和家庭复原力的中介影响机制 …………172

第一节 亲子沟通模式的中介效应检验 …………173

第二节 家庭复原力和亲子沟通质量的链式中介效应检验 …………180

第三节 亲子沟通和家庭复原力的中介影响分析 …………196

第七章 残疾儿童心理问题与家长亲职压力的干预 …………209

第一节 粗大动作训练改善孤独症儿童感觉统合失调行为的实验研究 …………210

第二节 代币制干预孤独症儿童自伤性问题行为的实验研究 …………222

第三节 认知行为团体辅导对残疾儿童父母亲职压力的干预效果 …………235

参考文献 …………248

附录 …………266

附录一：残疾儿童心理健康问卷（正式） …………266

附录二：亲职压力的叙事访谈提纲 …………268

缩略语表

AAIDD	American Association on Intellectual and Developmental Disabilities	美国智力与发展障碍协会
AAMD	American Association on Mental Deficiency	美国智力缺陷协会
AAMR	American Association on Mental Retardation	美国智力落后协会
ABS	Adaptive Behavior Scale	适应行为量表
AGFI	adjusted goodness-of-fit index	调整的拟合优度指数
BDI	Beck Depression Inventory	贝克抑郁问卷
CBCL	Achenbach Child Behavior Checklist	阿肯巴克儿童行为量表
CBRS	Conners Child Behavior Rating Scale	康纳斯儿童行为评定量表
CFI	comparative fit index	比较拟合指数
CPSS	Chinese Perceived Stress Scales	中文版压力知觉量表
ECSE	early childhood special education	早期儿童特殊教育
EPQ	Eysenck Personality Questionnaire	艾森克人格问卷
FACESⅡ-CV	Family Adaptability and Cohesion Scale Ⅱ-Chinese Version	家庭亲密度和适应性量表第二版（中文版）
FRAS-CV	Family Resilience Assessment Scale-Chinese Version	家庭复原力评定量表（中文版）
GFI	goodness-of-fit index	拟合优度指数
IFI	incremental fit index	增值拟合指数
LSD	least significant difference	最小显著差异法

LSIA	life satisfaction index A	生活满意度指数 A
LSIB	life satisfaction index B	生活满意度指数 B
LSR	Life Satisfaction Rating Scale	生活满意度评定量表
MHT	Mental Health Test	心理健康诊断测验
NNFI	non-normed fit index	非规范拟合指数
PACS	Parent-Adolescent Communication Scale	亲子沟通量表
PND	percentage of nonoverlapping data	不重叠数据百分比
PSI-SF	Parenting Stress Index-Short Form	短式亲职压力量表
RCBQ	Rutter Children's Behavior Questionnaire	拉特儿童行为问卷
RFCP	Revised Family Communication Patterns	修订的家庭沟通模式量表
RMSEA	root mean square error of approximation	近似误差均方根
SCL-90	Symptom Checklist 90	症状自评量表
SCSQ	Simplified Coping Style Questionnaire	简易应对方式问卷
SDQ	Strengths and Difficulties Questionnaire	长处和困难问卷
SMD	standardized mean difference	标准化均数差
T-CRS	Teacher-Child Rating Scale	教师-儿童评定量表
VABS	Vineland Adaptive Behavior Scales	文兰适应行为量表

第一章　残疾儿童的心理健康

残疾儿童通常是指那些在生理或心理发展上存在某种缺陷的儿童，包括在智力、视觉、听觉、肢体、言语、情绪和精神等方面存在发展障碍、体弱多病、多重残疾等的儿童，又被称为缺陷儿童或障碍儿童，是狭义层面上的特殊儿童（朴永馨，2014）。目前研究者在对儿童年龄的界定上尚有分歧，有的将儿童的年龄界定为0～14岁，有的将其界定为0～16岁，但多数将其确定为0～18岁，如联合国《儿童权利公约》中将儿童的年龄范围规定为0～18岁①。我国学者陈云英（2004）认为，残疾儿童是指18岁以下在心理、生理、人体结构上某种组织功能丧失或不正常，全部或部分丧失以正常方式从事某种活动的人。根据《中国残疾人事业统计年鉴（2019）》的数据，截至2018年12月31日，我国已办理残疾人证的残疾人有3566.20万人，其中0～14岁的残疾儿童有104.50万人（中国残疾人联合会，2019）。此外，我国人口基数大，社会医疗卫生体制和残疾预防工作还有待进一步完善，每年出生的残疾婴儿和后天致残儿童较多，特别是在经济落后地区，残疾儿童数量的增幅更大。残疾儿童作为特殊的弱势群体，由于身体或器官功能的损伤、活动能力上的受限、他人或社会的歧视，以及偏离正常的家庭环境等，往往比健全儿童有更高的罹患心理疾病的风险，其心理健康状况更加令人担忧。心理健康是个体整体健康的重要组成部分，同时也是个体良好心理素质的具体表现。如果残疾儿童的心理健康问题得不到及时处理和矫治，势必会影响他们的教育康复训练效果，也会使其在以后的成长过程中很难适应不断发展变化的社会环境。

基于此，关注和减少残疾儿童的心理问题、开展残疾儿童心理健康教育是中国特殊教育领域亟须解决的一大课题，迫切需要对残疾儿童的心理健康状况

① 联合国公约与宣言检索系统.（1989-11-20）[2022-03-25]. 儿童权利公约. http://www.un.org/zh/documents/treaty/files/A-RES-44-25.shtml.

及其发展特点开展研究。然而，现有研究更多关注残疾儿童的教育康复和社会权益保障，即便有少数研究关注其心理健康，通常也是把健全儿童的心理健康标准用于残疾儿童，忽略了残疾儿童心理健康的特殊性。我们要研究残疾儿童心理健康与亲职压力之间的关系，就需要先了解残疾儿童心理健康的状况和特点。为此，本章首先综述已有残疾儿童心理健康的相关研究成果，在此基础上编制出具有良好信效度的残疾儿童心理健康问卷，并用此问卷调查残疾儿童心理健康的现状及其在不同地区、性别、学段、残障类型、认知水平、残障程度、家庭结构、是否独生子女和教养方式等社会人口统计学变量上的特点，为之后研究残疾儿童心理健康与亲职压力的关系奠定基础，同时也为残疾儿童的心理健康教育提供理论指导与实证依据，最终为残疾儿童身体和社会功能的康复与补偿提供强大的心理支撑，促进其更好地融入社会生活。

第一节　残疾儿童心理健康概述

一、相关概念

（一）心理健康的概念

健康一直都是人们最关注的话题，健康并不仅仅是指身体健康，这一点也逐渐被人们认识到。世界卫生组织提出，健康不是仅指身体没有病，而是指同时呈现在身体、心理和社会功能上的一种完好状态。[①]有关心理健康的概念，国内外已有颇为丰富的研究和论述，但目前尚未有定论。例如，第三届国际心理卫生大会将心理健康界定为在身体、智能以及情感上，在与他人的心理健康不相矛盾的范围内，将个人心境发展成最佳的状态（转引自俞国良，2022）。有研究者指出，心理健康不仅是指没有心理疾病，而是指一种持续的、积极的心理状态，它能够使人良好地适应环境，具有生命活力，且能充分发展其身心潜能（陈家麟，2002）。江光荣（2004）认为，心理健康既是指适应与发展良

① World Health Organization. [2022-03-25]. Constitution of the World Health Organization. http://www.afro.who.int/publications/constitution-world-health-organization.

好，也是指心理机能健全。何侃（2008）认为，心理健康不是绝对的，也不是一种完美状态，而是在条件许可的范围内，个体在心理上所能达到的一种最佳的功能状态。郑日昌和戴艳（2011）对心理健康的定义如下：在不违背社会规范的前提下，一方面，个体能积极调整其心理状态来适应不断变化的环境；另一方面，个体能很好地发展和完善自己的生活。叶一舵（2015）认为，心理健康是指个体在与各种环境的相互作用中，在内外条件许可的范围内，能不断调整自身的心理结构，能自觉地保持心理、社会上的正常或良好适应的一种持续而积极的心理功能状态。

综上所述，尽管关于心理健康概念的表述方式有很多，但研究者对其概念的本质内涵有着比较相似的理解，都强调心理健康是个体内部协调与外部适应相统一、心理和社会适应性全面发展的良好状态，是自身、他人和环境的平衡状态。可以说，心理健康是指在没有心理疾病的基础上，为了更好地适应周围环境和发挥自己的潜能，个体能够主动克服不健康的心理倾向，使自己的心理和社会行为处于良好的适应状态，并达成与外界环境的和谐与平衡。心理健康是个人在发展中应该具备的一种积极、良好的心理状态，也是个体内外和谐的心理功能状态，这种状态具体表现为各类心理活动正常、关系协调、内容与现实一致、人格相对稳定等，是个体由于身心机能的良好发挥所实现的个体对社会环境的适应。

（二）残疾儿童心理健康的概念

儿童心理健康是指儿童整个心理活动和心理特征的相互协调、适度发展、相对稳定，并与客观环境相适应的状态（李维，张诗忠，2004）。作为儿童中的一类特殊群体，残疾儿童首先是儿童，他们具有儿童心理发展的某些共性，在心理需求要素、人格结构成分和社会适应内容等方面具有相似性；其次，他们才是残疾儿童，具有自身发展的特殊性，表现出明显不同于健全儿童的特点和差异，如身心缺陷较多、个体间和个体内差异较大、社会适应能力较差等。

基于残疾儿童身心发展的特点，我们在理解残疾儿童心理健康的概念时必须考虑其心理机能的一般性和特殊性。一方面，残疾儿童表现出与健全儿童共有的心理机能，有着与健全儿童相同的实现社会适应心理机能的活动领域，同样具有诸如自我、学习、人际、生活等方面的适应需求；另一方面，残疾儿童也有某些特异性的心理机能，如对残疾障碍的自我认识、功能康复与补偿的自信心、生涯规划的积极预期、对外来消极评价的包容态度等，这些特异性反映在他们因为自身残疾或障碍经历着与健全儿童不同的生活事件和生活情境，由此形成了不同的心理特征和个性品质。

残疾儿童自身的生理缺陷和功能障碍，无论是对于其内在的心理协调还是外在的环境平衡，都会是一种挑战。残疾儿童要获得健康的心理，既需要克服残疾或障碍带来的内外困难，达成自我及其与环境的适应，更需要唤起和发掘自己的潜能，不受限于障碍，努力实现对缺陷的超越。可以说，适应与发展仍然是残疾儿童心理健康的核心内容和重要命题。鉴于此，我们认为残疾儿童心理健康是指残疾儿童个体能够主动应对身心障碍和环境中不利因素的影响，积极做出适当调整，努力发挥个人潜能，使自己处于适应良好的状态，达成与外界环境的适度平衡和内心的和谐。

二、评估标准

（一）心理健康的标准

与心理健康的概念一样，心理健康的标准也是一个有争议的问题，国内外不少专家学者从不同的研究立场、理论基础和文化背景出发提出了不同的观点。例如，第三届国际心理卫生大会指出，心理健康的标准包括 4 条：身体、智力、情绪十分协调；适应环境，在人际关系中彼此谦让；有幸福感；在工作或职业中能发挥自己的能力，过着有效率的生活（转引自戴吉，邓云龙，2013）。马斯洛曾提出 10 条心理健康的标准：具有充分的安全感；了解自己，并能恰当地评价自己；生活理想与目标切合实际；环境适应良好；能保持人格的完整与和谐；具有经验学习能力；人际关系良好；情绪调控良好；能在被允许的情况下有限发挥自己的个性；能在不违背社会规范的前提下适度满足个人需要（Hoffman，2003）。我国学者林崇德等（2003）在其编著的《心理学大辞典》中认为，心理健康的标准有 5 条：情绪稳定，无长期焦虑；乐于工作，能在工作中表现自己的能力；能与他人建立和谐的关系，且乐于和他人交往；对自己有适当的了解，且有自我悦纳的态度；对生活的环境有适当的认识，能切实有效地面对问题和解决问题。刘华山（2001）归纳总结出心理健康的 6 条标准：对现实的正确认识；自知、自尊与自我接纳；自我调控能力；与人建立亲密关系的能力；人格结构的稳定与协调；生活热情与工作效率。概括分析这些心理健康的标准，我们认为可以从以下指标来判断个体心理是否健康：较强的自我价值感；较高的主观幸福感；良好的人际关系；热爱生活，乐于学习和工作；恰当地调控自我；积极地应对压力和挑战；健全的人格；符合年龄特点的自我认知和社会认知。

心理健康的标准是心理健康概念的具体化，尽管研究者对心理健康标准的理解多样，但在其方法论层面上反映出两种研究取向：一是遵循“众数原则”；二是遵循“精英思路”。众数原则是指个体的心理健康状况是通过将其与同一社会中大多数人的心理健康状况相比较来确定的，而精英思路是指根据个人内在天性发展的程度来确定其心理健康状况（江光荣，1996）。从根本上讲，众数原则强调的是个体对主流社会环境的适应以获得生存，而精英思路强调的则是个体通过发掘自身的潜力，能动地改造社会和创造生活，以获得自我价值的实现。这实际上切合了个体人生的两大基本任务，即适应和发展。因此，适应和发展是心理健康考察的立足点和基本内容，无论是哪类心理健康标准，都应该将适应标准和发展标准结合起来，这样才有可能全面地考察一个人的心理是否真正健康。

在心理健康层面，适应和发展有着不同的含义，同时又密不可分。适应是指个体能够合理应对身体发育、学习生活、人际交往等方面的变化，表现出与之相一致的心理和行为，达到个人和环境之间的和谐与平衡。适应是个体为了与环境有效互动而进行的自我调整，侧重于个体与环境现有的关系。发展是指个体在能动地适应环境的过程中充分发挥自己的身心潜力，不断提高智能、完善个性、激发创造力，使自己成为有个人价值和社会价值的人，侧重于个体与环境未来可能达成的关系。可以说，适应蕴含着发展，发展是为了谋求更高水平的适应。适应保障了个体的生存，是发展的基础和前提；而发展则是个体价值的实现，当现有的适应无法满足内外环境的变化时，其会推动着个体形成更成熟和更健全的心理品质，进而使个体获得更为理想的内外和谐状态。

（二）残疾儿童心理健康的评估标准

尽管不同研究者对心理健康的看法不尽相同，心理健康的评估标准也呈现出多样化的特点，但是心理健康的核心内涵还是指个体各种心理机能的正常发挥，能够比较好地适应社会环境，从而获得内在的良好状态与外在的和谐平衡状态。但是对于残疾儿童而言，他们难以像健全儿童那样可以使各种心理机能发挥出成长所需的社会适应功能。相反，某些身体和心理机能的缺陷，不仅可能会导致其特定心理机能难以发挥正常的社会适应功能，而且可能会导致其整体心理功能的适应不良状态，表现为整体上的适应不良。其中，既可能有残疾儿童自身对其局部身心缺陷的心理放大的消极效应，也可能有社会环境的污名标签的负面强化作用。因此，心理健康的残疾儿童应该具有的本质特征是：一方面，他们能够比较平和坦然地接受自己存在局部身心缺陷的事实，不过分夸大这种身心缺陷对自己造成的负面心理效应，这可以为其发展其他补偿性的身心机能提供重要的心理基础；另一方面，他们还能够通过自己的努力获得有效的社会支持，为自己良好地适应社会创造外在的支持性条件。鉴于此，我们认为，评估残疾儿童的心理健康至少有以下 6 条标准：第一，能够平和坦然地接受自己局部的身心缺陷及其可能带来的生活适应困难，能够克服由此产生的消极自我评价，甚至是自我抛弃和自我否定；第二，能够发展出其他身心机能对局部缺陷身心机能产生积极的补偿作用，从而促进自己整体上的社会适应能力的发展；第三，能够在生活适应困难的逆境中发展出更强的挫折承受能力和心理韧性，表现出坚强意志和乐观心态；第四，能够感受到来自家庭、学校、社会的正面、积极的支持和帮助，心怀感恩之心；第五，能够积极主动地寻求外在的社会支持资源，以促进自身的社会适应；第六，能够拥有积极健康的支持性心理氛围，从而在有限的社会环境条件下尽可能达到良好的社会适应状态。

三、残疾儿童心理健康的研究现状

（一）残疾儿童心理健康的整体状况

在社会快速发展、儿童的成长环境日趋复杂的当今，影响儿童身心健康发展的不良因素越来越多，导致儿童的心理问题也逐渐增多。由于自身缺陷的存在，残疾儿童出现心理健康问题的隐患更大。陈晓科等（2013）调查了重庆市 9 所特殊教育学校的学生，结果显示，有 76%的残疾儿童存在一定程度的心理健康问题。还有研究发现，残疾儿童的心理健康问题主要表现为存在不同程度的恐惧与自卑感，以及焦虑与抑郁等（赵爱勤，2000），他们比健全儿童的孤单感受更多，与自我相关的概念意识较弱，对自我的评价较低（陈衍，陈庆良，2002）。从整体来看，残疾儿童的心理健康问题在情绪上主要表现为敏感、焦虑、恐惧、情绪不稳定、情绪表达不当，在意志上主要表现为冲动、依赖性强、缺乏持久性，在人际关系上主要表现为孤僻和自我中心（杜建慧，王雁，2017）。残疾儿童的生理、心理及社会功能障碍不仅会影响其个人适应与社会适应，还会妨碍他们的学习和智能发挥，因此要重视和大力开展残疾儿童的心理健康教育，以教育补偿其智能的不足，提高其心理健康水平。

（二）不同残障类型儿童的心理健康状况

1. 关于智力障碍儿童的心理健康状况

目前，关于智力障碍儿童心理健康状况的研究相对较为丰富。由于智力功能的限制，智力障碍儿童更容易出现心理健康方面的问题（Emerson et al., 2010），其患精神疾病的概率高于健全儿童，较多出现情绪障碍和品行障碍（Emerson & Hatton, 2007）。我国学者的研究也发现，有抑郁情绪的健全学生只有1%～5%，而智力障碍学生却占到了10%，且有60%的轻度智力落后[①]学生被诊断为患有广泛性焦虑障碍（张福娟等，2004）。智力障碍儿童普遍存在焦虑、恐惧、孤独等情绪问题，容易出现人际交往退缩，有较强的自卑感，缺乏坚韧性，常以自我为中心，对环境的适应性较差，会伴随一些冲动行为（王思阳，2011），他们在青春期较健全学生有明显的孤独感，容易产生自责倾向，自控能力差（张福娟，陈丽竑，2006），并且其学校适应能力也明显低于健全学生（王雁，王姣艳，2004）。

2. 关于听觉障碍儿童的心理健康状况

听觉障碍儿童在听力上的缺陷，会给其言语、社交、情感和适应性等方面的发展造成困难。国外有研究发现，听觉障碍儿童出现心理健康问题的可能性是健全儿童的1.5～2倍（Hindley, 2005），其心理健康问题主要表现为情绪问题、行为问题和同伴交往问题（Fellinger et al., 2008）。相比健全儿童，听觉

---

① “智力障碍”和“智力落后”含义相同，为行文方便，本书不做统一。

障碍儿童有更多的注意缺陷、多动行为障碍和双相情感障碍，而且对其进行治疗的时间要比健全儿童长 3 倍（Landsberger et al.，2014）。国内的研究显示，躯体化、偏执、人际敏感、敌对等是听觉障碍儿童较为常见的心理问题，他们在社会交往中存在自卑倾向和对人焦虑问题，并伴有明显的社交回避行为（兰继军，张银环，2016）。另有研究认为，听觉障碍儿童的心理问题中严重程度最高的两项依次是恐惧倾向和身体症状，此外他们还存在自卑、孤僻、固执、多疑、强迫等心理问题（赵丽娜，赵斌，2013）。李祚山和胡晓（2004）的研究也发现，听觉障碍儿童心理问题的检出率由高到低分别是恐惧倾向、身体症状、对人焦虑和冲动倾向，自我意识中的焦虑和合群对其心理健康有较强的预测作用。

3. 关于视觉障碍儿童的心理健康状况

关于视觉障碍儿童的心理健康，国外研究发现，视觉障碍儿童相比视力正常儿童存在着更多的人际关系问题和情绪问题，不同程度的视觉障碍儿童显示出类似的较低水平的心理适应问题（Pinquart & Pfeiffer，2012）。国内较多研究结果表明，视觉障碍儿童有着严重程度不同的心理健康问题，例如，黄柏芳（2004）对视觉障碍学生的心理健康进行了调查，发现 SCL-90 的检出率为 28.07%，MHT 的检出率为 11.30%，最为严重的心理问题是敌对性和焦虑，包括对人焦虑和学习焦虑。李祚山（2005）的研究则发现，视觉障碍儿童心理健康问题的检出率为 14%～24%，其检出率由高到低排名前三位的分别是冲动倾向、身体症状和恐惧倾向。相对于视力正常儿童，视觉障碍儿童有更多的情绪症状和情绪行为问题，受到问题行为影响的程度也更大，且表现出相对较少的亲社会行为（姜硕媛等，2015）。在人格方面，视觉障碍学生常表现为以自我为中心、自卑、敏感且挫折承受力差，攻击行为较多，在学习和生活中容易出现动机失调（胡静，张福娟，2009）。

4. 关于孤独症儿童的心理健康状况

国外研究发现，大约 70%的孤独症儿童满足至少一条精神障碍的标准，这种易患各种精神障碍的高风险性威胁着孤独症儿童的心理健康状况（Simonoff et al.，2008）。孤独症儿童由于其障碍的独特性，更容易产生情绪和行为问题，如易怒、侵略性、多动症、焦虑与抑郁等（Joshi et al.，2010）。还有研究者在探究孤独症儿童破坏性行为的特点时指出，超过 1/4 的孤独症儿童存在焦虑障碍，焦虑是其精神障碍的内化指标（Brookman-Frazee et al.，2010）。国内有关孤独症儿童心理健康的研究较少，只散见于一些研究孤独症儿童的情绪、行为、人格和社会适应等问题的文献中。已有研究发现，68.32%的孤独症谱系障碍儿童存在情绪行为异常（鲁明辉等，2018），他们在社会退缩、抑郁、躯体主诉、攻击行为、破坏行为上的检出率均高于正常儿童（王菲菲等，2019）。无论是高功能还是低功能的学龄期孤独症儿童，其大多伴有焦虑障碍、注意缺陷多动障碍、情感障碍、对立违抗障碍等情绪行为方面的共患病（余明等，2014）。

5. 关于脑瘫儿童的心理健康状况

对于脑瘫儿童，体能障碍阻碍了他们探索周围事物的主动性，也限制了他们从日常生活中获得各种感知以及与人建立关系的能力（张洪胜，郭淼，2002）。研究发现，脑瘫儿童是身心问题易发的高危群体，有很大一部分的脑瘫患儿存在心理问题和社交障碍（Parkes et al.，2008）。除了对身体的抱怨外，焦虑、孤僻、攻击行为等都是脑瘫儿童常见的情绪行为问题（Sigurdardottir et al.，2010）。脑瘫儿童具有比较明显的消极气质，如情绪消极、坚持性差、趋避性过高或过低等，这些消极气质与抑郁、社会退缩、不成熟、多动、攻击行为有显著相关（李丰等，2004）。脑瘫儿童心理行为异常的检出率为52.83%，明显高于健全儿童和一般慢性病儿童，主要表现为社交退缩、抑郁等内向行为问题，以及攻击性、多动等外向行为问题（查贵芳，刘苓，2016）。情绪异常是脑瘫儿童最常见的心理问题，多表现为紧张、焦虑、抑郁、恐惧、敏感等（夏慧芸，刘振寰，2011）。

（三）影响残疾儿童心理健康的因素

1. 个体因素

对于残疾儿童来说，其心理健康的影响因素比健全儿童更为复杂。从个体自身的因素来看，残疾儿童的年龄、智力水平、障碍的严重程度、个体的心理特征等都会影响他们的心理健康。已有研究结果显示，孤独症儿童的焦虑和抑郁程度会随年龄的增长而增加（Mayes et al.，2011），其适应行为的整体发展水平也会随年龄的增长而下降（赵梅菊等，2015）。

国外有研究者追踪调查了81名12～16岁的孤独症谱系障碍儿童，发现智力发展和适应功能较差的儿童表现出更多的多动等情绪行为问题（Simonoff et al.，2013）。国内的研究同样表明，智力水平越高，孤独症儿童的整体适应行为，以及适应行为中的独立功能、社会/自制功能和认知功能的发展就越好（赵梅菊等，2015）。

残疾儿童的障碍程度不同，他们的心理健康状况也会有所差异。研究发现，随着智力落后程度的增加，智力落后学生的社会能力逐渐降低，轻度智力落后学生的反社会攻击行为显著少于中度、重度智力落后学生（王雁，王姣艳，2004）。不同听力损失程度的听觉障碍儿童在人际敏感、抑郁、精神病性上存在差异，且听力损失程度越严重，其心理健康水平就越低（孙崇勇，张鸿雁，2010）。

此外，残疾儿童的个体心理特征同样会影响其心理健康，如他们的知识技能、自我意识、应对方式等。有研究发现，孤独症儿童的心理健康与社交技能存在高相关，社交技能解释了心理健康得分的很大一部分变异（Ratcliffe et al.，2015）。听觉障碍学生对自我的概念能在一定程度上预测他们的心理健康状况（王玲凤，2004），并且生活事件及应对方式也能预测听觉障碍学生的心理健康，其中消极应对方式会直接或间接地影响听觉障碍学生的心理健康水平（勾柏频，2011）。

2. 环境因素

除个体因素之外，来自家庭、学校和社会环境中的诸多因素也对残疾儿童的心理健康有着重要影响。研究显示，听觉障碍儿童生活的家庭环境及其父母的文化水平都是他们心理健康的影响因素（刘毅玮，冯谦，2006）。智力障碍儿童父母的受教育程度越高，孩子的感知发展、人际关系、社会责任感也会越好（黄平，2017），进而有助于促进智力障碍儿童的心理健康发展。

父母的教养方式是残疾儿童心理健康的一个重要影响因素，过度保护及干涉的教养方式会使智力障碍儿童存在较多的过敏、恐惧和身体症状，严厉惩罚的教养方式还会使他们出现更多的冲动倾向，而父母的拒绝易让他们产生孤独倾向（江琴娣，2004）。国外的研究者也发现，在亲子交流匮乏的家庭中，听觉障碍儿童的心理问题十分普遍（Van Eldik et al.，2004）。

父母的心理健康也会影响残疾儿童的心理健康，研究者已发现，父母的心理健康状态可被认为是预测孤独症儿童心理健康问题发生的一个高相关的影响因子（Fung et al.，2015）。父母所感受到的心理压力是导致智力障碍儿童出现行为问题的主要原因（马珍珍等，2005），并且母亲的焦虑和抑郁与学龄前期孤独症儿童的攻击性等多种情绪行为问题存在显著的正相关关系（高紫琳等，2019）。

从学校环境来看，教育安置形式会影响残疾儿童的心理健康状况。研究表明，不同教育安置形式下轻度智力障碍儿童的心理健康水平有显著差异，随班就读生比辅读生表现出较为明显的心理问题（张福娟等，2004），并且随班就读轻度智力落后学生比智力正常学生具有更多的孤独倾向、身体症状、恐惧倾向和焦虑情绪（江琴娣，2005）。

此外，社会环境中的支持系统对残疾儿童的心理健康同样具有重要影响。如果个体处于应激水平较高的状态下，且没有得到良好的社会支持，也没有使用有效的应对方式，那么此时个体的心理健康受到损害的危险性就会增大。研究发现，得到的社会支持越多，残疾儿童的心理健康水平就越高，他们所感受到的主观支持对其心理健康水平能够起到较好的预测作用（陈晓科等，2013）。熊庆秋等（2015）的研究也显示，支持性体系能够较好地预测智力障碍儿童的社会能力及行为问题，并且教师的实际支持行为、同伴接纳等对其社会能力及行为问题都具有显著的预测作用。

四、残疾儿童心理健康的测量工具

心理健康的评估方法有多种，其中心理测量法的应用较为广泛，因为它在短时间内可以收集大量数据，省时、高效、经济，且数据分析软件的使用也较为便利。目前国内研究者在调查残疾儿童心理健康时常用的测量工具主要有两种，即 SCL-90 和 MHT。例如，黄柏芳（2004）使用 SCL-90 和 MHT 研究了视觉障碍学生的心理健康问题，李祚山和胡晓（2004）采用 MHT 探讨了听觉障碍儿童的心理健康状况。尽管这两种测量工具的使用率很高，但仍然各有其局限性。SCL-90 偏重心理症状的评估，没有顾及个体心理健康的成长性与发展性，将其用于心理健康的研究存在滥用嫌疑（王金道，2004），并且带有比较明显的精神病理学特征；而 MHT 是研究者根据不安倾向诊断测验修订而成的，是从焦虑情绪所指向的对象及其产生的行为两个方面来测评个体心理健康的，没有涉及儿童在个性、人际关系、品行等方面常见的心理问题，反映的心理健康状况不够全面。此外，SCL-90 和 MHT 在实际应用中多被用于健全群体，对于测量残疾儿童这一特殊群体的心理健康还不够灵敏。

研究者在测评残疾儿童心理健康时还会使用测量儿童情绪行为的工具，其中常用的有以下几种：①拉特儿童行为问卷，主要是测评儿童的情绪问题和违纪行为问题，适用于学龄阶段的儿童；②康纳斯儿童行为评定量表，主要是测评儿童的行为问题（特别是多动行为），常用于多动症的筛查；③阿肯巴克儿童行为量表，该量表使用较多，且内容相对较为全面，用于测评儿童的社会功能和行为方面的问题；④长处和困难问卷，是一个简明的行为筛查问卷，从情绪症状、品行问题、多动、同伴交往问题和亲社会行为五个方面对情绪和行为进行测评，有儿童自评、家长他评和教师他评三种评定方式。在国外，长处和困难问卷已被广泛用于各类特殊儿童心理健康的研究，经测试发现，其测量结果是令人满意的（Goodman，2001），该问卷的中文版也经常被国内研究者使用。

残疾儿童由于自身的缺陷或障碍会产生各种社会适应不良，进而直接影响他们的心理健康，因此也有研究者使用适应行为的测量工具来考察残疾儿童的心理健康状况，其中使用较多的有以下几种：①美国智力缺陷协会（AAMD）[①]设计的适应行为量表，用于测评儿童的一般适应能力和适应不良行为，有全国普通常模和智力障碍常模；②文兰适应行为量表，由调查表、扩展表和课堂评定表组成，用于测量儿童在沟通、日常生活技能、社会化和运动技能四个领域的适应行为，适应不良行为作为参考项目可自由选用；③教师-儿童评定量表，是由熟悉学生的教师对儿童的学校适应情况进行评价，主要测评儿童在学校的问题行为和社会能力，其问题行为包括儿童的宣泄行为（如攻击、捣乱等行为）、羞怯及焦虑程度、学习问题，社会能力包括儿童的挫折耐受力、果敢的社交技巧、任务定向、同伴交往技能。

然而，这些测量工具基本上是国外研究者针对健全儿童进行编制的，将其直接用于测评我国残疾儿童心理健康是否合适还有待进一步考察和验证。不过近年来，国内已有不少研究者专门针对残疾儿童自编了与其心理健康相关的测量

① 美国智力缺陷协会在 1987 年更名为美国智力落后协会（AAMR），后于 2007 年更名为美国智力与发展障碍协会（AAIDD）。

工具，如孤独症谱系障碍儿童适应行为量表（杨亚东等，2020）、智力落后儿童社会适应行为问卷（申仁洪，郑杜甫，2010）、听力残疾儿童社会适应行为量表（申仁洪，王志强，2010）、特殊儿童学校适应评估量表（王彦堃，2013）等。

五、已有研究存在的问题

（一）对残疾儿童这一整体对象心理健康的研究较少

就已有研究来看，关于残疾儿童这一整体对象心理健康的研究较少，有少数几篇文献的研究对象涉及福利院和培智学校的残疾儿童群体，但研究内容多是他们的适应行为而不是其心理健康状态，更多的文献则只是针对某一类障碍儿童的情绪行为或者心理健康进行研究，没有在一个共同的测量指标上对多类障碍的残疾儿童进行综合比较研究，研究对象不够全面。尽管不同类型障碍儿童在心理健康的具体症状上有某些独特性，但也存在共性，也会表现出相同的心理问题，如情绪上的焦虑、抑郁等，行为上的退缩、冲动等，以及人格上的自卑、敏感、适应性差等。因此，需要对残疾儿童这一对象的心理健康开展整体的研究。

（二）对残疾儿童心理健康这一内容的整体研究较少

从已有研究可以看出，其在研究内容上多集中于残疾儿童的个性、情绪、行为，以及社会适应性和学校适应性等问题，大多是从某一方面来反映残疾儿童的心理健康，很少有研究对残疾儿童的心理健康状况进行全面的整体评估和调查，缺乏内容结构上的系统性和完整性，这不利于残疾儿童心理健康教育的实施。心理健康是一个整合的概念，虽然它可以表现在个体的情绪、行为、人格特征及社会适应等不同层面上，但最终会统合于个体自身的内外协调与平衡。因此，只有对残疾儿童的心理健康进行系统的整体研究，才有可能真正揭示残疾儿童心理健康现状背后的特征及规律，并提出相应的解决对策，进而提升残疾儿童心理健康教育的成效。

（三）缺乏针对残疾儿童的心理健康测量工具

从已有研究文献看，关于残疾儿童心理健康的研究还没有专门的测量工具，多使用国外引进的相关量表，由于文化差异，经过修订的国外量表并不能很好地反映出国内残疾儿童的心理健康状况。此外，现有的研究通常是把健全儿童心理健康的标准用于残疾儿童，忽略了残疾儿童的特殊性，导致对残疾儿童群体内差异的鉴别与区分不敏感，并且那些用于评估健全儿童情绪和行为问题的量表在被用于测评残疾儿童时，不仅在灵敏度和针对性上存在一定问题，也不能全面地反映出残疾儿童整体的心理健康状态。了解残疾儿童心理健康的现状和特点是对其进行有效的心理教育干预的重要前提，因此为了更灵敏地测量残疾儿童现有的心理健康状况及特点，有必要编制更有针对性的测量工具，确保测量工具和样本的等值性，以此来对残疾儿童心理健康的现状和特点进行量化研究，这样才能针对残疾儿童心理健康的教育干预提出更好的、有效的建议。

第二节　残疾儿童心理健康问卷的编制

要调查和了解残疾儿童心理健康的现状及特点，必须要有合适的测量工具。有学者早已指出，心理健康的重要性越来越深入人心，关键的问题在于要尽快制定出适合各种人群、各个年龄阶段的具有一定信度和效度的心理健康的检测与评量工具（翟宏，傅荣，1999）。残疾儿童有其自身所特有的个性特征，且由于残疾的类别、发生时间和程度不同，他们的心理特征差异较大，因此对其心理健康进行评量的难度较大。我们以心理健康的理论为基础，以残疾儿童的生理和心理特点为依据，结合特殊教育实践中的经验，探讨残疾儿童心理健康的内在结构，编制出一个针对残疾儿童的、具有良好信度和效度的残疾儿童心理健康问卷。

一、初测问卷的编制

（一）残疾儿童心理健康结构的理论构建

1. 基于社会适应的残疾儿童心理健康概念

心理健康与社会适应密切相关，心理健康与社会适应在本质上具有一致性（叶一舵，2001）。无论是从心理机能的角度还是从适应和发展的标准去分析和理解心理健康的内涵，都会涉及个体对社会环境的适应状态。社会适应是个体在与社会环境的交互作用中力求与社会环境维持和谐、平衡关系的过程，在这一过程的每一环节，个体适应环境的水平和性质不同，便会产生不同程度的心理健康状态，最终可能走向心理健康或心理问题两个不同的方向。从社会适应的功能来看，心理健康的实质就是和谐与平衡，一方面是个体内在的心理成分及其与行为关系的和谐状态，另一方面是个体与社会环境之间的动态的外在平衡关系。内在和谐与外在平衡相互依存，内在和谐是外在平衡的基础，外在平衡反过来又可促进内在和谐（陈建文，王滔，2004）。

残疾儿童作为一个特殊群体，由于他们的身体器官受损或存在功能障碍，社会交往能力不足，必然会在社会适应过程中面临更多的困难，容易出现心理健康问题，如视觉障碍学生在学业、行为、人际、情绪及学校文化五个方面的适应性均显著差于健全学生（郭逊，2010）。残疾儿童之所以心理健康水平偏低，存在较多的焦虑、抑郁、孤独、敏感、退缩、敌对等情绪行为问题，往往就是因为他们的身体机能存在缺陷，再加上外界不良因素的影响，进而导致其适应不良。可以说，适应是心理健康的本质，适应行为的增多也就意味着残疾儿童心理健康水平的提升。因此，基于对社会适应和心理健康的理解，我们认为残疾儿童的心理健康具体表现为对社会环境的适应良好，即在与外界环境的相互作用中，残疾儿童能够依据情况适当做出积极能动的调整，从而达到外在平衡和内在和谐的适应状态。

2. 残疾儿童心理健康的结构维度

残疾儿童的心理健康表现为社会适应的良好状态，其心理健康的结构维度也可以从社会适应的角度来探讨。个体要在社会适应层面上达到心理健康，有赖于个体心理机能的正常发挥或不断趋于完善，而对社会适应心理机能的评价可以结合两个维度来分析：一个是领域维度，即社会适应心理机能的不同活动领域；另一个是内容维度，即心理机能的适应状况（陈建文，2010）。鉴于此，关于残疾儿童心理健康的结构维度就是指社会适应的领域，而关于其心理健康状况的内容，可以从认知、情绪和行为三个方面进行评价，认知是情绪和行为的基础，情绪和行为是评估心理健康状况的重要的内化和外化指标（Bobrowski et al.，2007）。因此，我们可以结合认知、情绪和行为这三个方面的具体指标来考察个体在每一个社会适应领域的心理健康状况。

由于个体具有不同的生活空间、活动目标、角色任务等，其社会适应的心理机能往往表现出活动领域上的差异。例如，林崇德（2012）提出要重视学生的心理和谐，主张从学习（敬业）、人际关系（乐群）、自我（自我修养）三个方面来评价学生的心理健康；郑日昌等（2008）以适应为内涵研究了小学生的心理健康结构，提出从学习适应、自我概念、人际关系和生活适应四个方面对小学生的心理健康进行考察；苏丹和黄希庭（2007）探讨了适应取向的心理健康，认为中学生的心理健康包含学习、生活、人际、考试和情绪五个方面。整理归纳前人观点，被我国研究者普遍认同的与心理健康密切相关的儿童青少年社会适应的心理机能主要表现在自我（含身心自我）、学习、人际和生活四大活动领域。

基于以上分析，残疾儿童的心理健康是以适应为内涵的，他们的心理健康同样表现在自我、学习、人际、生活四个领域的适应。但由于残疾儿童的特殊性，其身体功能上的缺陷或损伤使他们在适应过程中可能会遭遇到比健全儿童更多的挫折事件，而且其自我身体功能的缺陷或损伤本身就是一种客观存在的挫折源。对挫折的体验会影响残疾儿童的心理状态，夸大对挫折的消极体验或者消极体验的时间过久都非常不利于他们的心理健康。已有研究发现，听觉障碍学生面对挫折的态度越积极，他们的心理弹性水平就会越高，他们在挫折及压力情境中的心理健康水平也能尽快恢复（刘敏，2015）。因此，我们将挫折体验作为考察心理健康状况的一个独立维度，它是指个体对挫折所持有的较为稳定的内部心理倾向，不会因外界情境的变化而变化。

综上所述，对于残疾儿童心理健康的测评，我们认为可以从自我意识、学习适应、人际关系、生活适应、挫折体验五个维度进行考察，具体将其定义如下：①自我意识，是指残疾儿童对自我的认知、体验和控制，主要表现为自我的评价、悦纳及调节；②学习适应，是指残疾儿童对于学习这一活动的态度，以及为取得良好的学习效果而做出的努力，主要包括学习的态度、情绪以及学习活动中的意志行为；③人际关系，是指残疾儿童在与他人相处的过程中，能够建立与维持良好的人际互动，主要表现在师生关系、亲子关系和同伴关系三个方面；④生活适应，是指残疾儿童具有基本的生活自理能力，能够进行自我生活照料和居家生活；⑤挫折体验，是指残疾儿童在自己的需要及意愿不能被满足时所产生的心理体验。

（二）初测问卷题项的编制

编制初测问卷的题项来源主要有：①参考国内外成熟的心理健康量表或相关问卷，选择其中经过验证的、心理测量学指标良好的、符合残疾儿童心理健康理论结构的有关题项；②根据我们构建的残疾儿童心理健康的理论结构，结合各维度的操作性定义和维度细化后的具体指标，进行题项的编制；③根据对特殊教育教师和残疾儿童家长的开放式访谈结果，选择具有普遍性的观点，并结合特殊教育的实践经验，编制初测问卷的相关题项。

据此，我们得到由 52 个题项构成的残疾儿童心理健康的初测问卷，包括自我意识 12 题、学习适应 10 题、人际关系 10 题、生活适应 12 题、挫折体验 8 题，其中内容积极的正向题有 27 个，内容消极的反向题有 25 个。初测问卷的所有题项均采用利克特五点计分，分为非常不符合、有点不符合、不确定、有点符合和非常符合五个等级，其得分依次为 1 分、2 分、3 分、4 分和 5 分，对反向题采取反向计分。最后将所有题项进行随机排序，并编写指导语和人口统计学资料。

二、初测与项目分析

发放残疾儿童心理健康的初测问卷，分析和处理收集回来的测验数据，对残疾儿童心理健康初测问卷的题项进行项目分析，以获得高质量的问卷题项。

（一）初测对象

考虑到取样的便利性和配合度，我们将取样点确定为特殊教育学校和教育康复机构，先后在重庆师范大学教育康复中心、重庆市聋哑学校、重庆市巴南区特殊教育学校、重庆市璧山区特殊教育学校和广东省东莞市康复实验学校以班级为单位进行取样，由教师对其熟悉的残疾儿童进行初测问卷的测评。总共发放 480 份问卷，回收 427 份问卷，回收率为 88.96%，剔除其中的无效问卷 19 份，最终获得有效问卷 408 份，问卷的有效率为 95.55%。有效被试的具体构成情况详见表 1-1。

表 1-1　初测与再测的有效被试构成情况

样本构成类别		初测样本（n=408）	再测样本（n=1071）	样本 1（n=534）	样本 2（n=537）
性别	男	261（64.0%）	645（60.2%）	316（59.2%）	329（61.3%）
	女	140（34.3%）	362（33.8%）	189（35.4%）	173（32.2%）
	缺失	7（1.7%）	64（6.0%）	29（5.4%）	35（6.5%）
年级	一年级	53（13.0%）	138（12.9%）	66（12.4%）	72（13.4%）
	二年级	42（10.3%）	176（16.4%）	82（15.4%）	94（17.5%）
	三年级	50（12.3%）	94（8.8%）	39（7.3%）	55（10.2%）
	四年级	38（9.3%）	105（9.8%）	54（10.1%）	51（9.5%）
	五年级	34（8.3%）	77（7.2%）	37（6.9%）	40（7.4%）
	六年级	26（6.4%）	33（3.1%）	20（3.7%）	13（2.4%）
	七年级	22（5.4%）	76（7.1%）	37（6.9%）	39（7.3%）
	八年级	51（12.5%）	106（9.9%）	58（10.9%）	48（8.9%）
	九年级	35（8.6%）	123（11.5%）	75（14.0%）	48（8.9%）
	高一	14（3.4%）	28（2.6%）	12（2.2%）	16（3.0%）
	高二	16（3.9%）	32（3.0%）	14（2.6%）	18（3.4%）
	高三	0（0）	15（1.4%）	6（1.1%）	9（1.7%）
	缺失	27（6.6%）	68（6.3%）	34（6.4%）	34（6.3%）
残障程度	轻度	136（33.3%）	352（32.9%）	187（35.0%）	165（30.7%）
	中度	143（35.0%）	444（41.5%）	229（42.9%）	215（40.0%）
	重度	117（28.7%）	228（21.3%）	96（18.0%）	132（24.6%）
	缺失	12（2.9%）	47（4.4%）	22（4.1%）	25（4.7%）
残障类型	视听障碍	101（24.8%）	192（17.9%）	97（18.2%）	95（17.7%）
	智力障碍	187（45.8%）	437（40.8%）	229（42.9%）	208（38.7%）
	孤独症	42（10.3 %）	158（14.8%）	70（13.1%）	88（16.4%）
	脑瘫	11（2.7%）	47（4.4%）	25（4.7%）	22（4.1%）
	唐氏综合征	41（10.0%）	114（10.6%）	49（9.2%）	65（12.1%）
	多重障碍	18（4.4%）	97（9.1%）	49（9.2%）	48（8.9%）
	其他	6（1.5%）	21（2.0%）	13（2.4%）	8（1.5%）
	缺失	2（0.5%）	5（0.5%）	2（0.4%）	3（0.6%）

注：因四舍五入存在误差，部分数据和不为 100%，下同

（二）项目分析

参照吴明隆（2010a）提出的有关量表项目分析的方法，我们主要采用了三种方法对残疾儿童心理健康初测问卷的题项进行项目分析：①计算决断值，

对高分组和低分组做独立样本 t 检验，删去 $t<3$ 的题项；②计算题项与总分的积差相关系数，删去相关系数未达到显著性水平和低度相关（$r<0.3$）的题项，并修改相关系数大于 0.3 但小于 0.4 的题项；③进行同质性检验，计算问卷的克龙巴赫 α 系数，如果删除某个题项后问卷的 α 系数反而更高，则删去该题项。

根据以上项目分析的结果，我们对初测问卷做出两方面的修订：一是删除那些项目分析结果不理想且对问卷的结构完整性影响不大的题项；二是修改那些与总分的相关系数大于 0.3 但小于 0.4 的题项，以及对问卷结构影响较大但文字表述不够清晰和准确的题项。最终删除了初测问卷 52 个题项中的 16 个题项，保留了 36 个题项，并对其中的 9 个题项做出了修改，得到各维度的题项数分别为自我意识 10 个、人际关系 8 个、生活适应 9 个、学习适应 6 个、挫折体验 3 个。将项目分析后的 36 个题项重新编排顺序，形成再测问卷。

三、再测与信效度分析

发放残疾儿童心理健康的再测问卷，用统计分析方法处理回收的测验数据，对残疾儿童心理健康问卷的结构做出进一步的探索与验证，并检验问卷的信度和效度，最终确定正式问卷。

（一）对象与方法

1. 再测对象

因研究对象的年龄跨度较大、认知能力不同，为保证问卷填答和回收的有效性，我们采用以特殊教育学校的班级为单位的教师他评方法进行测验，先后在重庆、四川、浙江、广东、湖北、安徽、辽宁等地的 15 所特殊教育学校发放问卷 1200 份，回收问卷 1089 份，回收率为 90.75%。剔除未答题项超过 10 个、选项过于集中、有明显错误的无效问卷 18 份，得到有效问卷 1071 份，有效率为 98.35%。将有效问卷的数据输入 SPSS 20.0 统计软件中，并随机分成两组，两组样本的数量大致相当，其中样本 1 有 534 人，数据用于探索性因素分析；样本 2 有 537 人，数据用于验证性因素分析。各个有效样本被试的具体构成情况见表 1-1。

2. 测量工具

（1）残疾儿童心理健康问卷

使用经过项目分析之后的残疾儿童心理健康再测问卷，由自我意识、学习适应、人际关系、生活适应、挫折体验五个维度构成，共有 36 个题项，其中包含 9 个反向题。问卷使用利克特五点计分，分数越高，表明个体的心理健康水平越高。

（2）长处和困难问卷

采用古德曼（Goodman，1997）编制、上海市精神卫生中心杜亚松等（2006）翻译和修订的中文版长处和困难问卷，作为自编残疾儿童心理健康问卷的效标测量工具，以考察自编问卷的效标关联效度。长处和困难问卷是目前常用的情绪与行为评定量表，已被较多地用于残疾儿童心理健康的测量（Kaptein et al.，2008）。该问卷共有 25 个题项，包括情绪症状、品行问题、多动、同伴交往问题和亲社会行为五个维度，每个维度包含 5 个题项，其中困难由前四个维度组成，反映了儿童的情绪和行为问题。每个题项从“完全不符合”到“完全符合”分别按 0～2 计分，困难总分越低，亲社会行为得分越高，表明儿童的心理健康状况越好。为了与残疾儿童心理健康问卷的测评方式保持一致，我们采用长处和困难问卷的教师他评版本，该版本的各题项与问卷总分的 α 系数为 0.672，各维度与问卷总分的 α 系数为 0.758，各题项与相应维度的 α 系数为 0.718～0.800，具有较好的内部一致性信度，并且其平行效度和实证效度也得到了验证（戴晓阳，2010）。

3. 施测和数据处理

以特殊教育学校的班级为单位进行团体施测，同时发放自编的残疾儿童心理健康再测问卷与长处和困难问卷，即将这两份问卷合并成一份问卷进行发放。因残疾儿童的认知能力有限，问卷采用他评方式施测，由熟悉儿童的教师来完成，即请同一班主任老师针对班上的残疾儿童进行一对一填答。问卷回收后，使用 SPSS20.0 进行探索性因素分析、信度分析、效标效度分析，使用 AMOS 21.0 进行验证性因素分析。

（二）探索性因素分析

将样本 1 的测验数据输入 SPSS 20.0 软件中，首先对再测问卷的 36 个题项做进一步的同质性检验，删去因素负荷值小于 0.40 和双负荷的题项，得到 24 个题项的正式问卷。然后对正式问卷的样本 1 数据进行 KMO 样本适合性检验和 Bartlett 球形检验，KMO=0.909，球形检验的显著性水平小于 0.001，表明该数据适合做探索性因素分析。

根据陡坡图检验结果和问卷结构的理论构想，确定抽取 5 个因子，采用主成分分析法和最大变异正交旋转法，5 个因子的总方差贡献率为 57.637%。其中，因子 1 有 7 个题项，主要涉及对自己的认识、接纳和控制，如知道自己与健全人的不同之处、能够认识到自己需要比健全人更努力等，命名为“自我意识”；因子 2 有 5 个题项，主要涉及学习态度和兴趣、学习行为和学习成效，如对学习活动不感兴趣、上课时听讲有困难等，命名为“学习适应”；因子 3 有 5 个题项，主要涉及与老师、同学和父母的相处情况，如与老师相处融洽、能被周围大部分的同学喜欢等，命名为“人际关系”；因子 4 有 4 个题项，主要涉及生活自理、自我照顾和居家生活，如在生活中完成力所能及的事情后感到开心、能独自安排休闲娱乐活动等，命名为“生活适应”；因子 5 有 3 个题项，主要涉及遭遇挫折情境时的心理感受和反应，如受到挫折后反应过分强烈或压抑、碰到不顺利的事情时会为此烦恼很长时间等，命名为“挫折体验”。具体的探索性因素分析结果如表 1-2 所示。

表 1-2　残疾儿童心理健康问卷的探索性因素分析结果（*N*=534）

项目	因素负荷值					共同度
	自我意识	学习适应	人际关系	生活适应	挫折体验	
14	0.772					0.633
22	0.746					0.633
9	0.723					0.589
19	0.682					0.632
12	0.648					0.631
10	0.647					0.583
1	0.639					0.561
23		0.743				0.614
4		0.710				0.535
8		0.697				0.547
13		0.604				0.402
21		0.593				0.488

续表

项目	因素负荷值					共同度
	自我意识	学习适应	人际关系	生活适应	挫折体验	
18			0.758			0.627
20			0.753			0.572
15			0.563			0.589
24			0.549			0.555
2			0.501			0.538
3				0.703		0.582
6				0.666		0.608
5				0.561		0.463
16				0.470		0.522
7					0.801	0.691
17					0.776	0.626
11					0.720	0.613
特征值	7.447	2.086	1.940	1.304	1.056	
贡献率/%	31.029	8.691	8.084	5.435	4.398	
累积贡献率/%	31.029	39.720	47.804	53.239	57.637	

探索性因素分析的结果反映了以少数的因素构念来解释总的观察变量的解释程度，由于心理领域的测量不能像自然科学领域那般精确，如果萃取后保留的因子能联合解释 60%以上的变异量，则表明保留的因子相当理想，若萃取后保留的因子能联合解释 50%以上的变异量，这也是可以接受的（吴明隆，2003）。对样本 1 数据进行探索性因素分析后所析出的 5 个因子联合解释了 57.637%的总变异量，表明保留 5 个因子是合理的。至此，残疾儿童心理健康问卷的题项和维度得以正式确定。

（三）信效度分析

1. 问卷的信度检验

信度是对使用某一测验工具所得结果的一致性程度的衡量，我们采用内部一致性信度和重测信度两种信度指数来检验残疾儿童心理健康问卷的信度，分别计算总问卷和各维度的 α 系数，并且对其中 144 名残疾儿童在第一次测验完成一个月之后再进行第二次测验，计算出总问卷和各维度的重测信度，具体数据见表 1-3。

表 1-3　残疾儿童心理健康问卷及各维度的信度系数

信度指数	自我意识	学习适应	人际关系	生活适应	挫折体验	总问卷
α 系数	0.881	0.744	0.771	0.682	0.704	0.859
重测信度	0.751	0.697	0.635	0.699	0.404	0.804

从表 1-3 中可以看出，该问卷及其各个维度的 α 系数为 0.682～0.881，五个维度中只有生活适应的 α 系数没有达到 0.70，为 0.682，而总问卷的 α 系数为 0.859，表明该问卷具有良好的内部一致性信度。在各维度的重测信度上，除挫折体验的重测信度为 0.404 以外，其他的为 0.635～0.751，而总问卷的重测信度为 0.804，表明该问卷前后施测结果较为一致，重测信度较高。通过内部一致性信度和重测信度的检验，我们可以得出该问卷的信度良好，具有可靠的一致性与稳定性。

2. 问卷的效度检验

效度是指测验工具所得的实际分数能解释某个理论特质或概念的程度，我们通过考察结构效度和效标关联效度来检验残疾儿童心理健康问卷的效度。

（1）结构效度的检验

使用 AMOS21.0 统计软件，对样本 2 的测验数据进行验证性因素分析，以检验残疾儿童心理健康问卷在探索性因素分析中析出的因子结构是否具有良好的模型拟合程度。其结构模型中所得各个拟合指数见表 1-4。

表 1-4　残疾儿童心理健康问卷结构模型的主要拟合指数（N=537）

χ^2	df	χ^2/df	GFI	AGFI	IFI	NNFI	CFI	RMSEA
610.30	238	2.564	0.911	0.888	0.927	0.915	0.926	0.054

一般认为，χ^2/df 的值若为 1～3，表明模型拟合良好；RMSEA 的值若为 0.05～0.08，也表明模型拟合良好；其余各项指标越接近 1 越好，如果大于 0.90，可以认为理论假设对观测数据的拟合程度较好（吴明隆，2010b）。由表 1-4 可知，各项拟合指标基本上达到了标准，模型对数据的拟合度较好，说明残疾儿童心理健康问卷的结构模型获得了数据支持，具有较好的结构效度。

（2）效标关联效度的检验

为了考察残疾儿童心理健康问卷的效标关联效度，我们以长处和困难问卷为效标测量工具，对再测样本的 1071 名儿童同时进行自编的残疾儿童心理健康问卷与长处和困难问卷的施测，计算两个问卷各维度之间的相关系数，具体数据见表 1-5。

表 1-5　残疾儿童心理健康问卷与长处和困难问卷各维度的相关系数（N=1071）

变量	情绪症状	品行问题	多动	同伴交往问题	亲社会行为	困难总分
自我意识	−0.039	−0.237**	−0.635**	−0.421**	0.667**	−0.476**
学习适应	−0.226**	−0.239**	−0.569**	−0.339**	0.377**	−0.489**
人际关系	−0.170**	−0.402**	−0.454**	−0.472**	0.596**	−0.522**
生活适应	−0.207**	−0.168**	−0.398**	−0.468**	0.580**	−0.434**
挫折体验	−0.234**	−0.133**	0.113**	0.027	−0.188**	−0.071*
心理健康	−0.292**	−0.388**	−0.642**	−0.549**	0.666**	−0.658**

注：*表示在 0.05 水平上显著，**表示在 0.01 水平上显著，***表示在 0.001 水平上显著。下同

表 1-5 中的数据显示，残疾儿童心理健康问卷得分与效标量表中的亲社会行为得分和困难总分呈中高度相关，且性质相近的维度之间的相关也较高，如学习适应与多动呈非常显著的负相关（$r=-0.569$，$p<0.01$），人际关系与品行问题呈非常显著的负相关（$r=-0.402$，$p<0.01$），人际关系与同伴交往问题呈非常显著的负相关（$r=-0.472$，$p<0.01$），生活适应、人际关系都与亲社会行为呈非常显著的正相关（$r_1=0.580$，$r_2=0.596$，$ps<0.01$）等；性质不同的维度之间相关较低，如自我意识与情绪症状的相关不显著（$r=-0.039$，$p>0.05$）；且挫折体验与效标量表中的情绪症状的相关系数高于其他四个维度与情绪症状的相关系数。由此可见，自编的残疾儿童心理健康问卷具有较好的效标关联效度。

四、残疾儿童心理健康问卷的相关讨论

（一）关于问卷的结构

基于对残疾儿童心理健康的概念和标准的理解，参考已有文献中有关中小学生心理健康问卷的结构成分，并结合专家咨询以及家长与老师的开放式访谈结果，我们构建了残疾儿童心理健康的五因素理论结构，在此基础上编制了问卷并对抽样样本进行了实证调查，通过探索性因素分析和验证性因素分析，发现实证结构与理论构想适配良好，通过这种自上而下的理论分析与自下而上的实证调查相结合的方法，揭示出残疾儿童的心理健康由自我意识、学习适应、人际关系、生活适应、挫折体验五个方面构成。作为一个特殊群体，残疾儿童

首先是儿童，有着儿童心理发展的某些共性，反映在心理健康上就是他们具有与健全儿童相同的社会适应心理机能的活动领域，主要涉及自我、学习、人际和生活四大领域，这与前人有关小学生心理健康的结构是一致的（郑日昌等，2008）。然而，特殊儿童因其自身的障碍和缺陷，又具有不同于健全儿童的特殊性，在具体的适应内容和行为指标上表现出差异，如自我意识中的认识和接纳自己与健全儿童存在不同之处等。此外，残疾儿童在社会适应过程中通常会比健全儿童遭遇到更多的挫折，一旦受挫感累积过多或者持续时间过长，都会影响残疾儿童的心理健康，而对挫折的积极态度则可以提高他们的心理弹性水平，使其更好地适应挫折情境（刘敏，冯维，2016）。因此，我们尝试将挫折体验作为残疾儿童心理健康的一个独立维度来考察，这也是残疾儿童有别于健全儿童的心理健康结构的独特之处。综上所述，自我意识、学习适应、人际关系、生活适应、挫折体验五个方面基本反映了残疾儿童心理健康的核心成分，结构简明且相对全面，有利于对残疾儿童的心理健康进行总体评价。

（二）关于问卷的信度

在编制残疾儿童心理健康问卷时，我们严格遵照规范的心理量表编制流程，历经文献分析、专家咨询和开放式访谈、理论建构、题项编制、初测、项目分析、再测、探索性因素分析、验证性因素分析、信效度分析等诸多环节和步骤，从编制过程上确保问卷的科学性。在对问卷进行信度检验时，我们使用了内部一致性信度和重测信度两种方法，结果显示，问卷的 α 系数为 0.859，重测信度为 0.804，信度指标良好，并且问卷各维度的 α 系数和重测信度基本上也是在可接受水平之上，可见问卷的信度较好，具有较好的测量稳定性和一致性。不过，挫折体验的重测信度相对较低，只有 0.404，这可能是因为挫折体验反映的是残疾儿童对于挫折情境的内心感受，不太容易外化，教师比较难以通过观察来了解其主观体验，导致评价时易产生误差，加之挫折体验的题项最少，只有 3 个，这会在一定程度上降低其信度。因此，今后需进一步修订挫折体验的题项，增强行为指标的代表性，增加题量，努力提高问卷和各维度的信度指数。

（三）关于问卷的效度

在残疾儿童心理健康问卷的效度上，我们考察了结构效度和效标关联效度。

通过探索性因素分析和验证性因素分析，我们发现问卷的实证结构与理论构想拟合程度较好，并且各维度之间的交叉较少，具有较好的结构效度，能在一定程度上有效地解释残疾儿童心理健康这一特质。在进行效标关联效度的分析时，我们之所以选择长处和困难问卷作为自编问卷的效标量表，是因为长处和困难问卷已被众多研究者用于儿童（包括特殊儿童）心理健康的测评，其使用效果也是令人满意的（Goodman，2001），并且它有教师他评版本，与残疾儿童心理健康问卷的评估方式一致，可以减少因不同他评者评价产生的误差。此外，长处和困难问卷只有 25 个题项，与残疾儿童心理健康问卷放在一起施测，会减少因问卷太长造成的疲劳效应。残疾儿童心理健康问卷与效标量表呈中高度相关，且概念内涵相近的维度相关较高，概念内涵不同的维度相关较低，符合心理测量学的要求。但是，残疾儿童心理健康问卷的挫折体验维度与长处和困难问卷中的亲社会行为和困难总分的相关偏低，可能也与挫折体验的主观性有关，导致教师在他评时产生困难和偏差。这提示我们，挫折体验作为残疾儿童心理健康结构中新提出的一个成分，需要对其做进一步的探索和完善。总体来说，残疾儿童心理健康问卷的结构基本合理、有效，与外在效标相关较高，具有较好的效度指标。

综上所述，我们编制的残疾儿童心理健康问卷由自我意识、学习适应、人际关系、生活适应和挫折体验五个维度构成，共有 24 个题项，其中自我意识维度 7 题、学习适应维度 5 题、人际关系维度 5 题、生活适应维度 4 题、挫折体验维度 3 题。残疾儿童心理健康问卷是基于残疾儿童自身特点与实际情况编制而成的，其信效度的检验也是基于残疾儿童这一群体进行的，且检验结果表明该问卷具有良好的心理测量学指标，证实了该问卷的科学性，适合用于测量我国残疾儿童的心理健康状况，研究者可以使用该问卷对残疾儿童心理健康的现状及特点展开进一步的调查研究。

第三节　残疾儿童心理健康的现状与特点调查

在完成残疾儿童心理健康测量工具编制工作的基础上，我们使用自编的残疾儿童心理健康问卷调查残疾儿童心理健康的总体情况及其在地区、性别、学段、残障类型、认知水平、残障程度、家庭结构、是否独生子女、教养方式 9 个社会人口统计学变量上的差异，进而分析残疾儿童心理健康的现状与人口学特点，并据此提出残疾儿童心理健康教育的针对性建议，以促进教育目标的更好达成。

一、研究对象与方法

（一）研究对象

我们采用便利抽样的方法，抽取重庆、四川、浙江、广东、湖北、安徽、辽宁等地 15 所特殊教育学校（重庆市的有綦江区特殊教育学校、涪陵区特殊教育学校、开州区特殊教育学校，四川省的有遂宁市安居区特殊教育学校、德阳市特殊教育学校、成都市武侯区特殊教育学校，浙江省的有台州市黄岩区启智学校、宁波市象山县培智学校、嘉兴市特殊教育学校，广东省的有东莞市康复实验学校、东莞启智学校、深圳元平特殊教育学校，湖北省的为巴东县特殊教育学校，安徽省的为肥西县特殊教育学校，辽宁省的为大连市沙河口区启智学校）的残疾儿童作为研究对象，共发放问卷 1200 份，回收问卷 1089 份，回收率为 90.75%，其中有效问卷为 1071 份，有效率为 98.35%。有效被试的具体构成情况见表 1-6。

表 1-6　残疾儿童心理健康调查的有效被试构成情况

样本构成类别		人数/人	百分比/%	样本构成类别		人数/人	百分比/%
性别	男	645	60.2	残障类型	唐氏综合征	114	10.6
	女	362	33.8		视觉障碍	4	0.4
	缺失	64	6.0		多重障碍	97	9.1
残障程度	轻度	352	32.9		其他	21	2.0
	中度	444	41.5		缺失	5	0.5
	重度	228	21.3	独生子女	是	279	26.1
	缺失	47	4.4		否	758	70.8
残障类型	听觉障碍	188	17.6		缺失	34	3.2
	智力障碍	437	40.8	学段	小学	623	58.2
	孤独症	158	14.8		初中	305	28.5
	脑瘫	47	4.4		高中	75	7.0

续表

样本构成类别		人数/人	百分比/%	样本构成类别		人数/人	百分比/%
学段	缺失	68	6.3	家庭结构	他人	78	7.3
认知水平	正常	193	18.0		缺失	17	1.6
	轻度落后	299	27.9	教养方式	溺爱型	248	23.2
	中度落后	425	39.7		专制型	91	8.5
	重度落后	142	13.3		放任型	338	31.6
	缺失	12	1.1		民主型	353	33.0
家庭结构	双亲	847	79.1		缺失	41	3.8
	单亲	129	12.0				

（二）研究工具

残疾儿童心理健康问卷的正式版（附录一）共24个题项，其中有8个反向计分题，包括自我意识、学习适应、人际关系、生活适应、挫折体验五个维度。问卷采用利克特五点计分，分数越高表明残疾儿童的心理越健康。经信效度分析，该问卷的 α 系数为0.859，重测信度为0.804，与长处和困难问卷中的困难总分和亲社会行为的关联效度分别为−0.658和0.666，表明该问卷具有良好的心理测量学指标。

（三）施测和数据处理

问卷采用教师他评方式，即由特殊教育学校的班主任老师使用该问卷对本班中的残疾儿童分别进行一对一的个别评价，再将收集的数据资料输入SPSS 20.0软件进行统计分析。为了消除因问卷各维度题项数不同可能产生的影响，我们在统计分析时以各个维度的题项平均分（即每个维度的题项总分除以题项数）作为各维度得分。

二、残疾儿童心理健康的基本情况

对残疾儿童心理健康总问卷及各维度的得分进行描述性统计分析，结果见表1-7。

表 1-7　残疾儿童心理健康的描述性统计

统计量	自我意识	学习适应	人际关系	生活适应	挫折体验	心理健康
M	2.755	2.796	3.710	3.482	3.185	3.186
SD	0.940	0.871	0.801	0.860	0.946	0.527

根据表 1-7，对残疾儿童心理健康各维度得分进行排序，从高到低依次为：人际关系>生活适应>挫折体验>学习适应>自我意识，表明残疾儿童在人际关系方面的情况相对较好，而在自我意识方面的情况相对较差。

三、残疾儿童心理健康在人口统计学变量上的差异

（一）地区差异

为反映不同区域的社会经济发展状况，国家统计局于 2011 年 6 月发布的《东西中部和东北地区划分方法》将我国分为东部、中部、西部和东北四大地区。由于本次调查研究在不同地区的抽样人数不均衡，我们根据经济发展状况将中西部地区的数据合并在一起；考虑到大连市的经济发展水平较高且靠近东部沿海，故将大连市沙河口区启智学校的数据并入东部地区。为探讨残疾儿童心理健康在东部地区和中西部地区之间是否存在差异，我们对不同地区残疾儿童的问卷得分进行了独立样本 t 检验，结果见表 1-8。

表 1-8　残疾儿童心理健康的地区差异

变量	东部（n=661）		中西部（n=410）		t	p
	M	*SD*	*M*	*SD*		
自我意识	2.731	0.904	2.794	0.994	−1.052	0.293
学习适应	2.845	0.877	2.718	0.857	2.321	0.020
人际关系	3.756	0.769	3.637	0.845	2.368	0.018
生活适应	3.469	0.861	3.502	0.858	−0.612	0.541
挫折体验	3.273	0.932	3.044	0.952	3.874	0.000
心理健康	3.215	0.526	3.139	0.526	2.287	0.022

表 1-8 的结果表明，东部地区残疾儿童的心理健康水平与中西部地区残疾儿童的心理健康水平存在显著差异（$p<0.05$）。具体来看，在学习适应和人际关系这两个维度上，中西部地区残疾儿童得分显著低于东部地区儿童

（$ps<0.05$）；在挫折体验维度上，两个地区的差异极其显著，中西部地区残疾儿童的得分显著低于东部地区儿童（$p<0.001$）；而在自我意识和生活适应维度上，两个地区的差异均不显著（$ps>0.05$）。

（二）性别差异

为了探讨残疾儿童心理健康是否存在性别差异，我们对不同性别残疾儿童的问卷得分进行了独立样本 t 检验，结果见表 1-9。

表 1-9　残疾儿童心理健康的性别差异

变量	男生（n=645）		女生（n=362）		t	p
	M	SD	M	SD		
自我意识	2.739	0.945	2.820	0.928	−1.304	0.193
学习适应	2.780	0.875	2.830	0.874	−0.864	0.388
人际关系	3.652	0.822	3.808	0.754	−2.974	0.003
生活适应	3.465	0.879	3.535	0.814	−1.233	0.218
挫折体验	3.185	0.936	3.131	0.952	0.873	0.383
心理健康	3.164	0.534	3.225	0.518	−1.737	0.083

表 1-9 的结果表明，男生的心理健康水平与女生的心理健康水平不存在显著差异（$p>0.05$），具体来看，在自我意识、学习适应、生活适应和挫折体验这四个维度的得分上，男生和女生的得分差异都不显著（$ps>0.05$）；而在人际关系这个维度上，男生得分显著低于女生得分（$p<0.01$）。

（三）学段差异

为了检验残疾儿童心理健康水平在不同学段上是否存在差异，我们将年级分为小学、初中和高中三个学段，然后对不同学段残疾儿童的心理健康总问卷及各维度的得分进行方差分析，结果见表 1-10。

表 1-10　残疾儿童心理健康的学段差异

变量		自我意识	学习适应	人际关系	生活适应	挫折体验	心理健康
小学	M	2.523	2.767	3.668	3.403	3.200	3.112
（n=623）	SD	0.909	0.884	0.816	0.871	0.945	0.512
初中	M	3.099	2.849	3.860	3.627	3.239	3.335
（n=305）	SD	0.920	0.903	0.763	0.879	0.949	0.558

续表

变量		自我意识	学习适应	人际关系	生活适应	挫折体验	心理健康
高中（n=75）	M	3.205	2.953	3.683	3.627	3.093	3.312
	SD	0.657	0.651	0.612	0.564	0.762	0.386
F		52.788	2.035	6.186	8.150	0.747	20.966
p		0.000	0.131	0.002	0.000	0.474	0.000

表 1-10 的结果表明，残疾儿童心理健康水平在三个学段上存在极显著的差异（$p<0.001$），具体来说，除了在学习适应和挫折体验这两个维度上三个学段残疾儿童的得分差异不显著（$ps>0.05$）以外，在其他三个维度上，三个学段残疾儿童的得分存在显著差异。进一步事后比较分析发现，在自我意识、人际关系和生活适应三个维度及心理健康总体水平上，高中得分显著高于小学得分，初中得分显著高于小学得分，而初中得分和高中得分的差异不显著。

（四）不同残障类型上的差异

为了检验残疾儿童心理健康水平在残障类型上是否存在差异，同时要注意控制认知水平对残障类型的影响，我们先筛选出智力障碍和唐氏综合征儿童，再筛选出认知正常的听觉障碍儿童（排除认知能力落后的听觉障碍儿童 31 人），而大部分孤独症儿童表现出不同程度的认知能力落后，脑瘫儿童也伴有认知缺陷，所以对孤独症和脑瘫儿童不做认知水平的筛选。此外，由于多重障碍儿童的情况复杂，视觉障碍和其他残障类型的儿童样本量太少，不满足统计学数据分析的要求，故未将其纳入统计处理，以增强数据分析结果的可靠性。最终，我们对筛选后的智力障碍、唐氏综合征、听觉障碍、孤独症、脑瘫儿童在残疾儿童心理健康总问卷及各维度上的得分进行方差分析，结果见表 1-11。

表 1-11　残疾儿童心理健康在残障类型上的差异

变量		自我意识	学习适应	人际关系	生活适应	挫折体验	心理健康
听觉障碍（n=157）	M	3.709	2.912	4.090	3.953	3.203	3.573
	SD	0.699	0.850	0.705	0.728	1.028	0.485
智力障碍（n=437）	M	2.617	2.780	3.699	3.476	3.148	3.144
	SD	0.794	0.838	0.716	0.793	0.914	0.447
孤独症（n=158）	M	2.270	2.601	3.349	2.955	3.306	2.896
	SD	0.878	0.887	0.926	0.910	0.936	0.552
脑瘫（n=47）	M	3.130	3.234	3.855	3.660	2.972	3.370
	SD	0.898	1.034	0.662	0.802	0.777	0.608

续表

变量		自我意识	学习适应	人际关系	生活适应	挫折体验	心理健康
唐氏综合征	*M*	2.501	2.842	3.954	3.563	3.176	3.207
（*n*=114）	*SD*	0.817	0.810	0.689	0.785	0.939	0.494
F		78.480	5.938	22.212	31.304	1.452	41.048
p		0.000	0.000	0.000	0.000	0.215	0.000

表 1-11 的结果表明，残疾儿童心理健康总体水平在残障类型上存在极显著的差异（$p<0.001$），除了在挫折体验维度上各残障类型儿童的得分差异不显著（$p>0.05$）以外，在其余四个维度上，各残障类型儿童的得分都存在极显著的差异（*p*s<0.001）。进一步事后比较分析发现，听觉障碍儿童的心理健康得分显著高于其他四类障碍儿童，孤独症儿童的心理健康得分显著低于其他四类障碍儿童，而脑瘫儿童的心理健康得分高于智力障碍儿童，且差异显著（$p<0.05$），但脑瘫儿童和唐氏综合征儿童、智力障碍儿童和唐氏综合征儿童的心理健康得分之间都不存在显著差异（*p*s>0.05）。

（五）不同认知水平上的差异

根据被调查儿童的智力发展情况，我们将其认知能力分为正常、轻度落后、中度落后和重度落后四个水平，其中韦克斯勒智力测验得分在 70 分及以上或斯坦福-比奈智力测验得分在 75 分及以上属于正常，韦克斯勒智力测验得分在 50～69 分或斯坦福-比奈智力测验得分在 55～74 分属于轻度落后，韦克斯勒智力测验得分在 35～49 分或斯坦福-比奈智力测验得分在 40～54 分属于中度落后，韦克斯勒智力测验得分在 35 分以下或斯坦福-比奈智力测验得分在 40 分以下属于重度落后（方俊明，2005）。我们对不同认知水平残疾儿童的心理健康总问卷及各维度的得分进行方差分析，结果见表 1-12。

表 1-12 残疾儿童心理健康在认知水平上的差异

变量		自我意识	学习适应	人际关系	生活适应	挫折体验	心理健康
正常	*M*	3.672	3.011	4.040	3.966	3.131	3.564
（*n*=193）	*SD*	0.782	0.902	0.732	0.706	1.029	0.496
轻度落后	*M*	3.032	3.205	3.940	3.786	2.992	3.391
（*n*=299）	*SD*	0.804	0.820	0.687	0.682	0.952	0.459
中度落后	*M*	2.433	2.620	3.594	3.336	3.191	3.035
（*n*=425）	*SD*	0.727	0.751	0.735	0.786	0.912	0.431

续表

变量		自我意识	学习适应	人际关系	生活适应	挫折体验	心理健康
重度落后	*M*	1.933	2.185	3.148	2.675	3.660	2.720
（*n*=142）	*SD*	0.720	0.764	0.887	0.862	0.729	0.409
F		188.185	64.914	52.709	102.024	17.047	133.693
p		0.000	0.000	0.000	0.000	0.000	0.000

表 1-12 的结果表明，残疾儿童的心理健康总问卷及各维度得分在认知水平上都存在极显著的差异（$ps<0.001$）。进一步事后比较分析发现，在残疾儿童心理健康总问卷得分上，正常>轻度落后>中度落后>重度落后，且差异显著（$ps<0.05$）。由此可见，残疾儿童的心理健康水平随着他们认知水平的降低而呈下降趋势。

（六）不同残障程度上的差异

根据残疾儿童的支持需要，我们将残障程度分为轻度、中度和重度三个水平。轻度残疾儿童所需要的支持服务是间歇的、零星的，视需要而定；中度残疾儿童所需要的支持服务是有限的、短时间的；重度残疾儿童所需要的支持服务是广泛乃至全面的，至少他们在某种环境中有持续性的、经常性的支持需要，并且没有时间上的限制（方俊明，2005）。我们对不同残障程度的残疾儿童得分进行统计分析，以考察残疾儿童心理健康水平在残障程度上的差异性，结果见表 1-13。

表 1-13　残疾儿童心理健康在残障程度上的差异

变量		自我意识	学习适应	人际关系	生活适应	挫折体验	心理健康
轻度	*M*	3.154	3.159	3.949	3.799	2.986	3.409
（*n*=352）	*SD*	0.799	0.828	0.658	0.666	0.913	0.438
中度	*M*	2.521	2.691	3.618	3.333	3.164	3.065
（*n*=444）	*SD*	0.818	0.764	0.752	0.808	0.937	0.446
重度	*M*	2.484	2.416	3.456	3.194	3.427	2.995
（*n*=228）	*SD*	1.080	0.889	0.920	0.988	0.887	0.571
F		62.767	63.271	32.866	48.799	15.934	71.132
p		0.000	0.000	0.000	0.000	0.000	0.000

表 1-13 的结果表明，残疾儿童的心理健康总问卷得分在残障程度上存在极显著的差异（$p<0.001$），而且各维度得分也存在极显著的差异（$ps<0.001$）。

进一步事后比较分析发现，在残疾儿童心理健康总问卷得分及自我意识、人际关系、生活适应维度上，轻度残疾儿童得分高于中度残疾儿童得分，轻度残疾儿童得分高于重度残疾儿童得分，且差异显著（*p*s<0.05），而中度残疾儿童得分与重度残疾儿童得分之间的差异不显著（*p*>0.05）；在学习适应维度上，轻度>中度>重度，且差异显著（*p*s<0.05）；在挫折体验维度上，重度>中度>轻度，且差异显著（*p*s<0.05）。

（七）不同家庭结构上的差异

根据家庭中父亲和母亲的构成情况，我们将家庭结构分为双亲（与父亲和母亲生活）、单亲（与父亲或者母亲生活）、他人（与父母以外的其他人生活）三种情况，然后对不同家庭结构的残疾儿童在心理健康总问卷及各维度上的得分进行方差分析，结果见表 1-14。

表 1-14　残疾儿童心理健康在家庭结构上的差异

变量		自我意识	学习适应	人际关系	生活适应	挫折体验	心理健康
双亲	*M*	2.751	2.787	3.721	3.458	3.214	3.186
（*n*=847）	*SD*	0.916	0.837	0.795	0.855	0.914	0.515
单亲	*M*	2.765	2.775	3.517	3.473	3.016	3.109
（*n*=129）	*SD*	1.048	1.008	0.818	0.935	1.007	0.602
他人	*M*	2.765	2.962	3.861	3.766	3.252	3.321
（*n*=78）	*SD*	0.979	0.976	0.769	0.718	1.088	0.511
F		0.019	1.488	5.258	4.622	2.666	3.952
p		0.981	0.226	0.005	0.010	0.070	0.019

表 1-14 的结果表明，在家庭结构上，残疾儿童的心理健康总问卷得分存在显著差异（*p*<0.05），五个维度中，只有在人际关系和生活适应维度上，不同家庭结构的残疾儿童得分存在显著差异（*p*s<0.05），而在自我意识、学习适应和挫折体验这三个维度上，不同家庭结构的残疾儿童得分不存在显著差异（*p*s>0.05）。进一步事后比较分析发现，在心理健康总问卷得分和生活适应得分上，与他人生活的残疾儿童得分显著高于双亲家庭和单亲家庭的残疾儿童得分（*p*s<0.05），但双亲家庭与单亲家庭的残疾儿童得分之间的差异不显著（*p*>0.05）；而在人际关系这一维度上，单亲家庭的残疾儿童得分显著低于双亲家庭和与他人生活的残疾儿童得分（*p*s<0.05），而双亲家庭和与他人生活的残

疾儿童得分之间的差异不显著（$p>0.05$）。

（八）是否独生子女上的差异

我们对独生子女和非独生子女家庭的残疾儿童的问卷得分进行独立样本 t 检验，以探讨独生子女与非独生子女家庭的残疾儿童的心理健康水平是否存在差异，结果见表 1-15。

表 1-15　独生与非独生残疾儿童心理健康的差异

变量	独生子女（n=279）		非独生子女（n=758）		t	p
	M	SD	M	SD		
自我意识	2.693	0.930	2.789	0.945	−1.470	0.142
学习适应	2.717	0.881	2.817	0.865	−1.651	0.099
人际关系	3.574	0.866	3.754	0.774	−3.046	0.002
生活适应	3.430	0.873	3.495	0.862	−1.082	0.280
挫折体验	3.145	0.981	3.182	0.923	−0.568	0.570
心理健康	3.112	0.514	3.208	0.532	−2.601	0.009

表 1-15 的结果表明，独生子女家庭的残疾儿童的心理健康总问卷得分显著低于非独生子女家庭的残疾儿童得分（$p<0.01$）。具体来看，无论独生子女与否，他们在自我意识、学习适应、生活适应和挫折体验四个维度上均不存在显著差异（$ps>0.05$），只是在人际关系维度上，独生子女家庭的残疾儿童得分显著低于非独生子女家庭的残疾儿童得分（$p<0.01$）。

（九）不同教养方式上的差异

我们将父母的教养方式分为溺爱型、专制型、放任型和民主型四种，对不同教养方式下的残疾儿童在心理健康总问卷及各维度上的得分进行方差分析，结果见表 1-16。

表 1-16　不同教养方式下残疾儿童心理健康的差异

变量		自我意识	学习适应	人际关系	生活适应	挫折体验	心理健康
溺爱型（n=248）	M	2.424	2.508	3.584	3.290	3.306	3.023
	SD	0.863	0.788	0.788	0.831	0.961	0.474
专制型（n=91）	M	2.751	2.635	3.520	3.510	3.052	3.094
	SD	0.824	0.752	0.796	0.719	0.836	0.457

续表

变量		自我意识	学习适应	人际关系	生活适应	挫折体验	心理健康
放任型	*M*	2.722	2.734	3.511	3.407	3.170	3.109
（*n*=338）	*SD*	0.993	0.868	0.837	0.934	0.959	0.515
民主型	*M*	3.047	3.083	4.022	3.678	3.113	3.389
（*n*=353）	*SD*	0.881	0.860	0.679	0.807	0.930	0.525
F		23.115	25.316	30.932	11.383	2.657	31.359
p		0.000	0.000	0.000	0.000	0.047	0.000

表 1-16 的结果表明，残疾儿童心理健康总问卷及各维度的得分在四种教养方式下都存在显著差异（$ps<0.05$）。进一步事后比较分析表明，民主型教养方式最好，这种教养方式下的残疾儿童的心理健康总问卷得分显著高于其他三种教养方式下的残疾儿童得分（$ps<0.05$），并且溺爱型教养方式下的残疾儿童的心理健康总问卷得分显著低于放任型教养方式下的残疾儿童得分（$p<0.05$），但放任型与专制型、溺爱型与专制型教养方式下的残疾儿童心理健康得分之间的差异都不显著（$ps>0.05$）。

四、残疾儿童心理健康的现状与特点分析

（一）残疾儿童心理健康的一般现状

通过对残疾儿童心理健康的描述性分析可以看出，残疾儿童在人际关系方面优于生活适应、挫折体验和学习适应，而在自我意识方面相对不足。这可能是因为良好的自我意识意味着个体对自己有正确的认知并能进行恰当的自我调控，而残疾儿童由于自身的障碍及认知缺陷的影响，在形成正确的认知评价和进行积极的行为调控方面需要拥有强大的意志且需要付出很大的努力，而认知水平又影响着他们对自我调控方法的选择，所以残疾儿童在自我意识方面相对于其他方面的得分较低，这表明他们在自我意识方面相对于其他几个方面需要更多的教育补偿。

（二）残疾儿童心理健康在地区上的特点

残疾儿童心理健康的总体状况在地区上存在显著差异，东部地区优于中西部地区，并且在学习适应、人际关系和挫折体验三个维度上，东部地区和中西

部地区的儿童之间也存在显著差异，依然是东部地区残疾儿童的状态好于中西部地区残疾儿童，但在自我意识和生活适应上则不存在地区差异。经济发展水平决定了一个地区对心理健康教育的重视及资源投入程度，越发达的地区，其心理健康教育工作就开展得越规范和越完善。受到心理健康教育发展程度的影响，不同地区残疾儿童的心理健康水平也会不可避免地存在差异。学习适应和人际关系作为心理健康的重要内容，相应地会因受到不同程度的重视和干预而产生显著差异。此外，经济发展水平较高的东部地区对特殊教育的投入也更多，有研究者分析了2006—2015年中国特殊教育均衡发展的情况，指出由于国家政策的大力扶持，特殊教育发展的地区间均衡水平在逐步提高，但东部地区特殊教育发展的各项指标仍处于前列（李欢等，2017），包括经费、师资等，这些地区的残疾儿童及其家长可获得的资源也就更多。在支持程度更高的环境中，残疾儿童更容易产生自信心，面对困难时有更多的解决途径，从而能够产生较高的自我效能感，对挫折体验的调节效果相应地会比中西部地区的残疾儿童更好。然而，自我意识是人类意识发展的高级阶段的产物，对于身心存在障碍的残疾儿童来说，这些身心障碍会影响其自我意识的发展，例如，智力发育迟缓使得儿童难以对环境和自我有成熟的认知，视力或听力的残疾容易使儿童形成负面的自我评价。自我意识的形成是一个复杂的过程，相较于地域而言，个体自身的发育状态是自我意识形成的基础，这可能是中西部地区与东部地区残疾儿童在自我意识维度上没有表现出显著差异的原因。生活适应是家长和教师都十分重视的能力，是特殊教育的首要内容，这一点直接体现在教育部发布和实施的培智学校、聋校和盲校的义务教育课程标准（强调课程的生活化）中。可见，生活适应能力的培养在特殊教育中的重要性已经体现在了政策层面，各地区的特殊教育学校围绕义务教育课程标准进行课程的开发和设计，所以残疾儿童的生活适应能力在地区间没有呈现出显著差异。

（三）残疾儿童心理健康在性别上的特点

残疾儿童的心理健康总体水平在性别上不存在显著差异，在自我意识、学习适应、生活适应和挫折体验方面也不存在显著的性别差异，而在人际关系上存在显著的性别差异，女生的人际关系好于男生。参考王彦堃（2013）关于特殊儿童学校适应发展水平的研究结论，特殊儿童在学校适应的各个领域并不存在性别差异，这与我们的调查结果相似。但也有研究表明，特殊儿童的心理健康存在性别差异（赵均，2009）。究其原因，首先，可能是因为被试选择的差异，我们与其他研究者所选择的被试样本在儿童类型及数量上均有所不同；其次，可能是因为选取的研究工具不同，我们采用的是自编问卷，综合考量残疾儿童的心理健康状况，所用问卷考察的内容与其他问卷考察的内容有所不同；最后，可能是因为个体化的差异，残疾儿童由于生理障碍的影响，往往又伴随着智力上的缺陷，所以他们在自我、学习、生活、挫折等多个领域的适应上会更多地依赖家长和教师的帮助及指导，长此以往，男女两性在生物学上的差异可能会逐渐模糊或被掩盖，并且他们生活在相似的集体环境中，男生与女生的学习环境、接触的人物及接受的教育与指导均没有太大差异，这可能使得不同性别的残疾儿童在心理健康总问卷得分及其他四个维度上的得分差异没达到显著水平。然而，出现女生的人际关系好于男生这一现象的原因可能是，受社会传统思想的影响，无论是在家庭还是在学校，女生通常会比男生受到更多的照顾和保护，而且特殊教育学校里的教师一般为女性教师，女性教师一般更容易与女生亲近，这些现象都会在一定程度上影响残疾儿童对同伴的选择和喜爱程度，同时残疾儿童人际关系的评价是由教师进行的，教师对学生的个人好恶可能会影响其对学生的人际关系状况的客观评价。

（四）残疾儿童心理健康在学段上的特点

残疾儿童的心理健康水平在学习适应和挫折体验两个维度上不存在显著的学段差异，而在其他三个维度得分和心理健康总问卷得分上均存在显著的学段差异，且都是初中和高中阶段的残疾儿童得分高于小学阶段的残疾儿童得分，初中和高中阶段的残疾儿童得分之间的差异却并不显著。因为前人研究中没有探讨过残疾儿童心理健康的学段差异，所以我们只能参考一些相近的研究结果。研究发现，听觉障碍学生的心理健康有年级差异，九年级学生优于五年级学生（韩媛媛，2006）；随着年龄的增长，残疾儿童的学校适应水平总体也在提升（王彦堃，2013）。我们的调查结果与这些研究结论有相似之处。残疾儿童的心理健康水平存在学段上的差异，且大致呈现出随学段的升高而呈上升的趋势，这可能是因为随着生理的成熟以及受教育年限的增加，残疾儿童在自我、生活、人际等方面的适应能力得到了提升，反映在心理健康上就表现为其总分也得到了提高。之所以初中和高中阶段的残疾儿童在自我、人际、生活及心理健康总体上的情况都显著好于小学阶段的残疾儿童，很可能是因为教育康复带来的效果，这在某种程度上也说明了教育补偿的重要性。然而，残疾儿童在学习适应和挫折体验维度上没有表现出显著的学段差异，虽然高中阶段残疾儿童的得分高于初中和小学阶段残疾儿童的得分，但这种差异并不显著，原因可能是调查样本中的大多数残疾儿童伴有智力缺陷，智力是影响他们学习适应的主要因素，而教育对智力缺陷的补偿作用有限，智力水平受学段变化的影响较小，所以残疾儿童在学习适应方面不存在显著的学段差异。此外，不同学段的残疾儿童面临着不同的学习任务和发展要求，但因其自身存在这样或那样的障碍或缺陷，不同学段的残疾儿童都会遇到较多的困难和挫折，可能导致他们在挫折体验上没有表现出显著的学段差异。

（五）残疾儿童心理健康在残障类型上的特点

不同残障类型的残疾儿童的心理健康水平存在显著差异，听觉障碍儿童的心理健康水平最高，孤独症儿童的心理健康水平最低，而脑瘫儿童的心理健康水平显著高于智力障碍儿童，但脑瘫儿童和智力障碍儿童与唐氏综合征儿童的心理健康水平之间不存在显著差异。这可能与残疾儿童的障碍特点有关，听觉障碍在这五种残障类型中算是康复效果较好的一种残障类型，听觉障碍儿童可以通过佩戴耳蜗或助听器来弥补听力上的不足，虽然他们也有语言上的障碍，但他们的智力发育基本正常，能够领会外部信息、理解规则，在适应上也会优于其他残障类型的儿童，因而在这五类障碍中，听觉障碍儿童的心理健康得分相对较高，心理健康水平较高。然而，孤独症儿童缺乏理解他人的能力，他们在建立伙伴关系、情感沟通和社会互动方面存在困难（王辉，2007），且多数孤独症儿童有着不同程度的智力缺陷，这导致他们在日常学校生活中往往较难听从教师指令，较难融入班集体，容易出现情绪问题或自伤、攻击等不良行为，给孤独症儿童的心理健康带来不利影响，使其在这五种残障儿童中心理健康水平最低。然而，本次调查发现，脑瘫儿童的心理健康水平高于智力障碍儿童，这一结果与王彦堃（2013）关于特殊儿童学校适应发展水平的研究结论不一致。这可能是因为我们的调查样本中脑瘫儿童数量相对较少，只有 47 人，而智力障碍儿童有 437 人，并且脑瘫儿童中有 32 人表现为轻中度智力落后。

脑瘫儿童的个体差异较大，不能排除智力因素对调查结果的影响，而且47名脑瘫儿童是否能代表该类残疾儿童的整体水平，还有待于进一步的研究证实。此外，智力障碍儿童和唐氏综合征儿童的心理健康水平差异不显著，可能是因为唐氏综合征儿童可以算作智力障碍儿童中的一类特殊群体，其主要障碍也是智力低下，二者都受到智力缺陷的影响，所以这两类儿童在心理健康水平上没有表现出显著差异。

（六）残疾儿童心理健康在认知水平上的特点

不同的认知水平影响着残疾儿童的心理健康，相比较而言，认知正常的残疾儿童的心理健康水平较高，随着认知水平的降低，残疾儿童的心理健康水平呈下降趋势，且存在显著差异。认知因素与适应行为密切相关，研究发现，智力水平会影响适应行为的发展，儿童智力缺陷的程度越严重，其社会适应能力就越差，行为问题也就越多（王倩，袁茵，2007）。残疾儿童的心理健康是以适应为基本内涵的，认知水平的高低必然会影响残疾儿童在自我、学习、人际、生活和挫折方面的适应行为。此外，随着认知水平的降低，残疾儿童在知识的掌握、行为方式的习得以及情绪表达方式的形成上都会受到限制，而正确的自我认知、良好的行为模式以及适切的情绪表达方式都会影响残疾儿童的心理健康状况，所以在残疾儿童的心理健康水平上，认知正常的儿童水平最高，其次是认知发展轻度落后的儿童，再次是认知发展中度落后的儿童，最后是认知发展重度落后的儿童。

（七）残疾儿童心理健康在残障程度上的特点

在心理健康总问卷及自我意识、人际关系、生活适应维度上，都是轻度残障儿童得分高于中度和重度残障儿童得分，中度与重度残障儿童得分之间的差异不显著，而在学习适应维度上则是轻度残障儿童得分高于中度残障儿童得分，后者得分又高于重度残障儿童得分，且差异显著，基本上呈现出心理健康水平随残障程度的增加而逐渐下降的趋势。前人的相关研究结果显示，无论何种残障类型的残疾儿童，他们的心理健康水平都低于健全儿童，这可以说明自身障碍的存在使得残疾儿童容易产生更多的心理健康问题，而障碍程度的加重会增大各种障碍特征对残疾儿童心理健康状况的影响。还有研究发现，智力障碍程度越严重，智力落后儿童的社会适应水平就越低（申仁洪，郑杜甫，2010）。因此，残障程度的加重也会影响残疾儿童对适应性行为的习得，进而影响其心理健康水平。然而，在挫折体验上，重度残障儿童得分高于中度残障儿童得分，后者又高于轻度残障儿童得分，且差异显著，这可能是因为残障程度较重的儿童在对挫折的理解和感受方面会面临更多困难，其能够操控的活动范围也会受到限制，进而体验到的挫折感会少于残障程度较轻的儿童。

（八）残疾儿童心理健康在家庭结构上的特点

残疾儿童的心理健康总问卷得分及人际关系和生活适应两个维度的得分在家庭结构上有显著差异，与他人生活的残疾儿童的心理健康水平显著高于双亲家庭和单亲家庭的残疾儿童，而双亲家庭和单亲家庭的残疾儿童的心理健康水平不存在显著差异，且在自我意识、学习适应和挫折体验这三个维度上也不存在显著的家庭结构差异。家庭是儿童成长的主要环境，家庭内部各因素及其变化会影响儿童的发展，特别是那些消极事件。王玲凤（2007）的研究发现，留守家庭、寄养家庭中的学生的心理健康水平显著优于离异、丧偶和分居家庭中的学生。离异和分居家庭中的父母曾经或正处于感情破裂阶段，较易发生争执、冲突或情感冷漠，直接导致对孩子的教养方式出现问题，进而给孩子的心理状态带来负面影响，对残疾儿童而言亦是如此。在人们通常的认知中，双亲共同抚养的儿童会比由他人抚养的儿童的心理健康状况更好，但对于残疾儿童来说，也许情况有所不同。养育残疾儿童的家庭面临着比一般家庭更多的困难，其成员的经济、心理和身体负担更重，家庭的不稳定性更大（吕青，2018）。亲生父母养育孩子，往往会对孩子产生更大的康复和教育期望，这种期望会使父母产生焦虑和压力，并且其可能会在生活中将这种焦虑和压力传递给孩子，当亲职压力过大时，父母易迁怒于孩子，严重伤害孩子的心灵。因此，若家庭功能受损，即使是父母共同抚养的残疾儿童在心理健康状况上也未必会优于由他人抚养的残疾儿童。此外，单亲家庭残疾儿童的人际关系水平低于双亲家庭和由他人抚养的残疾儿童，而由他人抚养的残疾儿童的生活适应水平显著高于双亲家庭和单亲家庭的残疾儿童。一方面，研究发现，有明显家庭冲突、反复性愤怒和攻击、关系冷漠等特征的家庭极易引发儿童的心理问题

（Repetti et al.，2002），而单亲家庭出现这些不良特征的可能性更大，其家庭功能存在缺陷，家庭氛围或紧张或冷漠，容易导致残疾儿童表现出自卑、敏感、少言寡语、回避人群等特点，不利于他们开展人际交往活动。另一方面，由他人抚养长大的孩子，特别是住校或生活在福利机构的残疾儿童需要有更高的生活自理能力和自我照顾的能力，以便维持日常生活，他们面对的生活环境更加复杂，往往会得到更多锻炼自己独立生活能力的机会，这有可能使其在生活适应水平上比由父母双方或单方抚养的残疾儿童更高。

（九）残疾儿童心理健康在是否独生子女上的特点

独生子女家庭的残疾儿童的心理健康水平显著低于非独生子女家庭的残疾儿童，具体来看，无论独生子女与否，他们在自我意识、学习适应、生活适应和挫折体验维度上均不存在显著差异，只是在人际关系这一维度上，独生子女家庭的残疾儿童得分显著低于非独生子女家庭的残疾儿童得分。其原因可能是独生子女没有兄弟姐妹，在人际交往过程中缺乏更多的交往刺激与交往需求，而非独生子女家庭中由于其他兄弟姐妹的存在，增加了残疾儿童的交往需求，增加了其与同龄人交往的机会。此外，相对于独生子女家庭，非独生子女家庭的成员较多，家庭成员之间的互动就会增多，从而使残疾儿童的人际交往这一适应行为得到不断塑造，而且如果非独生子女家庭中存在健全的兄弟姐妹，还可以起到指导和照顾的作用。这些原因都使得非独生子女家庭的残疾儿童的人际关系状况会好一些，进而在心理健康总体水平上也表现为非独生子女家庭的残疾儿童会更好一些。

（十）残疾儿童心理健康在教养方式上的特点

在四种教养方式下，残疾儿童的心理健康总问卷及各维度得分都存在显著差异，民主型教养方式最好，此教养方式下的残疾儿童的心理健康水平最高，且溺爱型教养方式下残疾儿童的心理健康水平低于放任型教养方式下残疾儿童的心理健康水平，但放任型、溺爱型两种教养方式与专制型教养方式下残疾儿童的心理健康水平之间的差异都不显著。四种教养方式中，民主型的父母在对待孩子的过程中采取的是一种积极肯定的态度，能够对孩子的需要和行为做出及时的、恰当的回应，鼓励孩子表达自己的意见，尊重其观点。接受这种教育的孩子一般较少产生依赖性，善于自我控制，较为自信，人际交往情况较好。专制型的父母会为孩子设计发展模式，但较少考虑孩子的要求与意愿，希望孩子能够绝对服从他们的安排，对孩子的违规行为会采取严厉的惩罚措施。这种教育方式下的孩子易表现出焦虑和退缩，自我调节能力和适应性都比较差。放任型的父母看似“民主”但缺乏控制，对孩子实行“放养”，对孩子的违规行为采取忽视或接受的态度。这种教育方式下的孩子容易冲动，责任感和合作性都较差。溺爱型的父母过于娇惯孩子，视其为“掌上明珠”，对其过分照顾与保护，事事包办。接受这种教育的孩子一般较为依赖他人，忍耐性低，任性且以自我为中心，适应性较差。从对这四种教养方式的分析来看，民主型是一种更理性且合适的教养方式，最有利于残疾儿童发展出良好的心理健康状态。相比溺爱型教养方式，放任型教养方式下的残疾儿童有更多的自我探索行为，多次探索与碰壁后的成长有助于他们形成良好的自我意识和人际关系，因此放任型教养方式下的残疾儿童的心理健康状况相对较好。已有研究发现，教养方式会影响智力障碍儿童的心理健康，父母过多的保护或者过度的干涉都会使孩子产生较多的心理问题，如过敏、恐惧倾向及身体症状等，严厉惩罚还会使孩子出现冲动倾向（江琴娣，2004）。由此可见，专制型和溺爱型是两种较为极端的教养方式，都不利于残疾儿童心理的健康发展，所以这两种教养方式下的残疾儿童的心理健康水平差异不显著。

五、残疾儿童心理健康教育的建议与对策

残疾儿童由于生理上的缺陷以及心理发展上诸多不利条件的影响，其心理健康方面的教育也是特殊教育工作者需要关注的重点。结合调查研究所反映出的残疾儿童的心理健康现状及特点，我们就残疾儿童的心理健康教育提出以下建议和对策。

（一）分主题开展心理健康教育

残疾儿童的心理健康教育有别于健全儿童的心理健康教育，需要不断改进其教育方式和方法，如可通过课程教学、主题班会、专题讲座等方式，结合残疾儿童的具体特点和需求，采取操作性强、儿童能接受且有效的教学模式，如

情境化教学、角色扮演、游戏辅导等（高俊杰等，2013）。在开展残疾儿童心理健康教育时，教师可以进行主题单元教学，分单元细化残疾儿童的心理健康教育内容，如可以分为自我意识单元、学习适应单元、人际交往单元、生活适应单元及挫折应对单元等，对每个主题单元还可以再进行进一步细化，如可以将自我意识单元再细分为自我认知、自我悦纳与自我调控等内容进行教育，从而分内容、分步骤地提升残疾儿童的心理健康水平。特殊教育工作者要把心理健康细化成具体且可评量的教学内容，同时要注意教育形式的多样化，以活动为主，注重趣味性和可接受性。轻松、愉悦、有意义的教学活动不仅能缓解残疾儿童的不良情绪，还能培养他们积极的心理品质。

（二）提高残疾儿童的自我意识水平

大部分残疾儿童对其自身的认识能力还很不足，其自我意识方面还有待提高。在进行心理健康教育时，教师需要着重指导残疾儿童对自己形成合理认知，让他们能够形成恰当的自我意识，提升对自己进行调适的能力（廖红娅，2014）。我们的调查结果的确反映出残疾儿童的自我意识得分较低，表明对残疾儿童的自我意识教育尚需加强，要注重促进残疾儿童对自我形成正确的认知，使其正确认识自身的缺陷，并接纳自身的缺陷，积极地配合各种教育补偿和干预工作。家长和教师还要教会残疾儿童自我调适的方法，如明确自己的优势与不足、肯定自己的价值感、遇到困难时寻求他人的帮助、调整行为方式、学会积极的应对策略、制定恰当的目标等。

（三）依据儿童的残障类型进行分类辅导

不同残障类型的残疾儿童的心理健康状况会有所不同，其需要进行心理辅导的方面也不尽相同，教师要认真了解不同残障类型儿童的身心发展特点，针对不同残障类型的儿童设计出不同的心理健康教育辅导方案。此外，本次调查研究发现，孤独症儿童的心理健康水平最低，表明孤独症儿童在自我意识、学习适应、人际关系、生活适应和挫折体验方面都存在着更多的问题，这可能与孤独症障碍的固有特点相关，但后期的教育补偿作用也是至关重要的。所以，教师要着重加强对孤独症儿童的心理健康教育，可从心理健康五方面内容的具体辅导开始，提高其心理健康水平。

（四）重视低学龄阶段残疾儿童的心理健康教育

随着生理的成熟及受教育年限的增加，残疾儿童的学校适应发展水平也在缓慢提高，重视低学龄段儿童的教育和训练会对其学校适应的发展起到至关重要的作用（王彦堃，2013）。我们的调查研究同样发现，小学阶段残疾儿童的心理健康水平较差，低于初中和高中阶段的残疾儿童，所以低学龄阶段残疾儿童的心理健康教育要引起我们的重视。教育能够起到补偿作用，这也是高学龄段残疾儿童心理健康水平高于低学龄段残疾儿童的一个原因，而且建立一种适应行为往往比纠正一种不适应行为更直接和有效，即要从低年级就开始注重对儿童良好行为的培养。此外，从残疾儿童刚进入特殊教育学校起，教师就要为他们建立专门的心理档案，定期开展心理评估，密切关注其心理发展过程中出现的变化，尽量做到及时发现、及时干预（江琴娣，张福娟，2007）。教师在进行评估时，要全面了解残疾儿童的生理特点及心理健康水平，认真分析其心理健康状况及需要改善的地方，关注对低年级残疾儿童的自我意识的培养，加强对其生活和学习方面适应性行为的培养，再将其整合进个别化的教育计划中，成为综合教育的一部分。

（五）强化家庭教育的作用

家庭环境是促进儿童心理健康发展的重要因素，要使残疾儿童心理健康教育的作用得到最大发挥，就需要家庭教育的配合。学校要开设家长亲职教育和心理教育课，为其讲解残疾儿童容易产生的心理问题，改变家长不良的教育观念，增强家长对孩子进行心理健康教育的意识，确保学校教育与家庭教育共同进行，这样才有可能使心理健康教育对残疾儿童的作用最大化（顾亚南，2013）。我们的调查研究还发现，父母采用民主型的教养方式最好，民主型教养方式下的残疾儿童的心理健康水平最高。学校可以将这一研究结果告诉残疾儿童父母，让其改善自己的教养方式，增加教养方式中的民主成分，既不要过于溺爱，也不要过于专制，尽量采用民主型的教养方式对待自己的孩子，以一种理性的思维、积极肯定的态度与孩子相处，对其需求与行为能够及时、恰当地给予回应，鼓励孩子多表达自己的意见，并对其观点给予尊重，要注重培养孩子良好的心理素质。学校还要教会家长心理调节的方法，提高他们的心理承受力和压力应对效能，使他们学会自我赋权增能，更好地发挥家庭的保健功能。此外，兄弟姐妹的存在对残疾儿童的心理健康也起到了积极作用，非独生子女家庭的残疾儿童的心理健康状况要好于独生子女家庭的残疾儿童。所以，父母要让兄弟姐妹的积极作用得到充分发挥，同时父母要注意良好行为的及时强化，让兄弟姐妹的行为起到榜样示范作用，营造良好的家庭氛围，以引发孩子出现更多的适应行为，从各个方面促进残疾儿童心理的健康发展。

（六）预防与干预并行，为残疾儿童提供有效的心理支持

心理健康对残疾儿童的成长有着重要意义却容易被忽视，我们的调查结果显示，残疾儿童的心理健康水平在不同地区之间存在显著差异，东部地区残疾儿童的心理健康状况优于中西部地区的残疾儿童。为了均衡地区间的发展水平，切实维护残疾儿童的心理健康，中西部地区的特殊教育学校可以从预防与干预两个角度切入。一方面，从预防的角度入手，组织学校教师研发相关校本课程，为学生开设有针对性的心理健康教育课，帮助学生形成良好的心理状态，逐步培养和增强其自我心理调适的能力；另一方面，从干预的角度入手，以问题解决为导向，与所在地高校的特殊教育学、心理学等专业的教师或者心理咨询机构合作，为学生进行心理评估与建档，为存在心理困扰的学生提供心理咨询和心理康复服务。在这一过程中，中西部地区的特殊教育学校和机构可以学习东部地区的成熟模式和经验，共同探讨更加完善的残疾儿童心理健康教育与心理康复机制。

第二章　残疾儿童家长的亲职压力

家庭是儿童不可缺少的生活场所，也是儿童最早接触的生态环境，而家长是对儿童发展有着重要影响的教育力量。家长作为残疾儿童成长过程中的重要他人，对残疾儿童的教育和康复训练具有十分重要的作用。家长在养育孩子的过程中，在履行亲职角色本身的过程中就面临着很多压力，如孩子是否如期望的成长、子女的行为表现、夫妻关系的满意度、个人生活方式的改变以及社会的支持等，这些都是影响家长是否产生心理压力的因素。由于残疾儿童本身的特殊性，家长在养育残疾孩子的过程中会面临来自更多方面的困难，体验到更高水平的亲职压力。过大的亲职压力对家长心理的影响直接表现为使其产生负性情绪反应，如担忧、焦虑、抑郁等，其中抑郁情绪对家长身心健康的损害是特别严重的，而家长的积极应对却能减轻压力感受和减少抑郁症状，维护其自身的心理健康。作为一种长期的慢性压力，亲职压力对残疾儿童家长的情绪体验和应对方式的影响值得我们深入研究与探讨。本章首先概述了残疾儿童家长亲职压力的相关研究成果，其次探讨了亲职压力与残疾儿童家长抑郁情绪的关系，最后考察了残疾儿童母亲的亲职压力和应对方式的特点，以期对残疾儿童家长的亲职压力有更多的了解，为之后研究家长亲职压力与残疾儿童心理健康之间的关系奠定良好基础。

第一节　残疾儿童家长亲职压力的研究现状

一、压力与压力知觉

压力这一概念最早用于物理学领域，是指一个物体作用于另一物体表面的力。1956年，塞利（Selye）在《生活中的压力》（*The Stress of Life*）一书中第一次将“压力”的概念引入社会科学领域，此后越来越多的研究人员开始关注关于压力的研究。拉扎勒斯（Lazarus）和福尔克曼（Folkman）对压力及其应对进行了系统研究，提出压力是个体在面对外界环境的刺激时，通过自身主观认知所产生的一种生理的或心理的反应，是个体与环境相互作用的结果（转引自李飞，2013）。

压力知觉（perceived stress）是指个体在应对外界环境中的某种负性刺激时，经过自我认知评价后所产生的心理反应，个体对某一压力事件影响的承受度是由其自身的压力知觉决定的（周少林，2014）。压力知觉包括三个成分，即不可预测感、失控感和紧张感，反映了个体在应对生活中的不可控事件时所产生的压力感受（Cohen et al.，1983）。个体受到压力事件的刺激后，会先进行自我评价，通过自我认知系统产生对该事件的理解，并且运用自身优势去解决这一压力事件。当个体意识到自己没有足够的力量或能力来应对这一压力事件时，其就会感知到压力的存在。个体如果难以承受压力带来的负性影响，或难以摆脱困境时，就可能会衍生出一些心理疾病。因此，从对个体心理的影响来看，研究压力知觉比研究压力更有意义。

目前已有不少研究者对特殊人群或者特殊环境中的个体的压力知觉进行了研究。例如，对焦虑症患者与普通人进行的压力知觉研究表明，患有焦虑症的研究对象比普通人更容易感受到压力（Connor et al.，2007）。对脑瘫患儿母亲的研究发现，患儿疾病的严重程度并不会显著影响母亲的幸福感，但母亲感知到的压力与社会支持呈显著相关（Skok et al.，2006）。冯佳伟等（2019）的研究显示，阿尔茨海默病患者照顾者的压力知觉水平显著高于全国常模和非阿尔茨海默病患者照顾者，健康危险性压力的发生率也显著高于非阿尔茨海默病患者照顾者。已有研究还发现，个体的压力知觉，即主体感知到的压力会影响他们的身心健康，这种压力知觉对个体产生的影响要比压力事件本身的影响更大（邱兆宏，2004）。例如，不少研究证实，压力知觉与青少年的抑郁呈正相关（闫新慰，2014），压力知觉中的紧张感和失控感对教师的职业倦怠有正向预测作用（张安安，2015），压力知觉可以直接预测大学生的手机成瘾行为（邱致燕等，2016）。可见，压力知觉会在不同程度上影响个体的心理感受和行为表现。

二、亲职压力

（一）亲职压力的概念

对于家长来说，在家庭系统内，他们感知到的压力大部分为亲职压力。在有关亲职压力的研究中，以阿比丁（Abidin，1982）提出的亲职压力概念最为普及，他把有关教养和管教子女的压力从家庭生活中分离出来，将亲职压力定义为父母或抚养人在履行亲职角色及进行亲子互动的过程中，因受到个人的人格特质、子女特质、亲子互动情况以及家庭情境等因素的影响而在对子女的教育教养中感受到的压力（Abidin，1995），可以说，亲职压力就是父母或抚养人在其亲子系统内感知到的压力。这个概念包括两方面含义：第一，它是由压力事件引发的应激反应，将会导致身体症状的产生；第二，它的起因来自外部环境刺激（如儿童被诊断为某种残疾、照顾负担等），并受个体因素的影响（李静，2010）。

国外还有学者认为，亲职压力是指父亲或母亲在扮演养育者角色时所产生的压力感受，即个体在实践养育任务、与儿女互动的过程中，受到个人性格特质、亲子关系、儿女气质和家庭背景等因素的影响而感受到的压力，包括焦虑、不安、疲惫、无助等负性情绪状态（Streisand et al.，2005）。洪荣正（2003）认为，亲职压力是因为亲子不同的气质与特点或者其他外在的文化社会规范等情境因素的影响，使父母在履行父母角色职责的过程中或者进行亲子互动时感到焦虑、困难，觉得自己未能扮演好父母这个角色的内心感受。

虽然不同研究者在对亲职压力概念的具体表述上略有差异，但其本质内容还是在阿比丁的理论框架内，亲职压力通常是指父亲或母亲在履行父母角色职责及进行亲子互动过程中感受到的压力。个体所感受到的亲职压力一方面与孩子本身有关，另一方面也与父母的自身因素，如情绪、健康等有关，也就是说，亲职压力是孩子和照顾者自身条件互动产生的结果（Abidin，1992）。

（二）亲职压力的结构

亲职压力的结构也是在阿比丁的理论模式中发展而来的，阿比丁先后提出了两种亲职压力的结构。第一种结构涉及父母、儿童和整体生活压力三个领域，其中父母领域有七个维度，包含沮丧、依附关系、角色的限制、能力感、社会孤立、夫妻关系及父母的健康情形；儿童领域有六个维度，包含适应性、接纳性、需求、情绪、分心/多动，以及儿童给予父母的积极回馈；另外还有一个整体生活压力方面的评估（Abidin，1990a）。一般情况下，家长是从三个方面来感知自己当下的压力的：一是父母层面，包括父母的个人特质、成长环境、夫妻关系、亲职能力、亲职角色投入和身体健康等；二是儿童层面，包括儿童的气质、年龄、健康状况、亲子关系、适应程度、情绪和注意等；三是外部环境系统层面，包括亲友网络、交际范围以及社会资源等。

第二种结构是由第一种结构转换而来的，是一个更为简洁的亲职压力结构，包括亲职愁苦、亲子互动失调、困难儿童三部分（Abidin，1995）。其中，亲职愁苦是指父母在履行亲职角色职责时，由父母个人因素造成的对压力的愁苦感受，如对亲职角色的不适应、生活形态的改变所造成的角色上的限制、胜任感不足等；亲子互动失调是指父母在与孩子互动的过程中，由于觉得孩子与自己的期望相差太远，并且较少感受到孩子的积极回馈，因而感到失望，与孩子产生距离，亲子关系失调；困难儿童是指孩子拥有的某些特质使父母感到困扰、担心，因而使父母感受到压力，如孩子的适应性、情绪、活动量以及行为等方面的问题（张美云，2007）。目前国内还没有研究者根据我国家长亲职压力的实际情况提出本土化的亲职压力模式和结构，第二种结构的适用性较强，也是现在国内应用较多的。

除了阿比丁提出的亲职压力结构外，还有一些研究者也提出了亲职压力的结构。例如，霍尔罗伊德（Holroyd，1974）认为，亲职压力包括父母察觉到的儿童问题、父母问题、家庭功能问题三个方面，其中，儿童问题是指因认知障碍、存活期间的照顾、生理缺陷和疾病等导致的压力；父母问题是指由父母自身因素导致的压力；家庭功能问题是指因家庭不和、经济压力、家庭机会的限制等方面导致的压力。弗雷德里克等（Friedrich et al.，1983）认为，亲职压力可以分为父母和家庭问题、悲观主义、儿童的特质、儿童的生理缺陷四个方面。陈若琳和李青松（2001）提出，亲职压力包括幼儿教养、外界环境、亲子互动不良、生活调适和人际互动五个方面。从上述研究者的观点可知，这些亲职压力的结构基本上也没有超出阿比丁所提出的亲职压力结构的范畴。

三、残疾儿童家长的亲职压力分析

（一）残疾儿童家长亲职压力的水平

目前有关残疾儿童家长亲职压力的研究结论趋向一致，普遍认为不同障碍类型的残疾儿童家长都面临着较大的亲职压力。例如，智力残疾儿童父母与健全儿童父母相比，前者的压力水平显著高于后者（Gallagher et al.，2008）。秦秀群等（2008）对孤独症儿童父母和健全儿童父母的亲职压力进行了比较，结果显示，孤独症儿童父母的亲职压力总分和各维度得分均高于健全儿童父母。此外，阿斯伯格综合征儿童母亲的亲职压力水平也明显高于正常水平（唐春等，2010）。秦秀群等（2010）还考察了注意缺陷多动障碍儿童母亲的亲职压力，发现她们普遍存在较高水平的亲职压力，其亲职压力受多种因素的影响。唐月红（2014）以脑瘫儿童父母为对象，对其亲职压力进行了研究，结果表明，大部分脑瘫儿童父母的亲职压力处于非常高的水平。综合以上研究结论可以看出，与健全儿童家长相比，残疾儿童家长在养育孩子的过程中确实体验到了更高水平的亲职压力。

比较不同残障类型儿童的家长，他们在亲职压力的感受上存在差异。已有不少研究结果表明，残疾儿童家长的压力水平偏高，尤其是孤独症儿童家长的压力更大（陈敏榕等，2016；Estes et al.，2009）；与发育迟缓、唐氏综合征以及其他精神障碍儿童的父母相比，孤独症儿童的父母会感受到更高水平的亲职压力（吉彬彬等，2012）。即使都属于孤独症谱系障碍[根据美国精神病学会出版的《精神障碍诊断与统计手册（第五版）》，孤独症谱系障碍包含孤独症（即典型孤独症）、阿斯伯格综合征和其他未确定的广泛性发展障碍三个类别]，阿斯伯格综合征儿童父母的亲职压力水平明显比其他孤独症儿童父母的亲职压力水平更高（Mori et al.，2009）。此外，还有研究发现，智力障碍、脑瘫和孤独症儿童家长的心理压力水平显著高于听力障碍和视力障碍儿童家长的心理压力水平（彭虹等，2010）。由此可见，儿童的残障类型不同，其家长感受到的亲职压力在程度上也会有所不同。

（二）影响残疾儿童家长亲职压力的因素

1. 家长的人口学特征

现有不少研究探讨了残疾儿童家长亲职压力的测量和影响因素（杨帆，兰继军，2014），发现影响家长亲职压力的因素有很多，其中家长的人口学特征是一个重要的影响变量，包括家长的性别、年龄、受教育程度等。残疾儿童父母普遍存在较高水平的亲职压力，但不同的亲职角色（父亲和母亲）或性别在亲职压力的感知上存在差异。研究表明，孤独症儿童的父母会比其他儿童父母感受到更高水平的亲职压力，且母亲往往比父亲的亲职压力水平更高（Dabrowska & Pisula，2010）。随着时间的推移，母亲的亲职压力不断增加，而父亲的日常压力大多保持不变（Gerstein et al.，2009）。秦秀群等（2008）的研究表明，在亲职愁苦、困难儿童两个维度和亲职压力总体水平上，孤独症儿童母亲的得分高于父亲，但在亲子互动失调上，父亲和母亲的得分无显著差异。亲职压力在残疾儿童父母性别上的差异有可能是因为母亲在照料儿童中承担着更大的责任，所以母亲比父亲感受到的压力更为明显。此外，家长的年龄、受教育程度、就业状况等也会影响其亲职压力水平，研究发现，年轻母亲的压力水平高于年纪较大的母亲（Lewis & Lamb，2003），受教育程度较低、未就业的孤独症儿童家长所感受到的亲职压力水平更高（赵萍萍等，2017）。

2. 家长的心理特征

除了家长的人口学特征会影响其亲职压力外，家长自身的心理特征也会影响亲职压力水平。国外的研究表明，家长压力与其自身的自我效能感呈显著相关，当家长自我效能感更高时，家长感受到的压力会更小（Bloomfield & Kendall，2012）。个人特质、情绪智力、自我效能及自我感知均是多动症儿童家长的压力的预测因子（Finzi-Dottan et al.，2011）。国内的研究结果同样表明，孤独症儿童家长的一般自我效能感和人格因素与其亲职压力呈显著相关，一般自我效能感较强、情绪较稳定、性格较外向的家长感知到的亲职压力水平较低（李媛，2012），并且人格特征中的神经质和内外向是孤独症儿童家长亲职压力的重要预测因子（李媛等，2011）。此外，焦虑、情绪低落、孤独感与孤立感、无法减轻的教养责任、教养自我效能感差、对孩子未来的担忧等，都可能会导致残疾儿童家长的心理压力不断增加。

3. 儿童特征

儿童特征，尤其是儿童的情绪行为问题及其患病的严重程度，无疑是影响残疾儿童家长亲职压力的重要因素。有研究者对 150 名孤独症儿童家长进行了调查，结果显示，儿童的行为问题与家长的亲职压力呈显著相关。孤独症儿童严重的行为障碍、冷漠的情感反应、明显的社交困难都会造成父母沉重的照料负担，使其父母承受更大的压力（McStay et al.，2014）。也有研究表明，注意缺陷多动障碍儿童父母的压力来源是多方面的，如角色的限制、社会疏离感、与家人的矛盾以及自身的内疚和不胜任感，但儿童外显的行为问题和对抗性行为是家长压力的主要来源（Wiener et al.，2016）。还有研究发现，孩子不寻常的语言及沟通模式，可能会给孤独症和发育迟缓儿童的母亲带来困难，特别是在公共场合，导致其压力增加（Estes et al.，2009）；并且智力障碍和孤独症儿童的残疾程度与家长的亲职压力呈正相关，即孩子的残疾程度越严重，家长感受到的压力水平就会越高（陈夏尧等，2013）。

4. 家庭和社会环境因素

家庭和社会环境中的诸多因素也会影响家长的亲职压力水平，如家庭结构、家庭关系、家庭经济状况、社会支持等都是残疾儿童家长亲职压力的重要影响因素。研究发现，单身的父母会感觉到更高水平的亲职压力，而家庭关系融洽、家庭成员凝聚力强可以减轻压力，并且好的医疗保健、社会服务及教育都有助于减轻父母压力（Anderson，2008）。家庭经济条件作为一个家庭环境变量，决定着家长在财力上能否支撑残疾儿童的教育与康复训练，若家庭经济条件比较好，则家长能为孩子提供的支持会更多，家长自身感受到的压力可能就更小。已有不少研究显示，残疾儿童父母感受到较大的亲职压力不仅与儿童和父母自身因素有关，还与其家庭和社会的支持资源不足有关，当父母获得的支持越少时，其感受到的亲职压力就越大。张焱和钟永碧（2015）的研究表明，孤独症谱系障碍儿童父亲的亲职压力会受其工作时间、家庭收入、孩子就读学校以及父亲获得的主观支持四个因素的影响。社会支持可以促进家长提高抚养儿童的能力，帮助家长较快形成新的角色意识，减少家长在抚养残疾儿童过程中产生的消极情绪，因此有效的社会支持可以降低残疾儿童家长的亲职压力水平。胡艳杰等（2013）对孤独症儿童母亲的调查结果显示，提高孤独症的康复服务水平、改善儿童症状及家长心理状态、给予其更多的政府和社会支持是缓解母亲亲职压力的重要途径。

（三）残疾儿童家长亲职压力对个体和家庭的影响

亲职压力的产生会给家长、儿童甚至整个家庭带来影响，这些影响不容忽视。国内外众多研究证实，与健全儿童父母相比，残疾儿童父母普遍处于较高的亲职压力水平，表现出不同程度的身体和心理健康问题，慢性抑郁症状突出（Woolfson & Grant，2006）；家长的亲职压力越大，其心理健康水平就会越低（江虹等，2014）。亲职需求所带来的心理压力过大，会引发残疾儿童家长产生更多的负面情绪，出现亲职行为及功能失常，造成家庭危机（Johnson & Simpson，2013），很有可能会使家长与孩子之间形成不良的亲子互动关系，进而损害家庭关系和家庭环境系统，致使亲职压力成为影响家长身心健康、亲职能力、儿童健康成长、家庭和谐与幸福的危险性因素。戴维斯等（Davis et al.，2010）的研究的确发现，亲职压力对脑瘫儿童家长的身心健康、自由与独立性、家庭功能、经济稳定和幸福感等方面产生了较多的负面影响。关文军等（2015）的研究也表明，残疾儿童家长的亲职压力与生活质量呈显著负相关，即家长亲职压力越大，生活质量越差。更多的相关研究发现，智力落后儿童家长的心理健康程度对其子女的行为问题有较好的预测力（马珍珍等，2005）。可见，减轻残疾儿童家长的亲职压力，有助于维护家长的身心健康，促使其采取更加积极的教养方式，并与孩子之间形成良好的亲子关系，进而对残疾儿童的健康发展和家庭环境建设产生积极影响。

第二节　残疾儿童父母的亲职压力与抑郁的关系

压力是个体在具有威胁性的刺激情境中，一时无法消除威胁时产生的一种被压迫的感受，压力的心理反应涉及心理与行为的各个方面。长期压力过大可使人出现认知偏差、焦虑、抑郁等心理问题，是影响个体身心健康的危险性因素。目前大量研究证实，养育残疾儿童的诸多困难，的确使其父母感受到了远超过健全儿童父母的亲职压力，这些压力会给残疾儿童父母的身心带来不同程度的影响。例如，有研究发现，亲职压力会严重影响孤独症儿童父母的身心健康，且母亲比父亲更容易体验到亲职压力，也更容易出现身心健康问题（Johnson et al.，2011）。冯洁（2019）的调查显示，残疾儿童父母的亲职压力水平普遍较高，他们在焦虑、抑郁、强迫症状、精神病性等维度上的平均分显著高于常模水平。可见，亲职压力会使残疾儿童父母产生多种负面情绪，出现较多的心理困惑和家庭矛盾，不仅会危害到父母的身心健康，更会影响整个家庭的生活质量和幸福感。

在亲职压力导致的消极影响中，抑郁是一种较为常见的负性情绪状态，对个体的心理调适具有阻碍作用，是危害个体身心健康的重要影响因素。从心理学的角度看，抑郁是无效应对生活压力而出现的后果，它以情绪失调为核心，包括沮丧、无价值感、无助与绝望感、躯体活动水平下降等一系列身心不适症状，对个体心理具有重要而广泛的影响（陶沙，2006）。对于养育残疾儿童的父母来说，残疾儿童自身在生理与心理上的缺陷和困难必然会带来较高水平的亲职压力，容易使父母陷入消极和悲观的情绪中，难以找到应对高压力的有效策略和资源，逐渐对自身、外界和未来形成消极评价，这样的状态长期持续下去，残疾儿童父母就有可能产生抑郁。因此，过大的亲职压力是导致残疾儿童父母抑郁倾向的重要压力源，已有研究的确表明，亲职压力与孤独症谱系障碍儿童母亲的抑郁状态呈显著相关（胡艳杰等，2013），亲职压力对孤独症儿童母亲抑郁的影响甚至超过了儿童问题行为和障碍程度对母亲抑郁的影响（Weitlauf et al.，2014）。

然而，国内现有研究大多关注亲职压力或者抑郁情绪单方面的影响，探讨两者关系的研究相对较少，尤其是针对残疾儿童父母的亲职压力与抑郁之间关系的研究更少。那么，亲职压力的各个层面是如何影响残疾儿童父母的抑郁的？亲职压力对不同亲职角色（即父亲和母亲）的抑郁症状所产生的影响又有何不同？为解决这些问题，我们调查了残疾儿童父母的亲职压力和抑郁的总体水平，探究残疾儿童父母的亲职压力对抑郁的影响，考察不同亲职角色在亲职压力与抑郁关系中的调节作用，以期提出有效的能帮助父母减轻亲职压力和改善抑郁状态的可行性建议，为促进残疾儿童父母的身心健康和家庭和睦提供心理学方面的实证依据，使父母能够以积极的心态参与残疾儿童的教育，在残疾儿童的成长和康复之路上发挥更好的作用。

一、研究对象与方法

（一）研究对象

我们采用便利抽样的方法，以残疾儿童父母为研究对象，分别在广东省的深圳元平特殊教育学校、浙江省的嘉兴市特殊教育学校，以及重庆市的渝北区特殊教育学校、渝中区培智学校、巴南区特殊教育学校和重庆师范大学教育康复中心发放问卷。一共分发问卷 200 份，回收问卷 161 份，回收率为 80.50%，其中有效问卷为 135 份，有效率为 83.85%。在有效样本中，母亲 85 人（62.96%），父亲 50 人（37.04%）；已就业者 74 人（54.81%），未就业者 59 人（43.70%），缺失 2 人（1.48%）；在父母学历方面，小学学历 9 人（6.67%），初中学历 38 人（28.15%），高中学历 23 人（17.04%），专科学历 20 人（14.81%），本科学历 29 人（21.48%），研究生及以上学历 14 人（10.37%），缺失 2 人（1.48%）；在儿童障碍程度方面，轻度障碍 40 人（29.63%），中度障碍 60 人（44.44%），重度障碍 34 人（25.19%），缺失 1 人（0.74%）；在儿童障碍类型方面，智力障碍 54 人（40.00%），孤独症 50 人（37.04%），脑瘫 10 人（7.41%），唐氏综合征 9 人（6.67%），其他 9 人（6.67%），缺失 3 人（2.22%）；参与调查的残疾儿童父母的年龄为 25～62 岁（M=40.13，SD=6.22）。

（二）研究工具

1. 短式亲职压力量表

采用短式亲职压力量表测查残疾儿童父母的亲职压力，该量表是由阿比丁（Abidin，1990b）编制的，后经任文香（1995）翻译成中文版并修订。该量表共有 36 个题项，分为亲职愁苦、亲子互动失调和困难儿童三个维度，每个维度各有 12 个题项。该量表采用利克特五点计分，总分为 36～180 分，分数越高，代表家长感受到的亲职压力越大。总分≤85 分为正常压力，总分在 86～90 分为临界压力，总分在 91～98 分为高水平压力，总分≥99 分为非常高压力（唐月红，2014）。我国不少研究者测得的中文版短式亲职压力量表的 α 系数为 0.85～0.93（关文军等，2015），表明其具有良好的信度。

2. 贝克抑郁问卷

贝克抑郁问卷由美国著名心理学家贝克编制，用以评定抑郁症状的严重程度，国内有研究者将其译为中文版并用于抑郁患者的评定（郑洪波，郑延平，1987）。该问卷共有 21 个题项，每个题项均采用 0～3 分的四级评分法，总分为 0～63 分，分数越高，表明抑郁症状越严重。该问卷所测分数的抑郁程度临界值标准为：总分≤4 分为没有或极轻微抑郁，总分为 5～13 分为轻度抑郁，总分为 14～20 分为中度抑郁，总分≥21 分为重度抑郁。该问卷的奇偶分半信度系数为 0.86，斯皮尔曼-布朗（Spearman-Brown）相关系数为 0.93，数周内的重测信度为 0.70～0.80，具有良好的信度；该问卷与临床抑郁评定的相关显著，相关系数为 0.60～0.90，具有较好的聚合效度（汪向东等，1999）。

（三）数据处理方法

使用 SPSS 19.0 统计软件对数据进行统计分析。根据研究目的选择合适的数据统计方法，包括描述性统计分析、独立样本 *t* 检验、皮尔森相关分析和逐步回归分析。

二、残疾儿童父母亲职压力和抑郁的总体水平

（一）残疾儿童父母亲职压力的总体水平

为了解残疾儿童父母亲职压力的总体水平，我们对父母在短式亲职压力量表上的得分进行了描述性统计分析，计算出平均值和标准差，以及不同亲职压力水平的人数和百分比，结果见表 2-1。

表 2-1　残疾儿童父母亲职压力的检出率

变量	*M*±*SD*	正常（≤85 分）	临界（86～90 分）	高水平（91～98 分）	非常高（≥99 分）
亲职压力	102.34±20.00	27（20.00%）	10（7.41%）	17（12.59%）	81（60.00%）

从表 2-1 中可以看出，残疾儿童父母的亲职压力处于正常水平的仅占 20.00%，有 72.59%的父母感受到高水平及以上的亲职压力，所占比例相对较大。此外，残疾儿童父母在亲职压力总分上的平均值为 102.34，也达到了较高水平。

（二）残疾儿童父母抑郁的总体水平

为了解残疾儿童父母抑郁的总体水平，我们对父母在贝克抑郁问卷上的得分进行了描述性统计分析，计算出平均值和标准差，以及不同抑郁程度的人数

和百分比，结果见表 2-2。

表 2-2 残疾儿童父母抑郁症状的检出率

变量	$M \pm SD$	没有或极轻微抑郁（≤4 分）	轻度抑郁（5～13 分）	中度抑郁（14～20 分）	重度抑郁（≥21 分）
抑郁	13.47±11.33	31（22.96%）	51（37.78%）	27（20.00%）	26（19.26%）

由表 2-2 可知，没有或有极轻微抑郁症状的残疾儿童父母只占 22.96%，超过七成的父母有程度不同的抑郁症状，其中达到中、重度抑郁的父母占 39.26%，而抑郁得分的平均值为 13.47。可见，大部分残疾儿童的父母表现出一定程度的抑郁症状。

三、残疾儿童父母的亲职压力和抑郁在不同亲职角色上的差异

为考察残疾儿童父母不同亲职角色对亲职压力和抑郁的影响，我们对母亲和父亲的亲职压力及抑郁得分进行了差异检验，结果见表 2-3。

表 2-3 亲职压力和抑郁在不同亲职角色上的差异检验

变量	亲职角色（$M \pm SD$）		t	p
	母亲（n=85）	父亲（n=50）		
亲职愁苦	35.694±9.065	32.600±8.892	1.929	0.056
亲子互动失调	31.435±6.955	32.860±7.637	–1.108	0.270
困难儿童	36.329±7.135	34.980±7.779	1.026	0.307
亲职压力	103.459±18.915	100.440±21.792	0.846	0.399
抑郁	15.059±12.130	10.780±9.340	2.147	0.034

从表 2-3 中可以看出，残疾儿童父母的抑郁在亲职角色上有显著差异（$p<0.05$），表现为母亲的抑郁症状比父亲更严重，母亲的抑郁平均分达到 15.059，即母亲的抑郁平均水平为中度抑郁；而父亲的抑郁平均分只有 10.780，即父亲的抑郁平均水平为轻度抑郁。母亲和父亲在亲职压力总分及各维度上的差异没有达到显著水平，但在亲职愁苦维度上表现出接近显著的差异，母亲感到的亲职愁苦程度高于父亲。

四、残疾儿童父母亲职压力与抑郁的关系

（一）残疾儿童父母亲职压力与抑郁的相关关系

为考察残疾儿童父母的亲职压力与抑郁之间的相关关系，我们计算了亲职压力与抑郁得分之间的积差相关系数。因为母亲和父亲在抑郁上存在显著差异，在亲职愁苦上表现出接近显著的差异，所以我们对亲职角色进行了虚拟化处理，计算出亲职角色与亲职压力和抑郁的积差相关系数，结果见表 2-4。

表 2-4　残疾儿童父母亲职压力与抑郁的相关分析

变量	亲职愁苦	亲子互动失调	困难儿童	亲职压力	抑郁
亲子互动失调	0.584**				
困难儿童	0.557**	0.557**			
亲职压力	0.871**	0.832**	0.823**		
抑郁	0.663**	0.505**	0.514**	0.673**	
亲职角色	0.165	–0.096	0.089	0.073	0.183*

由表 2-4 可知，亲职压力及其三个维度与抑郁均呈非常显著的正相关（$ps<0.01$），表明亲职压力越大，父母的抑郁症状越严重，亲职压力的三个维度与抑郁的相关程度从高到低依次为亲职愁苦、困难儿童和亲子互动失调。此外，亲职愁苦、困难儿童、亲子互动失调与亲职压力均存在非常显著的相关（$ps<0.01$），并且亲职角色与抑郁也呈显著相关（$p<0.05$）。

（二）残疾儿童父母亲职压力与抑郁的预测关系

我们以亲职压力的三个维度为预测变量，以残疾儿童父母的抑郁为效标变量进行逐步回归分析，以探究亲职压力的不同层面对抑郁的预测作用，结果见表 2-5。

表 2-5　亲职压力预测残疾儿童父母抑郁的逐步回归分析

变量	R	R^2	ΔR^2	F	β	t
亲职愁苦	0.663	0.439	0.435	104.144***	0.546	7.151***
困难儿童	0.685	0.469	0.461	58.400***	0.210	2.745**

由表 2-5 可知，进入回归方程的显著变量有两个，分别是亲职愁苦和困难儿童，两者对父母的抑郁具有极显著的正向预测作用。当预测变量为亲职愁苦

时，F=104.144（p<0.001），回归模型成立，亲职愁苦与抑郁的多元相关系数为 0.663，解释量为 0.435，也就是说，亲职愁苦能预测残疾儿童父母抑郁 43.5%的变异量。当加入困难儿童这一变量后，F=58.400（p<0.001），回归模型成立，困难儿童与抑郁的多元相关系数为 0.685，困难儿童和亲职愁苦能联合预测残疾儿童父母抑郁 46.1%的变异量。回归分析显示，标准化回归方程式为：残疾儿童父母抑郁=0.546×亲职愁苦+0.210×困难儿童。

五、亲职角色在残疾儿童父母亲职压力与抑郁间的调节作用

根据温忠麟等（2012）的研究，当调节变量为类别变量、自变量为连续变量时，调节效应的检验方法是：对调节变量做虚拟变量处理，将调节变量和自变量进行中心化处理，然后做层次回归分析，如果交互项，即调节变量和自变量的乘积项的回归系数显著，则认为调节效应显著。基于此，我们将亲职角色做虚拟变量处理，父亲取值为 0，母亲取值为 1，将中心化后的亲职压力、亲职角色及其乘积作为自变量，进行层次回归分析，具体结果见表 2-6。

表 2-6　亲职角色在残疾儿童父母亲职压力与抑郁间的调节效应检验

	变量	B	β	t	F	R^2	ΔR^2
第一层	亲职压力	0.376	0.663	10.453***	58.818***	0.471	
	亲职角色	3.144	0.134	2.119*			
第二层	亲职压力	0.391	0.689	11.133***	45.281***	0.509	0.038
	亲职角色	3.274	0.140	2.280*			
	亲职压力×亲职角色	0.223	0.196	3.178**			

由表 2-6 可知，第一层变量亲职压力和亲职角色进入回归方程后，决定系数 R^2 为 0.471，在两者的交互项“亲职压力×亲职角色”进入第二层回归方程后，决定系数 R^2 为 0.509，ΔR^2=0.038，即交互项额外解释了父母抑郁 3.8%的变异量，且交互项的回归系数显著（B=0.223，p<0.01），说明交互效应显著，即亲职角色是亲职压力与残疾儿童父母抑郁之间的调节变量，交互效应的标准化回归方程为：$y=0.689x+0.140u+0.196ux$。当调节变量 u=0 时，$y=0.689x$，即亲职压力与父亲抑郁成正比；当调节变量 u=1 时，$y=0.140+0.885x$，即亲职压

力与母亲抑郁也成正比。这表明无论是父亲还是母亲，亲职压力均能显著预测残疾儿童父母的抑郁，并且亲职压力越大，残疾儿童父母的抑郁症状越明显。比较两个方程的斜率可知，母亲方程的斜率比父亲方程的斜率大，即亲职压力对母亲抑郁的影响更显著。为了进一步明确在不同亲职角色下亲职压力对抑郁影响的具体情况，我们分别对母亲和父亲的亲职压力与抑郁的预测关系进行了逐步回归分析，结果详见表 2-7。

表 2-7　残疾儿童母亲和父亲的亲职压力对抑郁的影响

亲职角色	变量	R	R^2	ΔR^2	F	β	t
母亲	亲职愁苦	0.673	0.453	0.446	68.669***	0.452	4.953***
	困难儿童	0.722	0.521	0.510	44.681***	0.227	2.548**
	亲子互动失调	0.743	0.552	0.535	33.255***	0.217	2.345**
父亲	亲职愁苦	0.619	0.383	0.370	29.803***	0.619	5.459***

根据表 2-7 的结果可知，母亲感受到的亲职愁苦（F=68.669，p<0.001）、困难儿童（F=44.681，p<0.001）和亲子互动失调（F=33.255，p<0.001）三个预测变量均能进入回归方程，三者能联合预测抑郁 53.5%的变异量，其中亲职愁苦的预测能力最佳，达到 44.6%；而只有父亲感受到的亲职愁苦能进入回归方程（F=29.803，p<0.001），且解释量只有 37.0%。此外，回归分析显示，不同亲职角色的标准化回归方程分别为：残疾儿童母亲抑郁=0.452×亲职愁苦+0.227×困难儿童+0.217×亲子互动失调；残疾儿童父亲抑郁=0.619×亲职愁苦。

六、残疾儿童父母的亲职压力对抑郁的影响

（一）残疾儿童父母的亲职压力与抑郁的总体水平

调查结果显示，残疾儿童父母的亲职压力平均值高达 102.34，并且有 72.59%的残疾儿童父母感受到高水平的亲职压力，即有超过七成的父母感受到过高的亲职压力水平，这与倪俊伟等（2017）的研究结果一致。残疾儿童因为自身的缺陷和障碍，会出现比健全儿童更多的问题行为，给父母带来养育上的困难。已有研究证实，儿童的行为问题可以正向预测智力障碍儿童母亲的亲职压力（Beck et al.，2004）。残疾儿童的身心障碍和情绪行为问题会加深父母的亲职愁苦感受，使父母与孩子的沟通和互动失常，并使其担忧孩子的未来，从

而产生过高的亲职压力。

从实证调查数据来看，残疾儿童父母抑郁的平均值为 13.47，有轻度抑郁症状的父母所占比例为 37.78%，有中、重度抑郁症状的父母占 39.26%，即有轻度以上抑郁症状的残疾儿童父母所占比例高达 77.04%。这是一个不容忽视的比例，因为父母的身心健康不仅会影响其自身，还会影响其家庭，进而直接或间接地对残疾儿童产生重要影响。此外，亲职压力在家庭角色上无显著差异，表明无论是父亲还是母亲，其亲职压力都很大；但抑郁在亲职角色上有显著差异，残疾儿童母亲的抑郁症状比父亲更严重，这可能是因为残疾儿童的父母亲在养育儿童的过程中扮演了不同的角色和承担了不同的任务，以及女性自身具有敏感性，所以残疾儿童母亲的抑郁症状更明显。

残疾儿童父母的高压力感和抑郁会影响其自身的生活与发展，也会将自己的负性情绪不自觉地带给孩子，从而使残疾儿童的成长和发展也受到影响。为此，社会在将更多的目光放在残疾儿童身上的同时，也需要关注残疾儿童家庭支持系统中的重要成员，即残疾儿童的父母。当然，就父母本身而言，寻找到宣泄情绪与缓解抑郁症状的合适渠道及方法就显得十分重要。残疾儿童父母要对自己心理状态的变化保持敏感，当发现自己长期陷于负性情绪影响且无法自拔的时候，要有求助专业人士的意识，也要有主动向身边亲密他人倾诉自己压力和负性情绪的意愿，不要一直压抑自己的负性情绪，避免让自己长期处于一种高压及抑郁的不良心理状态。

（二）残疾儿童父母亲职压力对抑郁的影响以及亲职角色的调节作用

相关分析的结果显示，残疾儿童父母的亲职压力与抑郁呈极显著的正相关，即随着亲职压力的不断增大，残疾儿童父母的抑郁症状会不断加重。亲职压力的三个维度，即亲职愁苦、亲子互动关系失调、困难儿童都与残疾儿童父母的抑郁呈极显著的正相关，其中亲职愁苦与抑郁的相关最高，这可能是由于亲职愁苦过多会让父母过度地被自己作为残疾儿童监护人的责任所束缚，不断地让自己陷入焦虑、不安和高压的不良心理状态中，而不良的心理状态很容易使残疾儿童父母与孩子之间的互动出现问题或偏差，当孩子与父母不能进行正常的互动时，父母的亲职愁苦会更加严重，这样父母的心理状态就会进入一种恶性循环，越来越多的负性情绪会不断地加重父母自身的抑郁症状。多元逐步回归分析显示，只有亲职愁苦和困难儿童能显著预测抑郁，这可能是由于相对来说，亲职愁苦和困难儿童两者中，一个属于内在压力源，另一个属于外在压力源，亲职愁苦主要反映的是残疾儿童父母自身的一种感受，属于内在压力源；而困难儿童是由于儿童存在诸多行为问题，使其较难教养，属于外在压力源。无论是内在感受还是外在表现，均能在一定程度上影响残疾儿童父母的身心健康，内外压力源交互作用，会使其更难摆脱这些消极情绪，因此抑郁也会更加严重。

我们不仅探讨了亲职压力对残疾儿童父母抑郁的影响，还进一步揭示了亲职角色在这一关系中的调节作用，以及亲职压力对不同亲职角色（即父亲和母亲）的抑郁所产生的影响。研究结果表明，亲职角色的确在亲职压力与抑郁症状之间起着调节作用，而且无论是母亲还是父亲，亲职压力均能显著预测抑郁，但是对母亲抑郁的预测作用更加显著，并且母亲感受到的亲职愁苦、困难儿童和亲子互动失调均能显著预测其抑郁，但只有亲职愁苦能显著预测父亲的抑郁。这可能是由于母亲情绪会较容易受外界环境的影响，她们平时主要承担的任务除了照顾孩子的日常起居外，还包括家务等诸多杂事，相当于她们大部分的时间都被占用了，再加上孩子的表现不尽如人意，这在无形中增加了她们的压力，进而导致更多抑郁情绪的产生。父亲由于自身的调节能力可能较好，与孩子接触的时间相对来说比母亲少，感受到的来自孩子和亲子互动的困难会较少，所以他们抑郁的主要影响因素可能是亲职愁苦，即自己内在主观的压力源。因此，虽说残疾儿童是我们关注的重点，但是不能忽视父母的情绪给孩子带来的影响，只有父母亲的情绪相对稳定、积极乐观，才比较容易营造出一种相对和谐的家庭氛围，从而更有利于促进残疾儿童的康复和发展。

七、减轻残疾儿童父母抑郁症状的建议

（一）提高残疾儿童父母的自身修养，提升其应对压力的能力

残疾儿童父母过大的亲职压力，可能和他们不了解如何教育一个残疾儿童有关。初为人父或人母，本来就会面临不小的亲职压力，从儿童出生到慢慢长大，父母也要经历一个不断学习和成长的过程，而当他们的孩子在某些方面有

一定缺陷时，由于对这些缺陷的不了解和迷茫，他们可能会产生非常大的亲职压力。因此，建议父母可以多参与关于残疾儿童的讲座和培训，增加相关知识的积累，增强自身的修养，正确地认识和养育残疾儿童，提升自己应对压力的能力，为自己过大的亲职压力寻找到合适的宣泄渠道。

（二）提供更多的父母心理辅导和心理支持服务

本次研究显示，亲职压力与抑郁呈显著正相关，当父母感知的亲职压力不断增大的时候，抑郁也会不断增加。因此，可以为父母提供定期的团体辅导和心理支持服务，通过多种形式的心理咨询和辅导来缓解其亲职压力，从而减少父母的抑郁。

（三）社会提高对残疾儿童父母心理健康的关注度

在社会层面，应提高对残疾儿童父母心理健康的关注度，定期对其心理健康状态进行调查和随访，及时了解其心理健康状况并将其反馈给他们，这样可以避免很多父母在自己没有意识到的情况下就长期陷入负性情绪中，进而导致抑郁。

（四）主动倾诉，学会自我调节心理状态

残疾儿童父母可以寻找合适的方式来缓解自己的亲职压力，如主动地向身边的亲密他人倾诉、学会求助专业人士、乐观地解释负性事件等。研究发现，乐观的个体较少会有躯体症状和抑郁体验（陶沙，2006）。父母要主动寻找适合自己的转移注意力和缓解压力的方法，以减轻自己的抑郁症状，保持一种较为健康的心理状态，这样既有利于提高自己本身的生活质量，也有利于残疾儿童的成长。

第三节　残疾儿童母亲的亲职压力和应对方式的特点

在探讨残疾儿童家长亲职压力的影响因素的研究中，有关亲职压力的保护性因素，较多的研究集中在社会支持对亲职压力的影响上（Cousino & Hazen,

2013)，而个体为缓解压力所做出的应对努力也会影响家长对亲职压力的感受。应对是指个体对付那些被知觉为紧张或超过了个体资源所能及的内在或外在要求的过程（Lazarus & Folkman，1984)，是个体对现实环境的有意识、有目的、灵活的调整。应对也是个体面临压力时，为减小其负面影响而做出的认知或行为上的努力。应对方式有助于个体为应对外界环境的刺激而对自身做出调整，从而在情绪、认知和行为上发生改变，以承受最小痛苦的方式忍受压力的影响。显然，积极、健康的应对方式是残疾儿童家长缓解亲职压力的重要保护性因素。李静和王雁（2015）研究了学前残疾儿童家长的亲职压力，发现社会支持和积极应对与亲职压力呈显著负相关，即社会支持和积极应对越多，家长感知到的亲职压力就会越小。有研究者综述了 37 个有关孤独症谱系障碍儿童家长的压力应对研究，揭示出两个对于缓解亲职压力最为有用的应对资源，即问题应对和社会支持（Lai & Oei，2014)。

然而，由于残疾儿童家长普遍感知到的亲职压力较大且持续时间较长，他们在面对孩子的障碍和问题时常常觉得无能为力，所采取的应对方式也较为消极。例如，李雪宁和赵亚茹（2016）对孤独症儿童母亲进行了研究，发现她们存在明显的心理健康问题且多采取消极的应对方式。国外研究同样发现，孤独症和唐氏综合征儿童的家长更多使用情绪应对的方式来处理亲职压力（Dabrowska & Pisula，2010)。目前有关应对的研究普遍认为问题应对是比情绪应对更为积极的一种应对方式，那么残疾儿童的家长在不同的发展阶段面对不同的亲职压力，其应对方式是否有变化？其是否有可能会对其消极的应对方式进行改变？其内在的人格特质是否会影响其对亲职压力的感知和应对方式的变化？鉴于此，我们借鉴麦克亚当斯（McAdams，1988，1993）的人格叙事理论及方法，对一名残疾儿童母亲的生命故事的叙事片段进行分析和解释，通过个案研究，探寻残疾儿童母亲的亲职压力和应对方式的发展变化及其与人格特质之间的相互影响。

一、研究对象与方法

（一）研究对象

研究对象是一名已经在普通学校融合教育背景下学习的孤独症儿童的母

亲，今年46岁，初中学历，全职妈妈，身体不太好，容易生病。她的孩子今年8岁，男，在幼儿园只读了半年，后来回到家里，基本上是妈妈照顾，请家教，现就读于普通小学一年级。由于孩子处于刚步入融合教育的阶段，她遇到的问题较多，有着较高的亲职压力水平。我们遵循研究伦理的要求，下文中的所用名为化名。

在进行叙事研究之前，我们先让研究对象做了两份心理测试，其中一份是短式亲职压力量表，另一份是艾森克人格问卷（Eysenck Personality Questionnaire，EPQ），以了解研究对象的亲职压力状况和人格特征。短式亲职压力量表的测试结果为：亲职愁苦得分为44分，亲子互动失调得分为24分，困难儿童得分为47分，亲职压力总分为115分，超过了临界值90分（李媛，2012），表明该母亲的亲职压力偏高。艾森克人格问卷的测试结果为：精神质的标准分是52分，表明其倔强性一般，既不像高分者那样倔强孤独，顽固地坚持己见，也不像低分者那样因胆小怕事而被人强迫接受意见；外倾性的标准分是57分，表明其没有特别明显的内向或外向特征，既不像外向者那样活跃而精力充沛，也不像内向者那样少活力而易疲乏，属于“平衡型”；神经质的标准分是76分，表明其情绪稳定性较低，起伏性较大，对生存状况悲观不满，同时又觉得难以改变，容易因事情出错而心烦意乱，不必要地为只是可能或不会发生的事忧心忡忡，遇到刺激时易有强烈的情绪反应，并且需要很长时间才能恢复；掩饰性的标准分是53分，表明其掩饰性一般，遇事既会考虑“是怎样”，也能认识到“该怎样”，但不一定都会按照前者或后者行事。可见，该母亲的人格特征中具有明显的高神经质特征，情绪体验丰富而敏感，容易焦虑、担心，常常郁郁不乐。

（二）研究方法

我们采用叙事研究的方法，以一名孤独症儿童的母亲为研究对象，通过访谈获得其亲职故事的叙事片段，对这些叙事文本进行编码分析，从而探索亲职压力对其应对方式产生的影响，以及人格特征所起的作用。叙事研究法是利用叙事性资料进行研究的方法，在研究过程中更注重对话语文本的分析。叙事研究指的是任何运用或者分析叙事资料的研究，既可以是研究的目的，也可以是研究其他问题的手段。该方法来源于叙事心理学，是在后现代心理学思潮的影响下形成的一种新的研究取向。叙事研究法在我国多被用于对教师成长的研究，很少被用于对残疾儿童家长心理的研究，我们尝试将其用于探讨残疾儿童家长的亲职压力和应对方式。

麦克亚当斯（McAdams，1995）提出同一性生命故事的理论构想，认为可以从特质、个人关注、生活故事三个层次对个体进行研究。特质可以方便研究者对不同个体进行比较，了解对象的人格特质是解读个体的第一个层次；个人关注涉及个人的奋斗、防御机制、应对策略、价值观等促进个人发展的动力要素，是解读个体的第二个层次；特质和个人关注具有普遍适用性，而解读个体的第三个层次，即生活故事只与个体成年期的现实社会生活有关。个体叙述的生活故事中蕴含着他们在环境刺激下做出的认知、情感和行为上的改变，反映出了当事人内在心理特征与外在生活事件的相互影响及其动态发展。这一理论构想将帮助我们更深入地理解残疾儿童家长对亲职压力的感受，以及他们为维护内心安宁和自我同一性所做出的应对努力。

（三）研究工具

1. 艾森克人格问卷

艾森克人格问卷由英国艾森克教授及其夫人于 1952 年编制，是专门用于测量人格的心理测验工具，后由我国龚耀先教授组织进行了艾森克人格问卷中文版的标准化，于 1983 年发布中文版手册，是目前使用最广泛的版本。其中成人版问卷共有 88 个题项，包括外倾性、神经质、精神质三个人格维度，此外还包括一个效度量表。受评者需要对每一个题项选择回答“是”或“否”，对于正向题，答“是”计 1 分，答“否”计 0 分；对于反向题，答“是”计 0 分，答“否”计 1 分。先计算出各维度的粗分，再将其转换为标准分。该问卷具有良好的结构效度，其中外倾性和神经质维度的结构最为稳定；各维度的信度系数良好，间隔 1 个月的重测信度为 0.83～0.90，内部一致性系数为 0.68～0.81（张作记，2005）。

2. 短式亲职压力量表

采用短式亲职压力量表来评估残疾儿童家长的亲职压力，该量表是由阿比丁（Abidin，1990b）编制的，后经任文香（1995）翻译成中文版并修订。该量表的维度和评分见第二章第二节所述。

（四）叙事访谈与编码方法

麦克亚当斯（McAdams，1993）曾经提出一个适用于个体进行自我探索的叙事访谈提问方案，研究者针对访谈有一个概要式的提纲，以便在访谈时能更好地把握谈话内容，但不可拘泥于这个提纲，因为叙事研究法的目的是进入研究对象的心理世界，因此在访谈时必须给被访者足够的空间，让其可以讲述自己的故事，应该把被访者对问题的回答当作故事或叙事，并为叙事分析开辟道路，同时由于情境的不可重复性，对访谈及其所获得的叙事性文本资料不宜采用标准化的方式进行处理，需经过编码之后才能加以分析。国内已有研究者使用麦克亚当斯的同一性生命故事理论及方法，对曾国藩的相关叙事文本进行了分析，对曾国藩的人格特质及其动态人格结构进行了解读，获得了有意义的结论（徐晓彤，2016）。

在借鉴麦克亚当斯叙事访谈提问方案的基础上，我们编制了叙事访谈提纲（见附录二）。我们的研究目的是探究残疾儿童母亲的亲职压力和应对方式，以及二者与其人格发展的相互影响，因而对叙事者人生故事的访谈着重于其结婚生子后的时光。在对叙事文本资料进行分析时，我们借鉴了麦克亚当斯的编码方法，从以下三个方面来理解叙事文本。

1. 语调

语调（narrative tone）是指叙事者在讲述生活故事时的情感语调是积极的、乐观的，还是沮丧的、悲观的，这可以从故事的内容和形式上反映出来，在某种程度上也反映了叙事者对待生活的基本态度。研究者对每个叙事片段的情感语调进行利克特五点计分，“非常不高兴”计 1 分，“不高兴”计 2 分，“一般”计 3 分，“高兴”计 4 分，“非常高兴”计 5 分，得分越高表明叙事者的语调越积极。

2. 主题

主题（theme）常常体现了动机，如主人公最看重的是什么？什么能驱使主人公在两难的情境下做出抉择？麦克亚当斯（McAdams，1988）发现，在人们的生活故事中，能力（power）和爱（love）常常是两个最重要的旋律。能力意味着自身的强大与独立，爱则意味着情感与依赖。故事中这两大主题分别通过什么形式表达，以及在主人公的心灵天平上孰轻孰重，通常会在主人公面临重大抉择时反映出来。麦克亚当斯和杰尼斯对前人提出的叙事材料的动机主题编码中的能动性和亲和性进行了细分：能动性包含自我掌控、地位/胜利、成就/责任、权力授予，主要涉及个体对自我的维护、完善和对环境的控制；亲和性包含爱/友谊、对话、关怀/帮助、统一/归属，主要是个体与他人建立亲密和沟通关系，实现与环境的融合（McAdams & Janis，2005）。研究者对每个叙事片段是否存在 4 个能动性主题和 4 个亲和性主题做出判断，“存在”计 1 分，“不存在”则计 0 分，能动性和亲和性主题的总分分别为相应 4 个二级主题的得分之和（徐晓彤，2016）。

3. 意象

叙事者在讲述生活故事时会谈到一些具体的情节，这些故事情节就像电影画面一样活灵活现地留在他们的记忆里。这些意象（imagery）往往能更准确地反映一个人的内心状态，构成了个体生命流动和自我发展的历程。研究者根据叙事者生活故事中的意象，将叙事材料分成了 37 个故事片段，按照每个叙事片段里的意象所表达的内容和特点，可以把叙事者讲述的生命篇章划分为三个阶段：一是“拒绝与混乱期”（编码为 1），从片段 1 到片段 13，叙事者对孩子及其存在的障碍是拒绝和否认的，孩子自身的问题和养育困难，以及家人的不理解，给母亲带来了巨大的痛苦；二是“接受与适应期”（编码为 2），从片段 14 到片段 25，叙事者逐渐接受孩子的障碍和问题，慢慢学会理解孩子，适应了与孩子相处的方式，并且开始看到孩子的一些积极方面；三是“社会冲突期”（编码为 3），从片段 26 到片段 37，当孩子达到入学年龄、需要接受学校教育时，叙事者感受到学校和社会的不接纳与不支持，一方面觉得孩子应该融入社会，另一方面又担心孩子可能会受到伤害，明显处于社会融合的矛盾冲突之中。此外，研究者根据每个叙事片段中的意象所反映出的压力感受进行评分，“压力较小”计 1 分，“压力一般”计 2 分，“压力较大”计 3 分；研究者还对每个叙事意象中母亲采用的应对方式进行分类，“积极的应对方式”计 1 分，“消极的应对方式”计 2 分，其中有两个叙事片段没有涉及应对方式。叙事文本的意象片段和主题表现示例见表 2-8。

表 2-8 叙事文本的意象片段和主题表现示例

重要事件	意象片段	主题表现
高峰体验	有一次我带牛牛去商场玩，那个商场里有一个英语机构在做宣传，可以试听，是用音乐的方式学英语。牛牛特别感兴趣，后来展示教学成果时，牛牛用美声唱了《两只老虎》，还玩他们的鼓，打得像模像样的，当时老师都被惊到了，说牛牛的节奏感很强，音乐天赋很高	爱/友谊
低谷体验	那时候我患甲亢，心脏早搏，晚上躺在床上心脏一直怦怦怦地跳，感觉像是要死了。那时候我就想，如果我死了，牛牛怎么办，那样牛牛就更惨了，我只能坚持下来。我觉得人生没有什么意义，我妈妈又去世了，如果不是牛牛，我现在可能已经死了	无能为力 抑郁
转折点	学习，多看书。这些书让我改变了对牛牛的态度，让我多了解了牛牛一些。我学的知识越多，对牛牛的未来就会越有帮助	自我掌控 关怀/帮助
其他重要记忆	牛牛在跳蹦蹦床时，有个小男孩一下子就给了牛牛一拳，他打了第一拳之后，我想小孩子嘛，打一打也没什么，我就没有说什么。结果他第二拳又打了下去，牛牛说："哎呀，我好疼啊！"我说："你为什么打人啊？"他婆婆连话都没说	关怀/爱 缺乏归属感

（五）叙事材料分析方法

我们将叙事文本的编码数据输入 Excel 表格中进行求和与绘图，然后将数据输入 SPSS19.0 进行统计分析。由于叙事片段的各项指标分数随着时间的变化具有各自的特点，通过对数据进行检验，其分布不符合正态分布，我们采用非参数检验方法进行统计分析。

二、不同生命阶段的叙事语调和主题差异

（一）叙事语调在不同生命阶段的差异

不同生命阶段叙事语调的描述性统计见表 2-9，三个生命阶段的叙事语调的平均值，以及叙事语调在所有叙事片段中的平均值均没有达到利克特五点计分的理论中值 3，整个叙事语调倾向于消极和沮丧。相比较而言，叙事者在拒绝与混乱期的叙事语调最为悲观和低落，而在接受与适应期的叙事语调有了较好的转变。

表 2-9 不同生命阶段叙事语调的描述性统计

生命阶段	n	R	T	M	SD
拒绝与混乱期	13	2	25	1.923	0.862
接受与适应期	12	4	32	2.667	1.231

续表

生命阶段	n	R	T	M	SD
社会冲突期	12	4	30	2.500	1.087
叙事语调总分	37	4	87	2.351	1.086

注：R 表示全距，T 表示秩和。本章余同

为了进一步检验三个生命阶段的叙事语调是否具有显著差异，我们采用非参数检验方法对数据进行了两两比较的差异性检验，结果发现，三个阶段的叙事语调所表现出来的差异没有达到统计学意义上的显著水平。

（二）能动性主题在不同生命阶段的差异

不同生命阶段能动性主题的描述性统计见表 2-10，结果显示，叙事者的能动性明显偏低，只有在接受与适应期的能动性略有升高。在叙事片段的能动性主题中，“自我掌控”主题出现了 4 次，其他三个主题出现了 0 次，“自我掌控”主题在 37 个叙事片段中所占百分比约为 11%。根据主题编码的意义，叙事者在面对亲职压力时显得控制感不足，缺乏动力，倾向于消极应对，而较少积极面对亲职压力和解决问题。

表 2-10　不同生命阶段能动性主题的描述性统计

生命阶段	n	R	T	M	SD
拒绝与混乱期	13	1	1	0.077	0.277
接受与适应期	12	1	3	0.250	0.452
社会冲突期	12	0	0	0	0
能动性总分	37	1	4	0.108	0.315

为了进一步检验三个生命阶段的能动性主题是否存在显著差异，我们对数据进行了两两比较的差异性检验，结果发现，三个阶段的能动性主题的差异没有达到统计学意义上的显著水平，不过第二阶段和第三阶段的能动性主题表现出接近显著水平的差异（$Z=-1.813$，$p=0.070$），由此可以看出，叙事者在接受与适应期的能动性主题较多，但在社会冲突期明显减少，这一阶段的能动性主题为 0，母亲面对来自孩子社会适应方面的压力显得无能为力。

（三）亲和性主题在不同生命阶段的差异

不同生命阶段亲和性主题的描述性统计见表 2-11，结果显示，叙事者在三个不同生命阶段都表现出了比能动性主题更多的亲和性主题，尤其是在接受与

适应期和社会冲突期均表现出较多的亲和性主题。在亲和性主题中，“爱/友谊”主题出现了 2 次，“对话”主题出现了 1 次，“关怀/帮助”主题出现了 11 次，“统一/归属”主题出现了 0 次。

表 2-11　不同生命阶段亲和性主题的描述性统计

生命阶段	*n*	*R*	*T*	*M*	*SD*
拒绝与混乱期	13	1	4	0.308	0.480
接受与适应期	12	1	5	0.417	0.515
社会冲突期	12	1	5	0.417	0.515
亲和性总分	37	1	14	0.378	0.492

为了进一步检验三个生命阶段的亲和性主题是否有显著差异，我们对数据进行了两两比较的差异性检验，结果发现，三个阶段的亲和性主题的差异没有达到统计学意义上的显著水平。根据主题编码的意义，亲和性更多的是指对他人的爱/友谊、对话、关怀/帮助、统一/归属，也就是所谓的“爱”，说明在不同的生命阶段，叙事者一直倾向于对儿子表达爱、关怀和帮助，并没有因为亲职压力源的不同而改变。

（四）能动性主题与亲和性主题的差异比较

在主题方面，亲和性的总分远高于能动性的总分（亲和性为 14 分，能动性为 4 分），为了验证亲和性主题与能动性主题是否存在显著差异，我们对数据进行了差异检验，结果见表 2-12。结果显示，在总分上，能动性和亲和性主题有非常显著的差异（$p<0.01$），亲和性明显高于能动性，表明叙事者在面对生活事件和亲职压力时更倾向于表现出对他人的爱和帮助，而在自身能动性上显示出较低的水平，这种差异显著地反映在社会冲突期（$p<0.05$），母亲对儿子的爱和关怀与学校或社会对孩子的忽视和偏见形成了极大的反差，使母亲产生深深的无力感。

表 2-12　不同生命阶段能动性和亲和性主题差异检验

能动性与亲和性比较	*Z*	*p*
能动性 1—亲和性 1	−1.464	0.143
能动性 2—亲和性 2	−1.418	0.156
能动性 3—亲和性 3	−2.263	0.024
能动性总分—亲和性总分	−2.691	0.007

注：1 表示拒绝与混乱期，2 表示接受与适应期，3 表示社会冲突期

三、不同亲职压力与应对方式的叙事语调和主题差异

（一）叙事语调在不同亲职压力和应对方式上的差异

我们对不同亲职压力（压力较小、压力一般、压力较大），以及不同应对方式（积极应对和消极应对）的故事情节中叙事者的叙事语调得分进行描述性统计，结果见表 2-13。

表 2-13　叙事语调在不同亲职压力和应对方式上的描述性统计

变量	*n*	*R*	*T*	*M*	*SD*
压力较小	8	2	30	1.667	0.594
压力一般	11	4	35	2.917	1.084
压力较大	18	2	43	1.870	0.694
积极应对	12	2	31	3.875	0.835
消极应对	23	2	26	2.364	0.674

进一步对叙事者的语调得分均值做差异检验，结果发现，叙事者的语调在不同亲职压力和应对方式上都有程度不同的显著差异，在压力一般的故事情节中，叙事者的语调更倾向于积极和乐观；而在压力较小的故事情节中，叙事者的语调反而显得比较消极。此外，叙事者在积极应对故事情节中的叙事语调最为积极和正向，且非常显著地高于其在消极应对故事情节中的叙事语调（$Z=-2.887$，$p=0.004<0.01$），表明亲职压力和应对方式与个人的心态存在相关性。

（二）能动性主题在不同亲职压力和应对方式上的差异

我们对不同亲职压力（压力较小、压力一般、压力较大），以及不同应对方式（积极应对和消极应对）的故事情节中叙事者的能动性主题得分进行描述性统计，结果见表 2-14。

表 2-14　能动性主题在不同亲职压力和应对方式上的描述性统计

变量	*n*	*R*	*T*	*M*	*SD*
压力较小	8	1	3	0.375	0.518
压力一般	11	1	1	0.091	0.302
压力较大	18	0	0	0.000	0.000
积极应对	12	1	4	0.333	0.492
消极应对	23	0	0	0.000	0.000

进一步对叙事者的能动性主题得分均值做差异检验，结果发现，能动性主题在不同亲职压力和应对方式上表现出了非常显著的差异，叙事者在压力较小的故事情节中的能动性水平非常明显地高于其在压力较大的故事情节中的能动性水平（$Z=-2.709$，$p=0.007<0.01$），并且其在积极应对的故事情节中的能动性水平同样非常显著地高于其在消极应对的故事情节中的能动性水平（$Z=-2.900$，$p=0.004<0.01$），表明叙事者在面对压力越大的生活情境时，其个人的能动性越差，越倾向于采用消极的应对方式。

（三）亲和性主题在不同亲职压力和应对方式上的差异

我们对不同亲职压力（压力较小、压力一般、压力较大），以及不同应对方式（积极应对和消极应对）的故事情节中叙事者的亲和性主题得分进行描述性统计，结果见表 2-15。

表 2-15　亲和性主题在不同亲职压力和应对方式上的描述性统计

变量	n	R	T	M	SD
压力较小	8	1	7	0.875	0.354
压力一般	11	1	4	0.364	0.505
压力较大	18	1	3	0.167	0.383
积极应对	12	1	7	0.583	0.515
消极应对	23	1	5	0.217	0.422

进一步对叙事者的亲和性主题得分均值做差异检验，结果发现，亲和性主题在不同亲职压力和应对方式上有显著差异，叙事者在压力较小的故事情节中的亲和性水平明显高于其在压力一般（$Z=2.170$，$p=0.030<0.05$）和压力较大（$Z=3.360$，$p=0.001<0.01$）的故事情节中的亲和性水平，并且其在积极应对的故事情节中的亲和性水平也显著高于其在消极应对的故事情节中的亲和性水平（$Z=2.134$，$p=0.033<0.05$），表明叙事者面对的亲职压力越小，个人的亲和性水平就会越高，越有可能采用积极的应对方式来处理压力事件，更多地表达出对孩子的爱和关心。

四、亲职压力源与应对方式的关系

亲职压力是父母在其亲子系统内所感受到的压力，其压力源可能来自父母个人的人格特质、子女特质、家庭及其他情境因素。已有研究显示，残疾儿童家长的应对方式受到家长的人口学特征和心理特点（如个性、乐观倾向、情绪健康等）、儿童特点（如认知和适应能力、言语困难情况、行为问题等）和情境变量（如家庭功能、支持资源等）的影响（Lai & Oei，2014）。因此，残疾儿童父母在遭遇不同的亲职压力源时，采取的应对方式也有可能存在差异。为探明这一问题，我们将 35 个反映出叙事者应对努力的叙事片段进行了整理和分类，试图从儿童问题、父母特质、社会环境、家庭情境四个压力源来分析叙事者在面对不同亲职压力源时的应对特点。

从整理结果来看，35 个叙事片段所表现出的叙事意象中，有 10 个与儿童问题有关，有 10 个与父母特质有关，有 11 个与社会环境有关，只有 4 个与家庭情境有关。在与儿童问题有关的 10 个叙事意象中，感受压力较大的有 4 个，消极应对和积极应对各有 5 个；在与父母特质有关的 10 个叙事意象中，感受压力较大的有 4 个，消极应对有 6 个，积极应对有 4 个；在与社会环境有关的 11 个叙事意象中，感受压力较大的有 8 个，压力水平都在一般以上，消极应对有 10 个，积极应对有 1 个；在与家庭情境有关的 4 个叙事意象中，感受压力较大的有 2 个，压力水平也都在一般以上，消极应对和积极应对各 2 个。叙事者采用的消极应对方式主要有逃避、哭、烦躁或生气、自我安慰、接受、依靠他人等，采用的积极应对方式主要有看到事情好的一面、改变原来的想法或做法、学习、不把问题看得太严重等。

我们不难发现，叙事者的亲职压力更多地来自社会环境、儿童问题和父母特质三个方面，尤其是社会环境所带来的亲职压力不仅量多而且强度大，导致叙事者采用的几乎都是消极的应对方式。儿童问题和父母特质两个方面虽然造成的压力数量较多，但相对来说叙事者的控制感较好，还可以使用一些积极的方式应对压力。来自家庭情境的压力虽然数量偏少，但压力强度较大，也会使叙事者采用消极的应对方式。总体来说，对于压力较大的事件，叙事者更倾向于选择消极的应对方式；对于压力较小和相对可控的事件，叙事者更倾向于选择积极的应对方式；而对于压力一般的事件，叙事者既可能采取消极的应对方式，也可能采取积极的应对方式。

五、残疾儿童母亲的亲职压力、人格特征对应对方式的影响

我们借鉴麦克亚当斯的同一性生命故事的叙事研究方法，从叙事语调、主题和意象三个方面来探究一名孤独症儿童母亲在养育孩子的过程中感知的压力及其人格特征对应对方式的影响。叙事语调反映了母亲的心态，主题反映了母亲人格中的能动性和亲和性，与她的自我发展和环境适应息息相关，而意象可以具体地表达出母亲的压力感受和应对努力。

在对叙事文本进行分析的过程中，我们将叙事者讲述的人生篇章分为拒绝与混乱期、接受与适应期和社会冲突期三个阶段，其中拒绝与混乱期和社会冲突期是研究对象感到亲职压力较大的两个时期。在拒绝与混乱期，母亲刚开始知道自己的孩子患有孤独症，感到难以接受，处于混乱与焦虑之中；在社会冲突期，孩子刚刚进入普通小学，母亲在融合教育背景下面临着许多社会压力，深感无能为力。因此，母亲在这两个阶段的心态更加消极和悲观，反映在叙事语调上表现为倾向于消极和低落，尤其是能动性主题极少。麦克亚当斯和杰尼斯的研究表明，神经质与消极的叙事语调呈正相关（McAdams & Janis，2005）。从艾森克人格问卷的测试结果可知，研究对象的神经质得分高，情绪稳定性低，因此三个生命阶段的叙事语调不具有显著差异，整体上叙事语调还是偏向消极，对未来感到悲观和无助。

在叙事主题上，能力和爱常常是两个最重要的旋律，表现为个人的能动性和亲和性。能力意味着自身的强大与独立，爱则意味着情感与依赖。能动性让个体在经历困难时得以维护自我同一性和发展内心的力量，亲和性让个体能够与环境中的他人建立良好关系，为自己获取更多的社会支持。研究对象在其人生故事中显示出更多关于“爱”的主题，而关于“能力”的主题相对很少。换言之，母亲在经历亲职压力事件时，更多地选择对孩子表达情感与依赖，给予其支持和帮助，但在自身的强大与独立、提升自己能力方面做得并不多。在分析的 37 个叙事片段里，只有 4 个叙事片段表达了能动性的主题，而这 4 个叙事片段中的“能力”多是通过看书增加专业知识，更好地了解孩子，更好地与其沟通，对于遇到的外界压力没有显现出母亲“能力”的提升，多为逃避、接受现实，没有主动做出改变。此外，母亲所表达出的亲和性主题更多是对孩子

的关怀、帮助和爱，而对于环境中的其他人，如家人、学校老师、孩子的同学等还缺乏理解和沟通，因此失去了获得更多他人支持的机会和资源。

关于压力应对的分类有不少观点，例如，根据应对的功能不同，可将其分为问题关注应对和情绪关注应对（Folkman & Lazarus，1980）；根据个体对待压力的行为趋向不同，可将其分为接近定向应对和回避定向应对（Ebata & Moos，1994）；根据应对方式的适应性后果不同，可将其分为积极应对和消极应对（解亚宁，1998）。研究者普遍认为，问题关注应对、接近定向应对和积极应对都可以使个体积极地面对压力，主动采取办法解决问题或消除不安，与个体的心理健康水平呈显著正相关。我们参照解亚宁（1998）关于积极应对和消极应对的具体测评项目，对叙事者讲述的每一段故事意象进行分析，理解其中叙事者的压力感受和做出的应对努力，结果发现，当研究对象面临较大的亲职压力时，其内在的能动性会大大减弱，亲和性也有一定程度的下降，出现情绪低落、心态消极，容易更多地选择消极的应对方式，如逃避、抱怨、失望、愤怒，而改变自己等积极的应对方式较少。尤其是当压力源来自个人较难控制的社会环境时，母亲表现得十分无奈，更多地选择消极的应对方式。然而，消极的应对方式，包括那些可能在当时起到暂时减压作用的“接受”和“自我安慰”，都无法让母亲感受到应对效能和自我控制感的提升，难以增强人格特征中的能动性，不能从根本上缓解或消解亲职压力，更不可能将亲职压力转化为自身心理成长和与环境达成协调关系的动力。因此，学会积极应对和自我增能，是残疾儿童父母在高亲职压力下获得个人正向发展和家庭幸福感的重要策略。

第三章　残疾儿童心理健康与家长亲职压力的关系

之前我们分别探讨了残疾儿童心理健康的状况和特点，以及亲职压力对家长的影响，这两个变量之间是有密切联系的，即残疾儿童的心理健康与家长的亲职压力是相互影响的。一方面，残疾儿童的情绪行为问题和社会适应不良是家长亲职压力的重要来源，家长常常会因为不知道如何有效地处理儿童表现出来的各种消极情绪和问题行为而焦虑担忧；另一方面，家长在养育残疾儿童的过程中感受到的高压力会直接或间接地传递给儿童，引发儿童更多的心理和行为问题，减弱他们所接受的教育干预和康复训练的效果。本章首先研究了残疾儿童心理健康的不同成分对家长亲职压力的影响，构建了残疾儿童的情绪行为问题、亲社会行为、问题影响程度与家长亲职压力之间的有调节的中介模型；然后具体到智力障碍儿童，考察了家长的亲职压力对智力障碍儿童心理健康的预测作用，以期探明残疾儿童心理健康与家长亲职压力之间的双向关系，为进一步研究二者的中介影响机制提供直接路径的假设依据。

第一节　残疾儿童心理健康对家长亲职压力的影响

在养育孩子的过程中，有很多因素会使家长感受到不同程度的亲职压力，包括家长的自我效能、性格特征等人格因素，家庭关系、经济收入、社会支持等环境因素，以及孩子的情绪行为问题和适应困难等。尤其是当养育对象是残疾儿童时，围绕这个特殊的孩子会产生更多的问题和困难，如父母对孩子的认可度、孩子的障碍程度及问题行为、孩子康复所需的时间和经济投入、夫妻关系与家庭内部矛盾、工作-家庭冲突、周围人的眼光、能否得到社会支持等，都可能成为家长亲职压力的重要来源。残疾儿童由于自身的障碍，的确会出现比健全孩子更多的心理和行为问题，其心理健康状况势必会显著地影响家长的亲职压力。已有研究发现，儿童的心理健康状况越差，家长感受到的压力就越大（郝金莲等，2014）。然而，目前大多数的研究只是笼统地揭示了儿童心理健康水平与家长亲职压力之间的相关关系，并未深入探讨残疾儿童心理健康结构中的不同成分对家长亲职压力的影响。因此，我们从残疾儿童心理健康的结构成分入手，研究不同成分在影响家长亲职压力的路径中所起的作用，以期探寻减轻残疾儿童家长亲职压力的科学、合理的干预策略。

一、残疾儿童心理健康与家长亲职压力关系模型的理论构想

心理健康是个体内外协调的良好心理功能状态，是在个体的身心机能得以很好地发挥作用的前提下所实现的个体对社会环境的适应。关于心理健康的结构或维度，研究者提出了各自不同的观点，例如，有研究者认为，儿童的心理健康状态可以从长处和困难两个方面进行评量，长处包括亲社会行为，而困难包括情绪症状、品行问题、多动和同伴交往问题，主要反映的是儿童自身的情绪行为问题（Goodman，1997）。儿童的情绪行为问题越少，亲社会行为越多，其心理健康状况就会越好。基于情绪行为问题和亲社会行为在儿童心理健康中的作用不同，它们对家长亲职压力的影响也会不同。通常，残疾儿童出现的情绪行为问题会直接给家长带来麻烦和困扰，使其产生亲职压力（Giovagnoli et al.，2015）。然而，如果残疾儿童表现出亲社会行为，这会让家长看到孩子积极变化的希望，使其对孩子的成长和发展产生信心，进而在一定程度上可能会减轻其亲职压力（Rivard et al.，2014）。此外，儿童的心理健康状态不仅与困难本身有关，还与这些困难的影响程度有关。显然，情绪行为问题对儿童的困扰程度越大，儿童的心理健康水平就越低，问题影响程度可能在儿童的心理健康结构中起着调节作用。

根据上述分析以及已有的相关研究结果，我们提出三个假设：①残疾儿童的情绪行为问题与家长的亲职压力存在显著的正相关关系；②残疾儿童的亲社

会行为在情绪行为问题与家长亲职压力之间起部分中介作用；③这一中介作用受到问题影响程度的调节。基于以上分析，我们提出了一个有调节的中介模型，用以揭示残疾儿童心理健康的内部成分对家长亲职压力的不同影响路径，研究的概念模型见图 3-1。

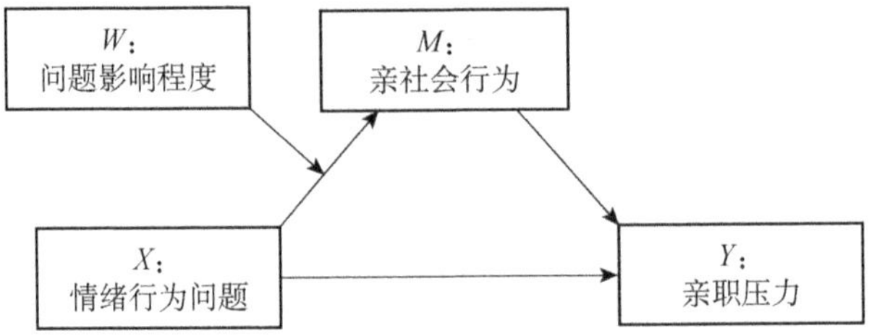

图 3-1　心理健康与亲职压力关系的概念模型

二、研究对象与方法

（一）研究对象

我们采用便利抽样的方法，在重庆市和四川省的 7 所特殊教育学校与机构抽取了 250 名残疾儿童及其家长进行问卷测验，在回收的 216 份儿童问卷和 216 份家长问卷中，剔除有规律作答和题项回答缺失或有误的问卷 17 份，分别得到家长有效问卷 199 份和儿童有效问卷 199 份，问卷的回收率为 86.40%，有效率为 92.13%。在回收的有效家长样本中，母亲有 106 人（53.27%），父亲有 76 人（38.19%），其他亲职角色有 17 人（8.54%）；受教育程度在小学及以下的有 62 人（31.16%），初中的有 64 人（32.16%），高中的有 41 人（20.60%），大学及以上的有 32 人（16.08%）；已就业的有 107 人（53.77%），未就业的有 92 人（46.23%）。在回收的有效儿童样本中，独生子女有 33 人（16.58%），非独生子女有 166 人（83.42%）；轻度障碍儿童有 37 人（18.59%），中度障碍儿童有 102 人（51.26%），重度障碍儿童有 60 人（30.15%）。参与测验的家长年龄为 26～69 岁（M=41.364，SD=8.186），残疾儿童的年龄为 6～18 岁（M=11.520，SD=3.056）。

（二）研究工具

1. 短式亲职压力量表

采用由阿比丁（Abidin，1990b）编制、任文香（1995）翻译并修订的中文版短式亲职压力量表来测查残疾儿童家长的亲职压力。该量表的维度及评分见第二章第二节所述。如果总分大于 90 分，表明家长在养育孩子的过程中感受到较高水平的亲职压力（李媛，2012）。

2. 长处和困难问卷

采用中文版长处和困难问卷来测查残疾儿童的心理健康水平。该问卷不仅被广泛用于测评健全儿童的心理健康状况，也被用于测评残疾儿童的心理健康状况（Kaptein et al.，2008）。该问卷的五个维度及评分见第一章第二节所述。此外，该问卷还有两个附加题项用来评估困难对儿童的影响程度，影响程度得分越高，代表困难对儿童的困扰和造成的社会功能缺陷越大。由于残疾儿童的认知发展水平有限，自评有困难，我们选用了该问卷的家长版。在家长版问卷中，困难总分≤13 分，可以认为儿童没有明显的情绪行为问题，亲社会行为得分≥6 分，表明儿童的亲社会行为良好（戴晓阳，2010）。根据上海常模（父母版）可知，总问卷的 α 系数为 0.784，重测信度为 0.717，表明该问卷具有较好的信度；与康纳斯父母问卷的所有评分相关，表明该问卷具有较高的平行效度（寇建华等，2005）。

（三）施测和数据处理

所有问卷和量表由残疾儿童家长独立完成，收回问卷后，将数据输入计算机，使用 SPSS19.0 及海耶斯（Hayes，2013）编写的 PROCESS 程序进行数据分析。采用 PROCESS 程序中的模型 7 进行有调节的中介效应检验，设定样本量为 5000，取样方法为偏差校正的非参数百分位，置信区间（confidence interval，CI）的置信度为 95%，若置信区间不包含 0，则表明相应的效应显著；若置信区间包含 0，则表明相应的效应不显著（陈瑞等，2013）。

三、残疾儿童心理健康与家长亲职压力的相关关系

（一）共同方法偏差检验

由于问卷调查法比较容易导致共同方法偏差问题，我们采用哈曼（Harman）单因素方差法来检验该问题。对所有的测量项目进行未旋转的探索性因素分析，如果得到多个特征值大于 1 的因子，且第一个因子解释的变异量

不超过 40%，则表明共同方法偏差问题不严重（Podsakoff et al.，2003）。结果显示，共有 14 个特征值大于 1 的因子，且第一个因子解释的变异量为 23.966%，说明数据的共同方法偏差问题不严重。

（二）残疾儿童心理健康各成分与家长亲职压力的相关分析

我们对残疾儿童心理健康的各个成分、家长亲职压力以及儿童年龄和家长就业状况进行了积差相关分析，其中家长就业状况已转换为虚拟变量，已就业为 0，未就业为 1，具体结果如表 3-1 所示。

表 3-1 各研究变量的均值、标准差和相关系数

变量	亲职压力	情绪行为问题	亲社会行为	问题影响程度	儿童年龄	就业状况
情绪行为问题	0.763**					
亲社会行为	−0.616**	−0.641**				
问题影响程度	0.458**	0.449**	−0.479**			
儿童年龄	0.216**	0.238**	0.014	0.078		
就业状况	0.264**	0.160*	−0.151*	0.095	0.053	
M	107.573	16.734	4.231	7.935	9.552	0.462
SD	19.515	10.000	2.691	3.185	3.430	0.500

我们统计了测验分数超过临界值的人数百分比，有 77.89%的残疾儿童家长的亲职压力得分大于 90 分，表明家长整体的压力水平很高；有 53.77%的残疾儿童有着不同程度的情绪行为问题（困难得分≥14 分），有 67.34%的残疾儿童表现出不良的亲社会行为（得分≤5 分），仅有 1.51%的残疾儿童完全没有受到情绪行为问题的影响（得分为 0）。由表 3-1 可知，残疾儿童的情绪行为问题与亲社会行为呈显著负相关，与家长的亲职压力呈显著正相关，残疾儿童的亲社会行为与家长的亲职压力呈显著负相关，情绪行为问题对儿童的影响程度均与情绪行为问题和亲职压力呈显著正相关，与亲社会行为呈显著负相关。可见，残疾儿童的情绪行为问题越多，亲社会行为越少，家长的亲职压力就越大，并且情绪行为问题对儿童的影响程度越大，其亲社会行为也就越少，结果符合预期。此外，由于儿童年龄和家长就业状况与心理健康和亲职压力的多个变量呈显著相关，我们在之后的有调节的中介效应分析中将儿童年龄和家长就业状况作为控制变量。

四、残疾儿童心理健康对家长亲职压力的影响：有调节的中介模型检验

我们以残疾儿童的情绪行为问题（X）为自变量，以残疾儿童家长的亲职压力（Y）为因变量，以残疾儿童的亲社会行为（M）为中介变量，以情绪行为问题对残疾儿童的影响程度（W）为调节变量，以儿童年龄（C_1）和家长就业状况（C_2）为控制变量，先对各变量分数进行中心化处理，然后放入 PROCESS2.16 的模型 7 中进行有调节的中介效应检验，具体的检验结果见表 3-2。

表 3-2　有调节的中介效应模型系数

变量	M：亲社会行为					Y：亲职压力				
	路径	B	SE	p	CI	路径	B	SE	p	CI
X：情绪行为问题	a_1	−0.175	0.018	0.000	−0.211～−0.139	c'	1.130	0.117	0.000	0.899～1.361
M：亲社会行为	—	—	—	—	—	b	−1.641	0.423	0.000	−2.475～−0.806
W：问题影响程度	a_2	−0.131	0.055	0.018	−0.239～−0.023	—	—	—	—	—
X×W	a_3	0.019	0.008	0.013	0.004～0.035	—	—	—	—	—
C_1：儿童年龄	f_1	0.113	0.042	0.008	0.030～0.196	g_1	0.418	0.262	0.112	−0.099～0.935
C_2：家长就业状况	f_2	−0.299	0.278	0.283	−0.848～0.249	g_2	5.186	1.728	0.003	1.776～8.591
截距	i_1	−1.218	0.434	0.005	−2.073～−0.363	i_2	−6.369	2.732	0.021	−11.757～−0.981
检验结果	R^2=0.501，F（5，193）=38.814，p<0.001					R^2=0.632，F（4，194）=83.225，p<0.001				

如表 3-2 所示，残疾儿童的情绪行为问题能够显著地负向预测亲社会行为（a_1=−0.175，CI=−0.211～−0.139），亲社会行为能够显著地负向预测亲职压力（b=−1.641，CI=−2.475～−0.806）。当加入亲社会行为后，情绪行为问题能显著地正向预测亲职压力（c'=1.130，CI=0.899～1.361），由于置信区间不包含 0，说明亲社会行为在情绪行为问题与亲职压力之间起部分中介作用；问题影响程度在情绪行为问题与亲社会行为之间的调节效应也有统计学意义（a_3=0.019，CI=0.004～0.035）。为在调节效应下检验情绪行为问题对亲职压力的间接效应，分别取问题影响程度高于 1 个标准差和低于 1 个标准差的分数进行自抽样（样本量为 5000）检验。结果显示，无论问题影响程度是较低、中等还是较高，中介效应都显著（CI_{M-1SD}=0.195～0.638，CI_M=0.143～0.449，CI_{M+1SD}=0.085～0.328），间接效应值分别为 0.389、0.287 和 0.186，并且有调节

的中介效应指标 $a_3 \times b$ 是显著的（$a_3 \times b = -0.032$，CI=−0.066～−0.008），效应指数为−0.032。因此，有调节的中介效应是存在的。

为了更具体地了解问题影响程度在情绪行为问题和亲社会行为之间的调节作用，我们需继续进行简单斜率检验，即按照问题影响程度得分的平均数加减1个标准差，计算出残疾儿童情绪行为问题对亲社会行为的效应值，并绘制简单效应分析图（图3-2）。由于问题影响程度是连续变量，我们采用詹森-内曼（Johnson-Neyman）法通过PROCESS语法操作窗口实现简单斜率检验。

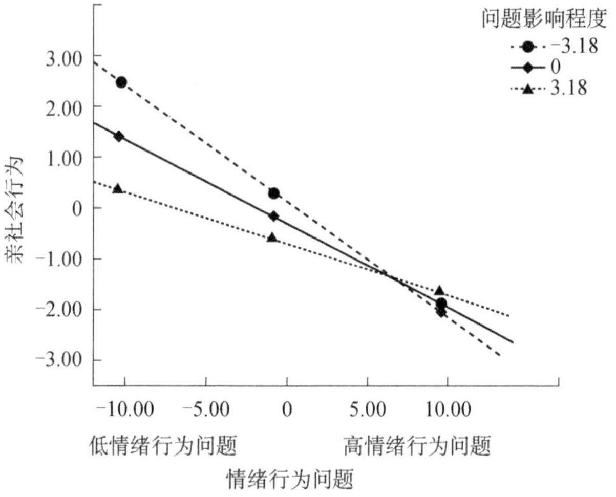

图3-2 问题影响程度对情绪行为问题与亲社会行为关系的调节作用

简单斜率检验显示，当问题影响程度较小时，残疾儿童情绪行为问题对其亲社会行为的负向预测作用显著（$B=-0.237$，$SE=0.037$，$p<0.001$），即当情绪行为问题得分降低1个标准差时，亲社会行为得分就会增加0.237；当问题影响程度较大时，情绪行为问题也能显著地负向预测亲社会行为（$B=-0.113$，$SE=0.023$，$p<0.001$），即当情绪行为问题得分降低1个标准差时，亲社会行为得分就会增加0.113。这表明当情绪行为问题对残疾儿童的影响程度较小时，情绪行为问题的减少会使残疾儿童出现更多的亲社会行为。

五、残疾儿童心理健康与家长亲职压力的现状

我们的研究发现，有77.89%的残疾儿童家长亲职压力水平得分高于90分，说明大部分家长都感受到比较高的压力，这与倪俊伟等（2017）的研究结

果相似。父母的亲职压力及其健康水平决定了父母对孩子的教养态度和沟通方式，进而影响着残疾儿童的发展和教育，因此家长的压力感受是不容忽视的。亲职压力包括亲职愁苦、亲子互动失调和困难儿童，这三个方面其实都与儿童的教养息息相关，它们既体现了家长对孩子的态度，也是造成家长压力的根源。在调查对象中，有63.32%的家长都是初中以下学历，当自己的孩子比其他孩子特殊、教养很困难时，他们可能不会利用更多的资源来调节压力，的确有研究表明，母亲的受教育程度是亲职压力的压力源（Repetti et al., 2002）。本次调查对象中，属于独生子女的残疾儿童仅有33人，83.42%的儿童都是非独生子女，家里人数的增多，在某种程度上也给家长增加了压力。此外，为了照顾和养育残疾儿童，不少家长还不得不辞去工作，经济收入的减少和教育康复费用的不断增加都会给家长带来很大的压力。因此，良好的家庭环境和家长的受教育程度等对亲职压力的产生起着重要作用，社会各界在关注残疾儿童的同时也要关心家长，根据他们的需要提供帮助和支持，以缓解过高压力带来的不良影响，这样才能创造良好的家庭环境，有助于残疾儿童的教育和康复。

残疾儿童的心理健康主要表现在情绪行为问题和亲社会行为两个方面，情绪行为问题越少，亲社会行为越多，残疾儿童的心理健康水平就越高。从本次研究结果可知，53.77%的残疾儿童有着不同程度的情绪行为问题，只有32.66%的残疾儿童表现出良好的亲社会行为，表明残疾儿童的情绪行为问题较多，亲社会行为较少，他们整体的心理健康水平普遍偏低，并且亲社会行为本身反映的就是儿童社会适应方面的能力，这同样反映出残疾儿童的社会适应能力偏低。由于研究对象中轻度障碍儿童只有37人，仅占总数的18.59%，其余大部分是中重度障碍儿童，他们在同伴交往和社会适应方面可能会比同龄儿童出现更多的问题，其心理健康水平也相对较低。良好的心理健康状态有利于残疾儿童的康复和发展，也有利于构建良好和谐的家庭与班级环境，所以加强残疾儿童的心理健康教育也是今后需努力的一个方向。

六、残疾儿童心理健康影响家长亲职压力的中介调节效应

（一）亲社会行为的部分中介作用

首先，残疾儿童的情绪行为问题会直接影响家长的亲职压力，能够显著地

正向预测家长的亲职压力，即残疾儿童的情绪行为问题越多，家长的亲职压力也就越大，这与以往研究结果一致（Kim，2013）。无论是特殊儿童还是健全儿童，他们的教养问题一直都是家长乃至社会关注的重点，残疾儿童因为其先天的生理缺陷或者某些心理发展的障碍，可能会出现比健全孩子更多的情绪症状、品行问题、多动、注意缺陷、同伴交往不良等困难，这些困难使得他们更难管教，且进步缓慢，往往给家长带来极大的困惑和麻烦，家长会倍感压力。他们会有越来越多的抱怨，如经济花费太大、与朋友相处的时间减少等，并且认为自己的孩子无论是生活还是学习方面都很难教养，影响其与孩子的关系，他们自身的效能感也会越来越低，进而可能会出现一系列身心健康问题，这可能还会反作用于孩子，导致家长的压力越来越大。可见，减少残疾儿童的情绪行为问题是减轻家长亲职压力的一个重要途径。

其次，亲社会行为在残疾儿童情绪行为问题和家长亲职压力之间起部分中介作用，情绪行为问题既能直接影响家长亲职压力，同时又能通过亲社会行为间接地影响家长亲职压力，即残疾儿童的情绪行为问题越少，亲社会行为就越多，家长的亲职压力就越小。如上所述，残疾儿童自身的情绪行为问题会在一定程度上影响儿童自身和家长，甚至是整个家庭，这是不容忽视的一点。这些情绪行为问题，如哭闹、攻击行为、注意力不集中、情绪多变、同伴交往不良等都会使他们更难适应自身心理状态，其亲社会行为更少，更难适应外界环境，必然导致家长会花更多的时间和精力去解决孩子与环境的冲突、矛盾，从而消耗家长的心理和社会资源，进而加重了家长的亲职压力。由此可见，残疾儿童的亲社会行为在情绪行为问题与家长亲职压力之间的中介作用同样不可忽视，增加残疾儿童的亲社会行为出现频率，提高他们的社会适应能力，将有助于减轻家长的亲职压力。

（二）情绪行为问题影响程度的调节作用

通过有调节的中介模型检验，我们发现，亲社会行为在残疾儿童情绪行为问题与家长亲职压力之间的中介作用受到了问题影响程度的调节，也就是说，亲社会行为在残疾儿童情绪行为问题与家长亲职压力之间的中介作用是有条件的，它受到儿童情绪行为问题对其自身的影响程度的调节，这些影响包括孩子因自己的这些问题感到烦恼，以及这些问题影响了孩子的家庭生活、朋友关系、日常学习和课余活动等，而且无论哪种水平的影响，亲社会行为的中介作用都显著，但是问题影响的程度越小，中介效应越明显。这表明无论残疾儿童情绪行为问题的多少，只要对他们自身有影响，就会对亲社会行为有影响。当情绪行为问题对孩子产生的影响较小时，减少情绪行为问题会使残疾儿童产生更多的亲社会行为，家长的亲职压力也会随之减少。可见，有必要对残疾儿童进行心理健康教育，以增强其心理素质和抗挫能力，使其正确认识和应对困难，提高耐受性，减小情绪行为问题对儿童的影响，这可以在一定程度上间接减轻家长的亲职压力。

综上所述，残疾儿童的情绪行为问题能够显著地正向预测家长的亲职压力，儿童的亲社会行为在这一预测关系中起着部分中介作用，该中介作用受到情绪行为问题对儿童影响程度的调节，影响程度越小，中介效应越显著。因此，无论是残疾儿童还是家长自身，其心理健康的维护都是非常重要的。为了减轻家长的亲职压力，一是可以从残疾儿童的角度出发，尽量减少儿童情绪行为问题的发生，如果儿童产生了较多的情绪行为问题，可以通过陪伴、游戏和转移注意等来减少情绪行为问题对儿童甚至是整个家庭的影响，甚至在有必要的情况下，可以寻求专业咨询机构的支持，在减少残疾儿童情绪行为问题的同时增加其亲社会行为，以提高残疾儿童的心理承受力和健康水平，进而减少家长压力的产生；二是从家长自身角度出发，找到适合自己的压力应对方法和管理策略是有必要的，如向相关心理咨询人士寻求专业支持、学会合理分配时间、丰富自己的生活方式、通过向朋友或者家人倾诉来寻求一定的情感支持等，都有助于家长减压增能。

第二节　家长亲职压力对智力障碍儿童心理健康的预测作用

智力障碍儿童是指由于先天以及后天的原因出现智力功能障碍和在适应行为上有显著缺陷，而不能参与正常的认知和社会活动的儿童。智力障碍作为残疾儿童中一种重要的障碍类型，目前国内特殊教育学校里的智力障碍儿童占有较大比例，但国内关于残疾儿童心理健康的研究起步较晚，且多关注听觉障碍和视觉障碍儿童的心理健康，对智力障碍儿童心理健康的研究还不够深入。从心理健康的概念内涵来看，它更看重个体稳定的情绪状态及其对社会的适应性，因此智力障碍儿童不等于心理不健康的儿童（袁茵，刘红羽，2008）。但相对于健全儿童来说，智力障碍儿童由于身体、生理机能及智力上的缺陷，发展迟滞，其行为、情绪、同伴关系、亲社会行为都会受到影响，在情绪感受、意志行为与人格特征等方面表现出较大差异，使他们更容易产生心理问题（丁志辉，2013）。已有研究发现，智力障碍儿童的心理健康水平的确比健全儿童低，普遍存在焦虑、恐惧、孤独等情绪问题，人际交往退缩，有较强的自卑感，缺乏坚韧性，常以自我为中心，对环境的适应性较差，会伴随一些冲动行为（王思阳，2011）。

智力障碍儿童的心理健康受到来自儿童个人和环境中很多因素的影响，如年龄、性别、障碍程度、家庭环境、教育安置等。例如，陈夏尧等（2013）的研究发现，智力障碍儿童家长的心理压力与儿童的残疾程度呈正相关，与其家庭的经济收入呈负相关。从家庭层面考虑，父母在养育智力障碍儿童时遇到的诸多困难，加之父母因孩子残疾而产生的内疚、自责、失望、无助，都会加重父母的亲职压力。这些压力可能会导致家长自身的心理健康水平降低，亲子沟通不良，家庭关系紧张，破坏孩子成长所需的积极的家庭生态系统，进而使儿童的问题行为增多、适应行为减少，给智力障碍儿童的心理发展带来非常不利的影响。

已有研究显示，亲职压力是父母功能和孩子发展的负性影响因子（林惠雅，2010），智力障碍儿童家长的心理压力对其子女的行为问题有较高的预测力，家长感受到的来自个人和家庭、终身照顾方面的压力与智力障碍儿童的行为问题呈极显著的相关（马珍珍等，2005）。那么，对于认知能力发展落后的智力障碍儿童来说，家长的亲职压力对他们的心理健康发展水平有着怎样的影响呢？家长亲职压力中的哪些成分能够更显著地预测智力障碍儿童的心理健康呢？解决这些问题将有利于探索影响智力障碍儿童心理健康的家庭内部因素，着眼于家长与孩子之间的联系，凸显家庭中重要他人对智力障碍儿童所起的作用，一方面可以帮助家长了解自身的亲职压力状况，更好地调节自己；另一方面也有助于家长理解智力障碍儿童的发展与需求，为其早期干预和心理的健康发展提供实证依据，对于维护智力障碍儿童的家庭和谐及社会稳定也有一定的促进作用。

一、研究对象与方法

（一）研究对象

我们分别在广东省的东莞启智学校、深圳元平特殊教育学校和重庆市的渝中区培智学校进行便利抽样，以 18 岁以下的智力障碍儿童及其家长为研究对象，由智力障碍儿童家长填写有关亲职压力和智力障碍儿童心理健康的相关问卷和量表。研究对象的纳入标准为：①智力障碍儿童，在学校或机构就读，具有医院出示的确诊为智力障碍的诊断书；②家长意识清楚，无智力障碍，可以正确填写；③家长自愿配合。一共发放家长问卷和儿童问卷各 85 份，分别回收 70 份，回收率为 82.4%。剔除其中填答不完整和有误的问卷各 6 份，得到有效的家长问卷和儿童问卷各 64 份，问卷的有效率为 91.4%。在有效样本中，家长方面，母亲 46 人（71.9%），父亲 14 人（21.9%），爷爷 3 人（4.7%），外婆 1 人（1.6%）；家长的受教育程度为小学的 9 人（14.1%），初中 14 人（21.9%），高中 19 人（29.7%），专科 10 人（15.6%），本科及以上 12 人（18.8%）；未就业家长 21 人（32.8%），已就业家长 43 人（67.2%）；儿童方面，男孩 53 人（82.8%），女孩 11 人（17.2%）；轻度障碍儿童 15 人（23.4%），中度障碍儿童 36 人（56.3%），重度障碍儿童 13 人（20.3%）。家长的年龄范围为 33～68 岁，平均年龄为 41.83±6.70 岁；儿童的年龄范围为 7～18 岁，平均年龄为 11.53±3.17 岁。

（二）研究工具

1. 长处和困难问卷

采用中文版长处和困难问卷来测查智力障碍儿童的心理健康状况。该问卷的维度和评分见第一章第二节所述。考虑到智力障碍儿童存在认知发展上的缺陷，无法完成自评，我们选用了该问卷的家长版。该问卷包含儿童的长处和困难两个方面，亲社会行为属于心理健康的正性指标，其他四个因子属于心理健康的负性指标。为全面反映智力障碍儿童的心理健康状况，我们将情绪症状、品行问题、多动、同伴交往问题四个负性指标的题项得分进行反向题转换，重新命名为情绪、品行、注意、同伴交往，与亲社会行为一起，构成儿童心理健康的五个维度，将五个维度的得分相加后再求平均值，即为心理健康的分数。

2. 短式亲职压力量表

采用短式亲职压力量表来测查智力障碍儿童家长的亲职压力，该量表由阿比丁（Abidin，1990b）编制，后经任文香（1995）翻译并修订成中文版。该量表的维度和评分见第二章第二节所述。

（三）施测和数据处理

我们将问卷和量表发给智力障碍儿童的家长，由家长对自己的亲职压力和孩子的心理健康分别进行自评和他评，之后将数据全部录入计算机，应用SPSS18.0统计软件对数据进行统计分析，主要使用描述性统计分析、独立样本t检验、方差分析、皮尔森相关分析和逐步回归分析等方法。

二、家长亲职压力与智力障碍儿童心理健康的特点

（一）智力障碍儿童家长亲职压力的特点

1. 智力障碍儿童家长亲职压力的基本情况

对智力障碍儿童家长在亲职压力各个维度和总量表上的得分进行描述性统计分析，结果见表3-3。从表中数据可以看出，在智力障碍儿童家长所感受到的亲职压力中，来自困难儿童的压力得分最高，表明儿童自身的障碍和问题是智力障碍儿童家长最大的压力源，其次是来自亲职愁苦的压力，相对来讲，来自亲子互动失调的压力比较小。

表3-3　智力障碍儿童家长亲职压力的描述性统计分析

变量	min	max	*M*	*SD*
亲职愁苦	1.330	3.920	2.790	0.550
亲子互动失调	1.330	3.830	2.579	0.545
困难儿童	1.000	4.000	2.856	0.503
亲职压力	1.560	3.860	2.742	0.451

2. 智力障碍儿童家长亲职压力在人口统计学特征上的差异

智力障碍儿童家长的亲职压力及其各个维度在儿童性别、家中排行、障碍程度，以及家长的亲职角色、家庭形态等方面的得分均无统计学上的显著差异（$p>0.05$）。

（1）在受教育程度上的差异

对不同受教育程度的智力障碍儿童家长的亲职压力及其各维度的得分进行方差分析，结果见表3-4。从表中数据可以看出，不同受教育程度的智力障碍儿童家长只在亲职愁苦上表现出显著差异（$p<0.05$），经多重比较后发现，在亲职愁苦的得分上，本科及以上组的家长同小学、初中、高中、专科各组的家长相比都存在非常显著的差异（$ps<0.01$），且本科及以上组家长的得分都低于其他各组的得分；而小学组和初中组之间、初中组和高中组之间、高中组和专科组之间、小学组和高中组之间、小学组和专科组之间、初中组和专科组之间均不存在显著差异（$ps>0.05$）。

表3-4　智力障碍儿童家长亲职压力在不同受教育程度上的差异分析

变量	受教育程度（$M\pm SD$）					F	p
	小学	初中	高中	专科	本科及以上		
亲职愁苦	2.926±0.481	2.851±0.493	2.934±0.542	2.891±0.520	2.306±0.503	3.361	0.015
亲子互动失调	2.722±0.764	2.667±0.495	2.540±0.466	2.708±0.533	2.326±0.535	1.060	0.384
困难儿童	2.861±0.913	3.012±0.488	2.759±0.302	2.975±0.430	2.722±0.425	0.859	0.494
亲职压力	2.836±0.688	2.843±0.417	2.744±0.323	2.858±0.435	2.451±0.406	1.769	0.147

（2）在家庭月收入上的差异

对不同家庭月收入的智力障碍儿童家长的亲职压力及其各维度的得分进行方差分析，结果见表3-5。从表中数据可以看出，不同家庭月收入的智力障碍儿童家长在亲职愁苦和亲职压力上都有显著差异（$ps<0.05$），经多重比较后发现，在亲职愁苦维度上，家庭月收入在2000～4000元的家长得分显著高于家庭月收入在4000～6000元的家长得分（$p<0.05$），家庭月收入在2000～4000元的家长得分非常显著地高于家庭月收入在6000～8000元以及10 000元以上的家长得分（$ps<0.01$）；在亲职压力上，家庭月收入在2000～4000元的家长得分显著地高于家庭月收入在6000～8000元的家长得分（$p<0.05$）。

表 3-5 智力障碍儿童家长亲职压力在不同家庭月收入上的差异分析

变量	家庭月收入（$M\pm SD$）						F	p
	2 000 元以下	2 000～4 000 元	4 000～6 000 元	6 000～8 000 元	8 000～10 000 元	10 000 元以上		
亲职愁苦	2.702±0.466	3.058±0.473	2.701±0.549	2.312±0.734	2.722±0.548	2.405±0.510	3.101	0.015
亲子互动失调	2.595±0.743	2.776±0.516	2.505±0.441	2.271±0.438	2.278±0.315	2.321±0.662	1.559	0.186
困难儿童	2.810±0.859	3.061±0.471	2.647±0.371	2.833±0.451	2.972±0.048	2.607±0.372	1.982	0.095
亲职压力	2.702±0.625	2.965±0.413	2.618±0.338	2.472±0.502	2.657±0.578	2.444±0.435	2.805	0.025

（二）智力障碍儿童心理健康的特点

1. 智力障碍儿童心理健康的基本情况

对智力障碍儿童在心理健康的各个维度和总问卷上的得分进行描述性统计分析，结果见表 3-6。从表中数据可以看出，在智力障碍儿童心理健康的五个维度上，注意、同伴交往和亲社会行为的得分均低于问卷评分的理论中值 1，表明智力障碍儿童具有较多的多动行为和同伴交往问题，以及较少的亲社会行为，尤其是亲社会行为的得分最低；相比较而言，智力障碍儿童在情绪和品行方面的表现较好，表明儿童的不良情绪症状和品行问题较少。

表 3-6 智力障碍儿童心理健康的描述性统计分析

变量	min	max	M	SD
情绪	0.200	1.600	1.550	0.372
品行	0.600	2.000	1.444	0.328
注意	0.200	1.800	0.881	0.409
同伴交往	0.600	1.800	0.994	0.332
亲社会行为	0	1.800	0.847	0.470
心理健康	0.560	1.720	1.143	0.264

2. 智力障碍儿童心理健康在人口统计学特征上的差异

智力障碍儿童的心理健康总问卷及各维度得分在儿童的性别、家中排行、障碍程度，以及家长的亲职角色、家庭形态等方面均没有表现出显著差异（$ps>0.05$）。

（1）在受教育程度上的差异

对不同受教育程度的家长在智力障碍儿童心理健康总问卷及各维度上的评

分进行方差分析，结果见表 3-7。从表中数据可以看出，不同受教育程度的家长只在智力障碍儿童品行的评分上有显著差异（$p<0.05$），经多重比较后发现，本科及以上组的家长与小学、初中组家长的评分均有显著差异（$ps<0.05$），与专科组家长有非常显著的差异（$p<0.01$），与高中组家长不存在显著差异（$p>0.05$），本科及以上组家长对儿童品行的评分明显高于其他组家长，并且高中组家长的评分也显著地高于专科组家长（$p<0.05$）。

表 3-7　智力障碍儿童心理健康在家长不同受教育程度上的差异分析

变量	受教育程度（$M\pm SD$）					F	p
	小学	初中	高中	专科	本科及以上		
情绪	1.333±0.283	1.586±0.346	1.579±0.452	1.440±0.363	1.746±0.254	1.537	0.193
品行	1.356±0.410	1.357±0.274	1.505±0.301	1.260±0.353	1.672±0.224	2.469	0.043
亲社会行为	0.756±0.279	0.800±0.502	0.958±0.483	0.600±0.313	1.055±0.573	1.534	0.193
同伴交往	0.889±0.176	1.100±0.382	0.947±0.339	0.920±0.301	1.127±0.350	1.305	0.275
注意	0.867±0.510	0.729±0.405	0.947±0.410	0.920±0.413	0.946±0.359	0.552	0.736
心理健康	1.040±0.522	1.114±0.259	1.187±0.300	1.028±0.190	1.309±0.217	1.877	0.112

（2）在家庭月收入上的差异

对智力障碍儿童心理健康总问卷及各维度在不同家庭月收入上的评分进行方差分析，结果见表 3-8。从表中数据可以看出，不同家庭月收入的家长对于智力障碍儿童心理健康及各维度的评分只在品行上表现出显著差异（$p<0.05$）。经多重比较后发现，家庭月收入在 2000～4000 元的家长对儿童品行的评分与家庭月收入在 4000～6000 元和 10 000 元以上的家长相比均存在非常显著的差异（$ps<0.01$），家庭月收入在 2000～4000 元的家长评分明显低于其他两个组的家长。

表 3-8　智力障碍儿童心理健康在不同家庭月收入上的差异分析

变量	家庭月收入（$M\pm SD$）						F	p
	2 000 元以下	2 000～4 000 元	4 000～6 000 元	6 000～8 000 元	8 000～10 000 元	10 000 元以上		
情绪	1.314±0.157	1.508±0.372	1.671±0.452	1.800±0.163	1.533±0.115	1.514±0.363	1.406	0.236
品行	1.429±0.315	1.292±0.341	1.612±0.250	1.400±0.327	1.400±0.346	1.657±0.222	3.059	0.016
亲社会行为	0.657±0.341	0.777±0.443	1.012±0.550	0.700±0.600	0.733±0.115	1.029±0.439	1.094	0.374
同伴交往	0.829±0.138	1.000±0.335	1.129±0.393	1.050±0.342	0.667±0.115	0.914±0.227	1.686	0.153

续表

变量	家庭月收入（$M \pm SD$）						F	p
	2 000 元以下	2 000～4 000 元	4 000～6 000 元	6 000～8 000 元	8 000～10 000 元	10 000 元以上		
注意	0.800±0.503	0.754±0.385	0.965±0.408	1.150±0.526	1.267±0.115	0.914±0.279	1.674	0.155
心理健康	1.006±0.121	1.066±0.250	1.278±0.325	1.220±0.289	1.120±0.069	1.206±0.116	1.995	0.093

三、家长亲职压力与智力障碍儿童心理健康的关系

（一）家长亲职压力与智力障碍儿童心理健康的相关关系

计算家长亲职压力及各维度得分与智力障碍儿童心理健康总问卷及各维度得分之间的积差相关系数，结果见表 3-9。由表中数据可知，家长的亲职压力与智力障碍儿童的心理健康之间具有非常显著的负相关，并且亲职压力中的亲职愁苦、亲子互动失调和困难儿童三个维度与智力障碍儿童心理健康之间也呈非常显著的负相关，表明家长感受到的亲职压力越大，儿童的心理健康水平越低。其中，亲职愁苦与儿童心理健康中的品行和情绪呈非常显著的负相关（$ps<0.01$），与注意、同伴交往和亲社会行为的负相关关系不显著。亲子互动失调与儿童心理健康中的品行、注意和同伴交往存在显著负相关（$ps<0.05$），与情绪呈非常显著的负相关（$p<0.01$），与亲社会行为不存在显著相关。困难儿童与儿童心理健康中的品行、注意、同伴交往和亲社会行为均呈显著负相关（$ps<0.05$），与情绪不存在显著相关。家长的亲职压力与智力障碍儿童的品行和情绪呈非常显著的负相关（$ps<0.01$），与注意、同伴交往和亲社会行为均呈显著负相关（$ps<0.05$）。

表 3-9 家长亲职压力与智力障碍儿童心理健康的相关分析

变量	亲职愁苦	亲子互动失调	困难儿童	亲职压力	品行	注意	情绪	同伴交往	亲社会行为
亲子互动失调	0.599**								
困难儿童	0.442**	0.685**							
亲职压力	0.812**	0.901**	0.827**						
品行	−0.454**	−0.292*	−0.274*	−0.404**					
注意	−0.203	−0.249*	−0.247*	−0.274*	0.343**				

续表

变量	亲职愁苦	亲子互动失调	困难儿童	亲职压力	品行	注意	情绪	同伴交往	亲社会行为
情绪	−0.342**	−0.355**	−0.199	−0.356**	0.383**	0.373**			
同伴交往	−0.133	−0.256*	−0.260*	−0.254*	0.049	0.289*	0.388**		
亲社会行为	−0.196	−0.240	−0.287*	−0.283*	0.333**	0.462**	0.253*	0.486**	
心理健康	−0.375**	−0.399**	−0.368**	−0.450**	0.592**	0.736**	0.679**	0.635**	0.774**

（二）家长亲职压力与智力障碍儿童心理健康预测的关系

将亲职愁苦、亲子互动失调、困难儿童作为预测变量，将智力障碍儿童心理健康作为效标变量，采用逐步回归分析方法探讨家长亲职压力对智力障碍儿童心理健康的预测作用，结果发现，进入回归方程的显著变量只有亲子互动失调（表 3-10）。家长感受到的来自亲子互动失调的压力对儿童的心理健康具有非常显著的负向预测作用，即家长感受到的亲子互动失调压力越大，智力障碍儿童的心理健康状况越差，表现出的心理和行为问题越多。回归模型的多元相关系数为 0.399，其解释量为 0.159，也就是说，亲子互动失调能预测 15.9%的智力障碍儿童心理健康。模型检验的 F 值为 11.749（$p<0.01$），线性回归模型可以成立。

表 3-10　家长亲职压力预测智力障碍儿童心理健康的逐步回归分析摘要表

变量	R	R^2	ΔR^2	F	β	t
亲子互动失调	0.399	0.159	0.159	11.749	−0.399	−3.428**

四、家长亲职压力对智力障碍儿童心理健康的影响

（一）智力障碍儿童家长的亲职压力

我们的研究结果显示，智力障碍儿童家长的亲职压力更多地来自困难儿童，即儿童自身的某些特质会让家长感到困扰和焦虑。智力障碍儿童由于在智能发展上的滞后或缺陷，的确表现出比健全儿童更多的认知和适应方面的障碍，给家长的养育过程带来极大的困难，成为家长亲职压力的最主要的压力源。相比较而言，家长在亲子互动失调上所体验到的压力相对较小，这有可能

是因为家长倾向于把亲子互动关系的不良归因为孩子自身的障碍和问题，从而加重了对困难儿童这个维度的压力感受。

研究还发现，受教育程度和家庭月收入对家长的亲职压力有影响，本科及以上受教育程度的家长在亲职愁苦上的压力明显小于其他组的家长，低收入家庭的家长会感受到更多的亲职愁苦和亲职压力，可见家长的受教育程度和经济收入会成为影响家长压力感受的个体因素，受教育程度偏低和经济收入偏低都可能使家长产生更多的亲职愁苦。受教育程度较高的家长可能会有意识地去寻求更多的社会资源，获取更多的社会支持，有助于他们减轻亲职压力。同时智力障碍儿童的康复训练具有长期性，需要花费大量的时间和金钱，一些家长甚至会为此辞去工作，全职照顾孩子，经济压力自然成为家长亲职压力中的重要部分。

此外，智力障碍儿童家长的亲职压力在儿童性别、家中排行、障碍程度，以及家长的亲职角色、家庭形态等方面均没有表现出显著差异，表明儿童和家长的这些人口学特征对亲职压力的影响不太显著。这与以往研究者（Beck et al.，2004）的研究结果基本一致，他们以智力障碍儿童的母亲为研究对象，将短式亲职压力量表作为研究工具，结果同样显示，儿童的年龄、性别、家中孩子数与婚姻状况对亲职压力并无显著的预测力。

（二）智力障碍儿童的心理健康

智力障碍儿童的心理健康主要反映在五个方面，即儿童的品行、情绪、注意、同伴交往和亲社会行为，儿童在这五个方面表现出的正性行为越多，他们的心理健康水平就越高。从研究结果来看，智力障碍儿童具有较多的多动行为和同伴交往问题，以及较少的亲社会行为，尤其是亲社会行为的得分最低。这可以从智力障碍儿童的身心特点做出解释，智力障碍儿童因为智力发展的限制，存在认知和适应障碍，进而导致他们在同伴交往和亲社会上的能力降低。因注意缺陷而导致的多动也是智力障碍儿童的一大心理问题，会影响家长对孩子心理健康的评估。

研究进一步揭示出家长的受教育程度和家庭的收入水平会影响智力障碍儿童的心理健康，尤其是会影响儿童的品行，本科及以上组家长对儿童品行的评分明显高于其他组家长，收入偏低家庭的家长对儿童品行的评分明显低于收入偏高家庭的家长。由此可见，家长的文化素质和家庭经济状况是儿童所在的家庭环境的重要影响因素，影响着家庭功能的发挥，也是营造良好家庭氛围和形成恰当教养方式的关键影响因素，必然会影响智力障碍儿童的心理健康发展。值得我们注意的是，智力障碍儿童自身的人口学特征对其心理健康状况的影响并不显著，而家长的人口学特征对儿童心理健康的影响更为明显，这提醒我们，家长自身的特征对于儿童心理健康具有更大的影响力，家长需要不断地、有意识地努力提高自身的修养，构建良好的家庭教育环境，创造积极、健康的生存和生活空间，使智力障碍儿童能够从中受益，健康、快乐地成长。

（三）家长亲职压力对智力障碍儿童心理健康的影响

我们的研究结果表明，家长的亲职压力与智力障碍儿童的心理健康及各维度、儿童的心理健康与家长的亲职压力及各维度之间有不同程度的负相关，即家长的亲职压力越大，智力障碍儿童的心理健康水平就越低，并且亲职压力中的亲子互动失调更是非常显著地负向预测了儿童的心理健康，可见家长的压力感受及其心理健康水平会直接影响儿童的心理健康状况。马珍珍等（2005）的研究已经表明，智力障碍儿童家长的心理健康水平对其子女的行为问题有较好的预测力，家长所感受到的心理压力对其子女行为问题的影响较大。特别有意思的是，家长会从智力障碍儿童自身的某些困难特质上感受到更多的亲职压力，但是家长的亲职压力中对儿童心理健康产生显著影响的却是亲子互动失调，可见家长自身因素或者从儿童身上的困难特质中所感知到的压力，也要通过家长与儿童之间的互动关系才能影响儿童的心理发展，因此我们有理由相信那些与亲子互动有关的变量，如亲子沟通、教养方式、亲子关系等，是家长亲职压力影响儿童心理健康的重要中介因素，值得研究者去关注和探讨。家庭环境对智力障碍儿童的心理发展具有重要作用，父母是儿童的第一任老师，对于智力障碍儿童也是如此，父母作为智力障碍儿童的主要照顾者和教育者，与其他家庭成员一起，影响着孩子的方方面面，家长的亲职压力影响着家庭氛围和教育氛围，也影响着家长对孩子的教养方式和态度，进而对智力障碍儿童的心理健康产生影响。基于此，为了改善智力障碍儿童的心理健康状况，家长必须不断克服亲职压力的不利影响，努力提高管理自我情绪和应对外界负性事件的能力，构建良好的家庭关系和家庭支持系统，为智力障碍儿童创造更好的学习和生活环境。

五、智力障碍儿童家长减压和儿童心理健康促进的建议

（一）提高智力障碍儿童家长解决实际问题的能力

研究显示，家长的受教育程度对其亲职压力和智力障碍儿童的心理健康都有影响，说明家长自身的受教育程度非常重要，不仅有助于家长降低亲职愁苦的压力，而且可以促使儿童品行向好的方向发展。智力障碍儿童家长有着比健全儿童家长更大的亲职压力，主要是因为他们不知道如何教育自己的孩子。智力障碍儿童家长要努力提高自己的文化水平和修养，使自己能够更加理性地看待问题，可以多参与有关智力障碍的培训或者讲座，增进自己对智力障碍儿童的了解，增加对自己孩子各发展阶段的认识，提高解决问题的能力。家长在面对孩子养护和教育的困难和问题时要客观看待，多和老师或其他家长交流心得体会，这样会受益更多。

（二）家长调节自己的心态，加大社区和社会的支持力度

有研究指出，很多家长害怕自己的孩子被贴上标签，这就阻碍了家长寻求合适的支持，也无法和其他家庭分享教养经验（荆杰，2012）。家长应以平常心对待，社会也应更多关注到不同程度的智力障碍儿童及其家庭，给予他们相应的补贴和援助，让智力障碍儿童家长能够减轻生活负担，降低亲职压力的影响。社区还可以通过举办有关亲职教育的讲座或培训班来普及知识、传递爱心，营造良好的社区文化氛围，组织形式多样的亲子活动，鼓励智力障碍儿童及其家长积极参加，让他们在活动中更加了解彼此，促进亲子关系的融洽，增进家庭和睦，构建和谐社区和社会。

（三）学校配合，家长与学校积极沟通

学校和家长之间要加强联系，共同致力于解决智力障碍儿童存在的问题，相互沟通，使双方更好地了解智力障碍儿童在家庭和学校中的表现，更好地理解儿童的现状和需要解决的关键问题。学校可以为家长出谋划策，助其有效地找到智力障碍儿童存在问题的根源，这有助于减轻家长的亲职压力，进而有助

于促进智力障碍儿童心理的健康发展。

（四）建立家庭、学校、社会三位一体的服务系统

目前在智力障碍儿童的教育中，学校、社区、家庭各自为政、互不干涉的情况依旧存在，这对于智力障碍儿童的身心发展、探索智力障碍儿童各阶段的心理特点，以及揭示心理问题产生的根源都会有不利影响，也不能让智力障碍儿童更好地发挥自身潜力、健康成长。因此，有必要建立家庭、学校、社会三位一体的服务系统，相互支持、相互促进，整合资源，共同为智力障碍儿童及其家长的心理健康服务提供强有力的保障。

（五）家长加强与孩子的互动沟通

很多家长会因为自己的孩子是智力障碍儿童而减少与孩子的沟通，可是亲子之间的沟通交流对于智力障碍儿童来说同样是很重要的，家长凭主观猜测是不能很好地了解智力障碍儿童的需求和想法的，只有加强与孩子之间的交流互动，才能更好地了解孩子的需求，及时满足孩子自身发展所需。了解孩子不同阶段的想法，也可以帮助家长更好地理解自己孩子的行为表现，并且智力障碍儿童在与家长沟通的状态下才能够表达自己的想法，对自己的父母更加信赖，这样能减轻家长在抚养智力障碍儿童时感受到的压力，给智力障碍儿童提供更适合其学习和生活的环境。

（六）增强家长积极应对亲职压力的能力

家长作为亲职压力的主体，采取积极的应对方式解决智力障碍儿童带来的困扰，将有利于降低家长的亲职压力水平。家长需要客观、正确地看待问题，积极解决问题，让困难从大到小、从难到易、从繁到简变化。家长要学会释放生活中的压力，如多与人交流、多出门旅游，在与外界的沟通和接触中释放自己的压力。家长还要学会寻找生活中的乐趣，善于发现生活的美妙，苦中作乐，也许最后会得到惊喜。家长更要学会向他人寻求帮助，团体的力量是无穷的，可以向老师、同伴、社区寻求解决孩子问题的方法，积极地面对问题并解决问题。

（七）加强对智力障碍儿童的心理干预与心理治疗

从我们的研究中可知，智力障碍儿童本身的困难特质，包括情绪行为问题和社会适应不良，都会加重家长的亲职压力。为了减轻家长的亲职压力，加强对智力障碍儿童的心理干预与心理治疗势在必行。智力障碍儿童的心理干预与心理治疗同样需要学校、家庭、社会多方面的联合与合作，通过特殊的心理康复技术和行为干预方法，对智力障碍儿童进行长期的训练，并且渗透到教育和康复过程的各个环节，从而减少智力障碍儿童的情绪症状、多动、品行问题和同伴交往问题，增加其亲社会行为，降低家长的亲职压力水平。

第四章 家长与残疾儿童的亲子沟通

残疾儿童心理健康与家长亲职压力双向关系的研究成果证实了家长与孩子之间在心理和行为上的相互影响，心理健康反映的是儿童内部心理与外在环境的和谐状态，亲职压力是家长在养育孩子过程中产生的紧张感受，二者本来分别属于不同的主体，然而，当家长与孩子处于同一种生态环境下时，他们之间的互动必然有助于实现家长与孩子之间信息的相互传递。亲子关系作为家庭中最基本、最重要的一种人际关系，具有极强的情感亲密性，会直接影响儿童的心理健康发展。亲子沟通是基于亲子关系的亲子双方的互动，是影响亲子关系质量的基本因素，对儿童的心理发展也起着决定性的作用。对于残疾儿童来说，他们在亲子互动中产生的交互作用效应更加明显，比健全儿童更容易感受到自身残疾被父母感知和加工后传递过来的消极反馈。残疾儿童的生理适应障碍会经由亲职压力的反馈性传递引发其心理适应障碍，而不良的亲子沟通关系是亲职压力引发残疾儿童心理问题的重要中介变量。家长在养育孩子的过程中感受到的高压力，以及孩子自身在言语沟通、交往上的障碍，常常导致家长与残疾儿童之间难以形成良好的亲子沟通方式，亲子沟通的质量也相对较低，亲子关系受到不利影响，进而引发残疾儿童出现更多的情绪和行为问题，阻碍其社会适应能力的提高。因此，我们有理由相信，合理的、高质量的亲子沟通可以缓冲亲职压力对残疾儿童心理健康的负性影响，成为压力情境下残疾儿童心理健康的保护性因素。当然，亲子沟通的这一保护性中介作用机制尚需得到实证研究的支持，而在证实其中介作用之前，有必要先对残疾儿童家庭中亲子沟通的方式和特点有所了解。本章首先概述了亲子沟通的相关研究成果，然后探讨了残疾儿童与家长的亲子沟通方式和特点，从而了解家长与残疾儿童的互动关系，以利于进一步揭示亲子沟通对家长亲职压力与残疾儿童心理健康关系的中介影响机制。

第一节　亲子沟通的研究现状

一、亲子沟通的定义

沟通是人与人之间相互联系的最主要形式，是人们进行情感与知识交流的过程，主要包括语言沟通和非语言沟通。亲子沟通是在亲子关系概念的基础上发展出来的关于亲子双方的互动关系。国外研究者认为，亲子沟通是指父母与孩子之间表达情感，进行信息的传递和资料的交换，以此来达到增进彼此情感、获取相互信任和解决矛盾问题的目的（Galvin et al.，2015）。我国研究者梁薇（2010）认为，亲子沟通是指父母与孩子相互之间进行的一系列信息交换、观点与意见的传递、情感与态度的交流，来达成共同理解、相互信任的过程。房超和方晓义（2003）提出，亲子互动的内在运行机制即亲子沟通。张峰（2004）认为，亲子沟通就是亲子双方在血缘关系和共同生活背景的前提下，从各自不同的角色和不同的需求出发，通过不同的沟通方法在彼此间传递信息，进行感情交流的过程。

二、亲子沟通的类型

（一）关系定向与观念定向的亲子沟通

国外研究者认为，父母与孩子之间的沟通存在一种稳定的方式和倾向，并据此提出了划分亲子沟通类型的两个基本维度：关系定向和观念定向（McLeod & Chaffee，1972）。关系定向的亲子沟通关注的焦点是在沟通的过程中能否保持稳固、良好的亲子关系，而不在于讨论问题的是非曲直，注重的是维持家庭关系和秩序，以及维护父母的权威地位，不会关注原本需要沟通的问题本身的对错。观念定向的亲子沟通更倾向于确定需要沟通的问题本身是正确的还是错误的，父母会在与孩子沟通的过程中，引导孩子更多地去表达自己的需要和思想，鼓励孩子提出不同的意见，就事论事，不惧怕家庭成员之间的观念分歧，更注重讨论问题本身。

（二）多元型、保护型、放任型与一致型的亲子沟通

有研究者对上述两个维度进行了进一步的研究，并认为在亲子沟通类型为关系定向的家庭中，父母倾向于使用命令、要求的强硬手段，要求孩子服从自己的要求；而在亲子沟通类型为观念定向的家庭中，父母偏向于对孩子的观点和看法表现出高度的尊重和理解，帮助孩子表达真情实感（Ritchie，1988）。还有研究者根据关系定向和观念定向的得分不同，划分出四种类型的家庭：第一，当观念定向的得分较高，关系定向的得分较低时，称为多元型家庭；第二，当观念定向的得分较低，关系定向的得分较高时，称为保护型家庭；第三，当观念定向和关系定向的得分都比较低时，称为放任型家庭；第四，当两个维度的得分都比较高时，称为一致型家庭（Ritchie & Fitzpatrick，1990）。这四种类型的家庭会在亲子沟通的过程中表现出不同的特点，从而产生四种不同的亲子沟通类型：多元型亲子沟通强调亲子之间积极地沟通和表达思想、观点，父母很少对儿童施加压力，不会强迫儿童服从自己的思想和观点；保护型亲子沟通非常强调儿童对父母的服从和顺从，不重视亲子之间的交流和沟通，而是通过禁止亲子之间产生分歧来获得一种表面上和谐的亲子关系；放任型亲子沟通同样不重视亲子之间的沟通和交流，但并不对儿童施加服从父母的压力，父母与儿童各自追求自己的个人目标，而不关心其他家庭成员的需要和愿望，个人的自由是以家庭成员之间很少沟通、相互之间漠不关心为特征的；一致型亲子沟通鼓励儿童针对亲子沟通的问题提出自己的见解和主张，但不能扰乱家庭的等级秩序和内部的和谐。从不同亲子沟通类型的特点上可以看出，不同亲子沟通类型的儿童在心理健康发展水平上也存在差异。目前我国研究者较多采用这种分类，例如，陈敏丽和凌霄（2013）的研究结果表明，中小学生父母自评的亲子沟通类型所占比例分别是：多元型的占 50.33%，保护型的占 6.36%，放任型的占 4.33%，一致型的占 38.97%；杨焕兰（2009）的研究发现，幼儿家庭的亲子沟通类型也表现为四种，即放任型、保护型、多元型和一致型，其中最多的亲子沟通类型仍是多元型。

（三）开放与有问题的亲子沟通

国外研究者以家庭功能为切入点，认为家庭功能包括家庭亲密度、家庭适应性和沟通三方面的内容，这三方面内容并非独立存在，沟通会影响家庭亲密

度和家庭适应性，对它们起到一定的促进作用（Barnes & Olson，1985）。在家庭功能理论的作用下，家庭成员之间可以通过彼此沟通来表达亲密感或解决矛盾与问题。他们还进一步对沟通进行了细分，认为其包括开放性与问题性两个维度，开放性的亲子沟通是指父母在和孩子进行沟通时，以平等的身份表达感情、交换看法；问题性的亲子沟通是指亲子双方在进行沟通时存在避而不谈的问题，双方无法平等地表达意见。

三、亲子沟通的质量

亲子沟通的特点不仅体现在沟通的类型上，还体现在沟通的质量上。亲子沟通类型反映的是家长与儿童之间的沟通方式，而亲子沟通质量则反映了家长与儿童在沟通上达成的效果。高原（2016）的研究表明，母子沟通质量分别与母亲教养压力、儿童内化问题行为之间呈显著负相关，父子沟通质量与儿童内化问题行为呈显著负相关；母子沟通质量在母亲教养压力与儿童内化问题行为之间起完全中介作用。池丽萍和俞国良（2012）根据亲子沟通的三层次模型，比较了学业成绩优秀、中等和较差儿童的亲子沟通状况，发现学业成绩优秀儿童的主动表达性、清晰性和敏感性得分显著高于学业成绩较差的儿童；学业成绩较差儿童的父子和母子的沟通质量都显著低于学业成绩优秀的儿童；学业成绩优秀儿童的父子沟通和母子沟通作用相对均衡，且两种沟通较一致，学业成绩较差儿童的母子沟通地位显著高于父子沟通地位，并且两种沟通不一致。池丽萍（2011）的另一项研究使用亲子沟通量表考察了亲子沟通状况，结果表明，父母的沟通能力优于儿童，母子沟通质量优于父子沟通质量，母亲的沟通地位高于父亲的沟通地位；父母的倾听能力可以有效预测亲子沟通质量，提高父子沟通质量是让父子和母子两种沟通更为协调的主要途径。

四、亲子沟通的相关研究

（一）影响亲子沟通的因素

1. 教养方式和家庭教育干预的影响

为了探究问题学生亲子沟通特点及其影响因素，唐立等（2016）对 176 名问题学生进行了质性访谈，并采用自编问卷对其家长进行了调查，结果发现，85.2%的问题学生在被父母严厉批评时所表现出的亲子沟通模式是分歧与冲突解决，其中有 68.0%的问题学生具体表现为屈服让步，有 25.3%的问题学生具体表现为攻击反抗，另有 4.0%和 2.7%的问题学生分别表现为回避冲突和他人调节，没有学生表现为主动解决问题。由此可以看出问题学生多采取较为消极和被动的亲子沟通模式，而父母的教养方式是导致这一结果的重要原因。正是由于教养方式对亲子沟通有很大影响，不少研究者开展了相应的家庭教育干预，以改善家长的教养方式，进而改变亲子沟通模式。研究者让 10～11 岁孩子的父母自愿参与一项和药物有关的家庭教育干预，这项干预指导能够增进亲子间关于烟草和酒精的沟通（Beatty et al., 2008）。狄世萍（2013）提出构建以亲子沟通为载体的家庭教育指导模式，在家庭教育指导中突出家长的主体地位，创设开放的、多元化及个性化相结合的指导内容和组织形式，使家长积极参与其中，可以增强家庭中亲子沟通的效果。

2. 社会人口学变量的影响

社会人口学变量对亲子沟通有多方面的影响。例如，徐云等（2013）调查了成都地区城乡家庭亲子沟通的现状和相关影响因素，发现完整家庭的亲子关系显著好于离异家庭的亲子关系，父母学历较高的家庭的亲子沟通情况显著好于父母学历较低的家庭，其中母亲学历的影响更为显著。杨焕兰（2012）对当前幼儿家庭的亲子沟通模式进行了调查，并采用深度访谈法研究了幼儿家庭亲子沟通模式形成的影响因素，结果发现，家长的年龄和学历层次、幼儿的年龄以及家长与幼儿之间的亲子关系都对亲子沟通模式有一定的影响。刘宁等（2005）认为，影响母子沟通的因素包括母亲受教育程度、母亲月收入、孩子年龄、沟通时间及沟通时机，影响父子沟通的因素包括沟通时间和沟通时机，同时发现，亲子沟通状况不容乐观，特别是父亲与子女之间的沟通较少，并且亲子沟通的主动性和科学性较差，沟通方式较为单一。因此，有必要对父母进行有针对性的沟通技能培训，转变父母的教育观念和教养方式，从而有效改善亲子沟通的质量。

（二）亲子沟通的作用

亲子沟通对儿童的个体心理和行为都有显著影响，在儿童的成长和心理发展中起着重要的作用。例如，研究者考察了养育方式、亲子学业沟通、父母与学校的沟通对青少年学业技能和社会行为的影响，结果显示，父亲权威的养育方式对于孩子的接受技能、词汇和组合得分比母亲权威的养育方式有更多的消极影响，而父亲与学校的沟通对于孩子的接受技能、词汇和组合得分比母亲与学校的沟通有更大的积极影响（Roopnarine et al.，2006）。还有研究者认为，在儿童发展过程中，要更加支持父母和孩子讨论遗传风险的有关信息，在整个童年期开展关于遗传风险的沟通，有助于帮助儿童和父母更好地应对遗传疾病的影响（Metcalfe et al.，2011）。王金道等（2014）的研究发现，亲子沟通各维度与社会支持总分之间都呈显著相关，表明初中生的亲子沟通对社会支持有较大的影响。开放和高质量的亲子沟通还可以减少家庭不良事件的发生，如父母离异、家庭不和等对儿童、青少年的伤害，而亲子沟通的缺乏则可能会为孩子日后的心理行为问题埋下隐患。研究发现，小学儿童的亲子沟通越少，他们的秘密就会越多，父母对他们的了解也会随之减少，儿童的社会适应能力就会相应降低（Bumpus & Hill，2008）。徐杰等（2016）也研究了亲子沟通对青少年社会适应性的影响，提出改善青少年的亲子沟通情况有助于提升其社会适应水平。有研究发现，父母冲突会通过亲子沟通间接地影响儿童的抑郁和社会焦虑（王艳丽，2017），尤其是母子沟通与青少年内化问题呈显著负相关，并且通过心理一致感间接作用于青少年的内化问题（谢俊敏，2017）。

五、残疾儿童亲子沟通的研究

关于残疾儿童亲子沟通的研究相对较少，国内外研究者主要对残疾儿童亲子沟通的干预进行了探索。例如，研究者将 72 名语言发育迟缓的学前儿童分为三组：第一组接受语言治疗师的治疗（治疗师组）；第二组接受提前学习语言治疗技巧的家长的治疗（父母组）；第三组不接受任何语言治疗（控制组）。6 个月后，接受语言治疗的儿童的语言运用能力比未接受语言治疗的儿童提高很多，父母组和治疗师组之间并未显示出明显差异，但治疗结束 6 个月后再次评估时发现，父母组儿童的语言运用能力明显高于治疗师组（Kaiser et al.，1998）。还有研究者选取来自 41 个早期儿童特殊教育教室的 70 名儿童作为样本，根据对其教室环境的整体评估结果，将他们接受的教学模式分成三种类型，即发展式教学、说教式教学和自然式教学，并对每种分类下父母与孩子的互动沟通进行为期 1 年的观察，在年初和年末使用母亲行为等级量表进行评估，包括响应性、情感、成就取向和定向性四个维度。结果表明，在这三种教学模式中，儿童所获得的经验存在显著差异，儿童在干预结束后的发展速度与他们父母的互动方式有很大关系，与他们所接受的教学模式无关（Mahoney et al.，2004）。国内研究者陈桦（2016）使用问卷调查和访谈方法考察了亲子沟通的现状，并根据出现的问题设计了团体辅导方案以进行干预，结果表明团体辅导对于改善特殊学生与家长的亲子沟通有正向效果，表明将团体辅导运用于特殊学生家长的亲职教育是有效且可行的。

六、亲子沟通研究现状的简评及启示

（一）亲子沟通研究现状的简评

通过对国内外有关亲子沟通的研究文献进行分析可以看出，国内的现有研究大多基于国外的研究理论和框架，内容涉及亲子沟通的影响因素、沟通类型、沟通质量、亲子沟通的作用、改善措施等方面，研究范围较广，但仍然存在研究角度不够全面等问题，例如，国内关于亲子沟通的实证研究主要集中在一部分大城市，对中小城市和农村等地区的现状研究还较少，亲子沟通的研究在空间上具有较大的局限性。国外关于亲子沟通的研究则体现出了深度挖掘的特点，对青少年在烟草、酒精以及人格发展等方面更为具体深入的内容进行了探讨。

在研究对象上，目前我国的研究多以留守儿童、青少年和大学生为主要研究对象，研究残疾儿童亲子沟通的文献相对较少。不少研究者认为残疾儿童受限于自身障碍，在情感传递和互动方面也存在一定的缺陷，可能会质疑其研究意义。但我们应该意识到，不论是健全儿童还是残疾儿童，在其成长过程中，亲子沟通都是影响儿童心理发展的重要因素，会直接影响儿童的心理健康发展。良好的亲子沟通可以促进亲子关系的发展，减轻家长压力，因此，关注残疾儿童的亲子沟通十分必要。

在研究方法上，我国关于亲子沟通的研究较多采用问卷调查的实证方法，以期从整体上了解亲子沟通的现状和相关因素，例如，齐宁（2007）通过自编问卷比较了社区青少年家长和一般青少年家长在亲子沟通方面的显著差异，高慧（2014）也使用自编问卷调查了呼和浩特市听觉障碍儿童家庭的亲子沟通现状。不过，近年来，有越来越多的研究者倾向于将量化研究与质性研究相结合，既通过收集大量数据来了解现状，也通过采用质性方法深入探寻产生问题的原因。

综上所述，现阶段关于亲子沟通的研究范围较广，但研究角度还不够全面，对亲子沟通的研究主要集中于健全儿童和青少年，关于残疾儿童亲子沟通的研究较为欠缺，并且缺乏科学性较强的研究工具，针对残疾儿童亲子沟通的改善方法与建议也有待完善。

（二）亲子沟通研究现状的启示

针对亲子沟通的研究角度不够全面、空间上存在局限性等问题，未来研究可以进一步拓宽研究角度和扩大地域范围，增加关于改善和提高亲子沟通质量的研究，注重研究成果对生活的指导意义，为家长重建良好的亲子关系提供理论支持。未来的亲子沟通研究应在理论基础、工具建设、数据编码与整理思路等方面有所改进和突破（池丽萍，俞国良，2010），在亲子沟通研究的编码方案上整合不同的研究思路，如在行为分类的基础上进行言语内容分析、从行为序列中发现沟通模式、将一般趋势描述和典型个案分析相结合等（池丽萍，2010）。同时，未来研究应大力加强对残疾儿童及其家长亲子沟通的特点、影响因素和内在机制的研究，从而为残疾儿童家庭提供更为全面的指导，促进残疾儿童亲子关系的健康与和谐发展。

第二节　亲职压力下残疾儿童母亲的亲子沟通方式

残疾儿童是指身心发展上有各种缺陷的儿童，又称缺陷儿童或障碍儿童，包括智力残疾、听力残疾、视力残疾、肢体残疾、言语障碍、情绪和行为障碍、多重残疾等类型。经调查研究发现，智力发展障碍、孤独症谱系障碍、脑瘫等残疾儿童父母感受到的亲职压力比健全儿童父母高出很多（杜文海，2013）。亲职压力是父母在其亲子系统内所感受到的压力，父母在教养孩子及亲子互动的过程中通常会感受到社会环境、家庭环境以及父母自身的人格特质等方面的因素带来的压力。虽然健全儿童的父母也会感受到养育孩子的压力，但相对来说，有生理或发展缺陷儿童的父母更容易感受到较大的亲职压力。残疾儿童教养过程中的艰难使家长承受了更多压力，过大的亲职压力不仅会给残疾儿童家长的身心健康带来危害，也会对亲子沟通的方式和质量产生影响（Ellis et al.，2013）。

亲子沟通是父母与子女之间进行亲子交流的过程，涉及父母与孩子在互动中如何进行信息的交流以及交流频率等，亲子沟通的质量和方式会影响儿童自我概念的建立、道德判断的形成，以及儿童的学业成绩、心理行为问题等（雷雳等，2001）。对于家长在长期亲职压力下积累的不良情绪，如果他们找不到合适的方式加以宣泄，无法主动调适自己的心理，就可能会给亲子关系带来消极影响。母亲作为儿童的主要抚养者，毫无疑问在儿童生活中起着至关重要的作用，母亲的人格特征会对儿童的心理行为发展产生影响，如抑郁的母亲会比较多地忽视孩子的需求，产生不良亲子沟通。已有研究发现，母亲的人格特征的确会受到亲职压力的影响，较大的亲职压力可能会导致母亲的心理健康水平较低和出现不良的人格特征，进而影响亲子沟通方式（侯静等，2002）。在残疾儿童家庭里，家长感受到的高压力具有持续性，更有可能会使家长与孩子的沟通变得困难和不正常，降低亲子沟通的有效性。

叙事访谈是一种质性研究方法，是研究者通过采用无结构化的方式，深入地从研究对象的人生故事及其复杂的环境背景中探寻某些具体的特征。不同于一般性访谈，叙事访谈的目的在于鼓励和激发被访谈者向研究者叙述他们的生活和社会情境中发生的重要事件（Muylaert et al.，2014）。简单来说，叙事就是讲故事，由某人讲述某件事情的发生过程。叙事包括一系列按时间顺序排列的事件，且这一系列事件是关于一个统一的主题的。叙事访谈方法不仅可以使研究者收集到第一手资料，而且可以帮助苦恼、迷茫的残疾儿童家长重新面对和建构与特殊孩子相处的经历，有利于家长从中发现问题，寻找更合适的解决策略，还可以使残疾儿童家长通过对自身故事的讲述来倾诉和宣泄情绪，减轻其心理压力（唐月红，2014）。有研究表明，残疾儿童母亲积极正向地面对孩子的缺陷，主动寻找方法来解决问题，在一定程度上可以减轻母亲的压力，改善家庭关系，促进家庭成员齐心协力地干预孩子的障碍或缺陷（Pouretemad et al.，2009）。

目前国内有很多关于儿童家长心理健康及亲职压力的研究，但是关注残疾儿童家长的亲职压力及亲子沟通方式的研究相对较少，而采用叙事访谈方法来探讨残疾儿童家长的亲职压力和亲子沟通方式的研究更是稀少。因此，我们使用叙事访谈方法，辅以非参与式的无结构观察，研究残疾儿童家长在面对复杂的亲职压力下与孩子之间形成的亲子沟通方式，以及亲职压力给家长与孩子之间的沟通方式带来的可能影响，以了解当前残疾儿童家长在亲职压力和亲子沟通上所面临的困境与问题，提出缓解家长亲职压力和改善亲子沟通的方法和策略，以期在一定程度上帮助家长有效应对亲职压力，建立良好的亲子沟通方式，提高亲子交流的质量。

一、研究对象与方法

（一）研究对象

我们选取四川省广安市特殊教育学校培智部一到五年级的 7 位学生母亲为研究对象，7 位学生中，有 1 位是一年级学生，1 位是二年级学生，4 位是四年级学生，1 位是五年级学生，父母为主要照顾者。这 7 位母亲中有 3 位住在广安市区，其余 4 位都居住在农村，只有学校放月假接孩子的时候才会来学校。在家庭经济收入方面，有 5 位是家庭主要收入来自丈夫，2 位是家庭主要收入由夫妻二人共同承担；在职业方面，有 2 位是全职妈妈，3 位是农民，1 位是退休职工，1 位是工人；在受教育程度方面，有 2 位为初中毕业，其他均为小学毕业，受教育程度相对较低。7 位母亲的平均年龄为 47 岁。研究对象的基本情况具体见表 4-1。

表 4-1 研究对象的基本情况

研究对象	家长年龄/岁	职业	受教育程度	儿童年龄/岁	就读年级	障碍类型
JH 妈妈	36	工人	初中	13	四年级	学习困难
YQ 妈妈	54	退休职工	小学	15	五年级	智力障碍
KK 妈妈	53	农民	小学	10	二年级	唐氏综合征
QQ 妈妈	46	全职妈妈	初中	10	一年级	孤独症、多动
HH 妈妈	48	全职妈妈	小学	14	四年级	孤独症、多动
XS 妈妈	48	农民	小学	16	四年级	智力障碍
XC 妈妈	45	农民	小学	16	四年级	智力障碍

（二）研究方法

1. 叙事访谈

我们主要采用质性研究中的叙事访谈方法，设计有关残疾儿童家长的基本情况、家庭生活、孩子状况、教养困难和压力、亲子间的沟通方式五大方面的问题清单，通过一定的提示让家长根据自身情况再结合自己身上真实发生的事件进行 30～60 分钟的故事叙述，并对故事资料进行编码、分析和归纳，以了解残疾儿童家庭的基本情况、亲子沟通方式及家长的压力感受。

2. 非参与式的无结构观察

为了进一步了解亲子间的沟通方式，在进行叙事访谈之后，我们对其中 3 位受访母亲（JH 妈妈、YQ 妈妈和 HH 妈妈）与孩子之间的互动进行实地观察（表 4-2）。实地观察有助于研究者以旁观者角色客观了解母亲与孩子的沟通方式，以辅助核实研究对象在故事叙述过程中所说信息的真实性。以叙事访谈为主、非参与式的无结构观察为辅的研究策略，可以确保质性资料的真实性和有效性。

表 4-2　实地观察情况表

序号	观察对象	观察时间	观察地点	观察课题	观察者角色	观察类型
1	JH 妈妈	下午放学后	教室	收书包	完全观察者	无结构、非参与
2	YQ 妈妈	午休时间	家长休息室	吐口水	完全观察者	无结构、非参与
3	HH 妈妈	下午放学后	门卫接待室	拿手机	完全观察者	无结构、非参与

研究者事先确定好实地观察对象，在叙事访谈结束之后，准备好纸笔进入观察现场。在自然情景下，研究者作为完全观察者，采用非参与式的无结构观察方法，对亲子沟通互动情景进行观察和关键字记录，在空闲时间根据记录进行情景还原，形成实地观察笔记的文字资料，并整理观察结果，再辅助叙事访谈的材料，以分析亲子沟通方式。

（三）研究工具

为帮助 7 位母亲更好地针对自己的亲职压力和亲子沟通方式展开叙事，我们设计了叙事访谈问题清单，包括五个方面，即残疾儿童家长的基本情况、家庭生活、孩子状况、教养困难和压力、亲子间的沟通方式，并对其中某些问题进行了细化。

二、残疾儿童母亲的亲职压力

（一）家庭压力

1. 家庭经济负担

经济压力是亲职压力的重要来源。在7位母亲的自述中，我们发现，大多数母亲有经济上的压力，家庭经济压力在一定程度上影响着她们的生活方式和生活态度。比如，HH妈妈和YQ妈妈的家庭经济条件稍好，平时的主要任务是照看孩子，压抑了会出去逛逛街、散散步，觉得家庭经济带来的压力相对稍小；而其他几位妈妈就算有委屈、抱怨也只能憋在心底，因为还要强打精神为生计奔波。从JH妈妈的经历中可以看出，这两年其心境的变化与其家庭情况是脱离不了关系的，在前两年，家庭收入比较低，并且孩子父亲去世，孩子生病，一系列的家庭支出几乎让这个家庭承受不住。在这种情况下，JH的学习和行为方面的问题就会加大她的压力，使她觉得心烦意乱，难以支撑下去。这两年家庭收支平衡之后，JH妈妈才松了一口气。

2. 婆媳关系

婆媳关系不好也是母亲产生压力的原因。在听7位母亲讲述家庭故事的时候，有好几位母亲提到了公婆，如JH妈妈、XC妈妈、QQ妈妈。其中，XC妈妈和QQ妈妈觉得和婆婆关系不好，婆婆不帮忙照顾孩子，JH妈妈觉得婆婆不支持她对孩子的教育，这些问题困扰着她们，导致她们的压力增大。

3. 夫妻关系

夫妻关系不好同样会导致亲职压力。从7位母亲的自述中，我们可以看出，夫妻关系融洽的父母更能相互扶持，减轻压力，打起精神坚持下去，比如，JH妈妈、HH妈妈、YQ妈妈的丈夫脾气比较好，也一直参与孩子的教养，他们更多担心孩子未来的情况。另外几位妈妈不仅要担心孩子未来的情况，还要处理夫妻关系，忍受丈夫的脾气，压力自然更大。

（二）社会压力

1. 亲戚朋友的态度

家里有特殊孩子，母亲在串门走亲戚的时候难免会感到困扰，怕给人带来麻烦，就算有的亲戚不会说什么，但她们也会觉得不好意思。正如YQ妈妈说的，因为孩子的一些坏习惯，平时去亲戚家都不敢带她去，虽然亲戚不说，但自己也怕孩子给他们带来麻烦。在平时生活中，几位妈妈都表示很少带孩子串门走亲戚。

2. 社会大众的态度

在 QQ 妈妈和 HH 妈妈的自述中，她们都表示平时很少带孩子出去，因为孩子行为上的问题容易给别人惹麻烦。特别是 QQ 妈妈，因为 QQ 与同伴的沟通行为不被理解而常常被人误会，QQ 妈妈既觉得孩子委屈，又会因别人的态度而感到困扰。

（三）母亲自身的心理因素

很多妈妈会因为孩子的问题而自责，认为是自己的原因导致孩子的问题。QQ 妈妈说，孩子现在的情况可能与当初自己怀孕时的心情有关，KK 妈妈和 YQ 妈妈则觉得是自己年龄的原因，因此她们都觉得是自己亏欠了孩子。另外，通过几位母亲的叙述可知，她们平时宣泄压力的方式大都是自己默默承受或者哭，而我们在与她们相处的过程中也发现她们的性格比较内向，平时很少和人交谈，缺乏更好的压力应对策略。相比之下，YQ 妈妈和 HH 妈妈会在有压力的时候及时加以缓解，压力较小。

（四）子女教育及生活

因为孩子的障碍和问题，7 位母亲大都反映出对孩子未来的担忧，希望孩子能生活自理，可以更好地与人交流。此外，7 位母亲均有 2～3 个孩子，除了这个有障碍的孩子外，她们还需要照顾其他的未成年孩子，如 JH 的妹妹、QQ 的哥哥、XS 的姐姐和妹妹，以及 XC 的弟弟和妹妹，照顾和养育其他孩子也给母亲带来了更大的压力，而另外 3 位母亲因为其他孩子已经工作，就不需要担忧这么多了，压力相对较小。

三、残疾儿童母亲的亲子沟通方式

（一）基本上属于关系定向的沟通方式

从 7 位母亲的叙事材料以及 3 位母亲与孩子的亲子沟通活动的观察记录中可以看出，这 7 位母亲由于受教育程度和生活地域具有相似之处，其亲子沟通方式表现出很多共性，当然也会因为她们的个体差异及亲职压力的影响程度不同而略有差异。按照关系定向和观念定向的维度划分来看，7 位母亲的亲子沟通方式基本上属于关系定向的类型。

关系定向是指在亲子沟通中注重的是维持家庭关系和秩序，而不在于讨论问题的是非曲直，注重维护父母的权威地位。这种方式常常会限制孩子表达自己想法的机会，使孩子不敢向父母表达自己的思想和感受，不利于亲子间良好关系的建立，父母不问孩子这样做的原因就直接下定论，用自己的方式来解决问题。受传统教育的影响，这种沟通方式在我国比较常见，并且由于残疾儿童的自身缺陷，大多数家长在亲子沟通时倾向于采用这种方式。比如，JH 妈妈在 JH 书包里面发现了 JH 捡的小玩意，她与孩子的沟通过程如下：

JH 妈妈问："这些东西又是啥子？"
JH 抬头看着妈妈："那是我捡的。"
JH 妈妈："在哪捡的？"
JH 说："在垃圾堆。"
JH 妈妈："这些有啥子用嘛！"
JH 妈妈把 JH 书包里皱了的本子和小玩意全部拿出来扔到了垃圾桶。

JH 妈妈觉得这些没用就扔掉了，而没有问 JH 为什么要捡这些东西，JH 想用来干什么。再比如，XS 妈妈在叙事中说道："平时在家叫他做一些洗衣服、择菜的事情，这些事情还是会做的……我性子急也不能教他多少，说他不听时只能打他了。"

（二）以放任型沟通方式为主

根据关系定向和观念定向两个维度的得分情况，可以将亲子沟通细分为四种类型：多元型、保护型、放任型和一致型。在 7 位研究对象中，有 4 位妈妈是放任型，2 位妈妈是保护型，1 位妈妈是一致型，具体分析如下。

1. 放任型

在放任型的沟通方式中，父母采取漠视的态度，家庭成员之间很少交流。我们的研究发现，在残疾儿童母亲中，放任型是采用最多的沟通方式，KK 妈妈、XS 妈妈、XC 妈妈和 HH 妈妈采用的都是这种方式。HH 妈妈在接孩子放学回家时，向老师抱怨说孩子不会表达，老师给予的建议是让妈妈在孩子有相应需求时让孩子适当表达，但据我们观察，HH 放学后向妈妈要手机时是直接到妈妈包里面去拿的，妈妈并没有与其进行交流沟通。HH 妈妈在其自述中说到平时会带孩子逛商场，但因为孩子乱跑，比较麻烦，就很少带孩子出去，对于孩子平时直接到摊贩那里拿东西的行为，妈妈也没有阻止，由此可以看出 HH 妈妈的亲子沟通方式属于放任型。XS 妈妈、XC 妈妈和 KK 妈妈因为平时都在务农，较少和孩子接触，她们和孩子之间的相处方式就如同传统农村的相处方式，孩子对母亲的依恋程度较低，平时在家一般都是孩子自己玩，虽然 XS 妈妈会把孩子带出去，但孩子也是自己在旁边玩。XC 妈妈觉得孩子看电视太久想要阻止，但因为孩子不听从也就放弃了，没有勉强，让他随便玩。KK 妈妈平时让 KK 自己去和同伴玩，较少注重和孩子沟通。放任型的家长都是希望孩子能学会生活自理，但很少付诸行动，她们会说出自己的苦恼和期望，但仅希望通过学校教育达到相应的目标。例如，XS 妈妈说："把他送到学校去管，免得出去惹祸。我们自己也不晓得怎么教，自己也忙没有时间，让他在学校能学到多少算多少。"

2. 保护型

在保护型的沟通方式中，家长处于主导地位，家长在日常生活中要求孩子服从其命令，当孩子出现一些家长不认同的行为时，家长会采用禁止的方式，而不会去了解孩子出现该行为的原因，不会与孩子沟通，不会了解孩子的想法。在 7 位研究对象中，YQ 妈妈和 JH 妈妈的亲子沟通方式就是保护型的。YQ 妈妈在 YQ 出现吐口水、扯衣服的行为时，并没有问她为什么会产生这样的行为，而是直接进行责怪，并制止 YQ 出现这样的行为。在 YQ 妈妈的故事自述中，YQ 妈妈说 YQ 15 岁了，都是她帮 YQ 洗澡、洗头、洗衣服等，不愿意让 YQ 自己来做，嫌她太慢、做不好。JH 妈妈平时在家都是直接让 JH 做她要求做的事，虽然 JH 妈妈说当在家发现 JH 不愿做什么或出现情绪问题时会询问原因，但我们在观察中发现，JH 妈妈在看见 JH 书包里有她觉得无用的东西时直接将其丢掉，并没有问 JH 的意见。

3. 一致型

在一致型的沟通方式中，家长鼓励孩子有自己的主张，但不能扰乱家庭内部和谐，不能损坏秩序和关系。7位母亲中，QQ妈妈属于这种类型。QQ妈妈会在发现孩子情绪不对时寻找原因，在平时生活中也会了解孩子的想法。例如，知道QQ冲撞同伴是为了跟他打招呼，QQ妈妈会照顾QQ的情绪；但当QQ平时在教室里跑动被斥责时，QQ妈妈并不会选择支持QQ。不过，QQ妈妈为了避免QQ惹祸会将他关在家里，不让他跑出去，这是一种无奈之举，同时也表明QQ妈妈目前的沟通方式还不是完全意义上的一致型的，带有一些保护型的特点。

四、残疾儿童母亲的亲职压力对亲子沟通的影响

根据前面的结果可知，无论是家庭环境、社会环境，还是母亲性格等心理因素和教育观念等，都会给残疾儿童母亲带来很大的亲职压力。在亲子沟通方式上，7位母亲中，属于放任型的最多，其次是保护型，只有1位母亲属于一致型。亲职压力不同，亲子沟通方式也有所区别。残疾儿童母亲感受到来自家庭经济、家庭关系、社会环境、母亲自身的性格和受教育程度，以及子女教育方面的压力越大，她们的亲职压力就会越大，过大的亲职压力容易让母亲在与残障孩子的沟通中出现两种极端，即要么放弃不管，要么管得过多，并且大多会忽略孩子自己的想法和感受，倾向于形成放任型和保护型的沟通方式。关于亲职压力对亲子沟通的影响，具体分析如下。

第一，家庭经济压力的重担压在残疾儿童母亲肩上，她们没有过多的时间与孩子相处，平时也就比较容易忽视和孩子的沟通。例如，JH妈妈之前没有收入，家庭开支大，家庭经济压力大，导致JH妈妈的亲职压力也很大，在对待JH时脾气比较暴躁，生气了就会骂JH。但是近两年随着家庭收入的增加，压力减小之后，JH妈妈对JH的教养态度就比较温和，虽然还是属于保护型的沟通方式，但是开始注重考虑JH的想法，还会找一些特殊教育相关资料进行主动学习。XS妈妈、KK妈妈也是因为家庭压力大，无暇顾及孩子，从而忽视了亲子间的沟通。

第二，家庭支持、夫妻关系是亲子沟通的重要影响因素，夫妻关系和谐的家庭中，父母更加关注与孩子相处，而夫妻关系不和谐、家庭支持力度小的家庭中，因为母亲的精力问题和相关压力，亲子间的沟通也会相应减少。夫妻关

系的好坏对亲子沟通方式有很大的影响，例如，XC家庭中，XC爸爸脾气比较暴躁，不太管孩子，XC妈妈管不住孩子，就采取放任型的沟通方式。家庭压力小，母亲的亲职压力也会相应减小，从而有助于改善亲子沟通方式，当然这与母亲自身的心理因素也有一定关系。

第三，母亲自身的性格等心理因素和教育观念也是影响亲子沟通的关键因素。QQ妈妈虽然面临家庭、夫妻关系的影响，但因为自己注重与孩子的沟通交流，关心孩子的看法，沟通方式比其他几位母亲更好，孩子也比较亲近母亲，愿意表达自己的想法。其他妈妈虽然也关心孩子，却没有这种意识，忽视了亲子间的沟通，同时由于缺乏与特殊孩子的心理和教育相关的知识，她们的教育方法显得单一，还是采取传统方式教育孩子。她们也知道这样的方法是没有效果的，却不知如何是好，对于如何才能让孩子进步，她们也很迷茫，只有尽自己所能教孩子一些东西，希望能对孩子的未来有帮助。在性格方面，如果母亲的性格比较火爆（如XS妈妈），其就会在孩子犯错的时候偏向于打骂孩子；而如果母亲的性格比较温柔（如QQ妈妈、YQ妈妈），其就会更多地采取讲道理的方式。

第四，子女的教育及生活也给母亲带来很大压力，从而影响亲子沟通。例如，QQ妈妈、JH妈妈平时也注重与孩子沟通，但是她们除此之外还要操心另外一个孩子，对QQ和JH的注意力难免会分散，特别是XS妈妈和XC妈妈尤为明显。

第五，来自社会环境的压力同样会对亲子沟通产生影响，很多母亲害怕孩子面对社会大众异样的眼光或怕惹麻烦，很少带孩子出去，这也就导致亲子间的沟通比较封闭和被动。例如，QQ妈妈因为怕孩子被误解，将孩子关在家里不让他出去；YQ妈妈因为担心YQ的不好习惯会给亲朋好友带来麻烦，就不带孩子“走亲戚”；HH妈妈常常因为孩子的问题，不愿意带HH去商场。

五、亲职压力下残疾儿童母亲亲子沟通方式的原因分析

与健全儿童父母相比，残疾儿童父母承受了更大的压力，而残疾儿童母亲作为孩子的最主要照顾者，她们不仅要扮演母亲的角色，处理好亲子关系，还要承受来自社会的异样眼光、家庭的重担和维持夫妻关系的压力，这些都给她

们带来了很大的亲职压力，同时她们还缺少宣泄的渠道。我们在研究中发现，7位母亲大都不知道亲子沟通是什么，经研究者解释为“平时如何与孩子交流”后方才明白，可见她们对亲子沟通的了解非常有限。研究结果也的确表明她们与孩子的沟通较少，主要是采用传统的沟通方式，亲子间的亲密程度相对较低，亲子交往的频率也较低；亲子沟通的方式以关系定向为主，多为放任型和保护型，观念定向和多元型的沟通方式几乎没有。残疾儿童母亲之所以在亲职压力下表现出这些亲子沟通方式方面的特点，主要有以下几点原因。

第一，残疾儿童母亲相较于其他父母承受了更大的亲职压力，其压力源来自家庭经济负担、家庭中的婆媳和夫妻关系、自身心理特征、子女教育和社会大众，并会影响亲子沟通方式。性格较好、懂得自我解压的母亲压力较小，如HH妈妈在压力太大时会出去逛街，放松一下心情；而其他几位母亲大都选择憋在心里，觉得自己命该如此，或者将气撒在孩子身上、打骂孩子，但事后又很后悔，不停地自责。夫妻关系不和谐与家庭经济压力大在亲职压力中占了很大比例，并且会影响亲子沟通，导致母亲将较少的注意力放在亲子沟通上，形成不良的亲子沟通模式。

第二，受中国传统教育的影响，大部分残疾儿童母亲的教育方式相对比较单一，对特殊教育领域的知识还知之甚少，母亲不知道该怎样教育孩子，也不知道如何与孩子沟通，往往采取忽视和放任的态度。在叙事中，7位母亲都表示，在把孩子送到特殊教育学校之前，她们根本不知道特殊教育学校是什么，并且有5位母亲表示平时不知道该怎样教孩子，觉得孩子智力有障碍、表达有问题，但对具体该怎样改善表示很迷茫，只有2位母亲在尝试自己教孩子，其中1位母亲开始学习特殊教育知识，学习该怎样帮助孩子，但也还处于摸索阶段。因此，残疾儿童父母与孩子在亲子沟通上还有很大的不足，孩子对父母的依恋关系不恰当，亲子沟通频率低，放任型亲子沟通居多，父母在孩子的发展上更多采取的是忽视态度，对孩子的期望多是让孩子能够生活自理，态度不够积极，只是希望孩子在学校能得到教育，能学到多少算多少。

第三，在发现孩子的问题后，父母有一种侥幸心态，希望孩子能慢慢好转，因此错过了最佳的康复期。有的父母在孩子刚出生不久时就发现了孩子的问题，但觉得等孩子大了问题就会慢慢消失，对其也就没有重视；也有孤独症儿童父母在发现孩子有问题之后带孩子做了相关检查，但没有进一步了解如何改善孩子的问题，也没有将孩子送到康复机构进行训练，自己在家也没有采取措施，就等孩子到入学年龄时将其送入特殊教育学校，希望学校帮忙教育。这样的心态导致家长错失了对孩子进行早期家庭教育和康复训练的时机，不能主动地与孩子建立良性的沟通方式。

第四，残疾儿童家长之间很少交流和沟通，基本上不分享教养经验和压力应对方式，相互没有交集。在本次研究所选取的这所寄宿制特殊教育学校中，大多数家长是为了不让孩子添麻烦而把孩子送到学校，除了月假外平时很少到学校，家长基本上也不聚集在一起讨论问题，大多数母亲表示知道孩子有障碍，但不知道如何做，也有母亲开始学习相关知识，但只是自己在摸索，单打独斗，没有和其他家长进行交流。家长之间缺乏相互支持，也得不到经验上的借鉴，因此，亲子沟通方式的改善和亲子沟通质量的提升就更难了。

六、残疾儿童父母改善亲子沟通关系的建议

（一）父母要树立正确的亲子观念

残疾儿童父母在认识到孩子的障碍之后，要积极通过各种途径，如查阅相关资料、咨询专业人士等了解和学习相应的改善方法，并切实加以实施，而不是将孩子完全托付于学校，自己完全不参与教育，这会导致孩子在学校取得的进步在回家之后得不到强化，造成孩子的能力进步缓慢甚至出现倒退。父母要树立正确的亲子观念，做到家校合作，共同为孩子的进步而努力。

（二）父母要注意与孩子建立良好的互动关系，以期寻求更好的教养方式

很多家长在发现孩子产生了某些不良行为时，没有去了解孩子的想法，自认为孩子的行为应该被制止，于是就直接采用自己的方法加以解决。孩子与父母之间互不理解，容易让孩子产生叛逆行为，从而增加了父母的亲职压力。残疾儿童的父母应该多和孩子交流互动，了解孩子的想法，并且可以常常和孩子谈心或一起参加亲子活动，从孩子的角度出发想问题，建立良性的亲子沟通关系。

（三）父母要积极调整心态

父母在家庭经济、子女教育、夫妻关系等方面的压力过大时，不能憋在心

里，要通过适当的方式，如聊天、逛街甚至哭泣等将其宣泄出来，不同家长之间也可以常常聚会谈心以减轻压力，并且寻求更多、更健康的适合自己的压力应对方式，必要时可以求助专业人士，而不能将负面情绪发泄到孩子身上，如打骂孩子。特别是母亲对于压力和负性情绪的感受可能更加敏感，如果母亲的压力过大而又不能得到及时宣泄，其身心健康就会受到极大影响，如果母亲将过大的压力发泄到孩子身上，这必定会损害孩子的身心健康，导致亲子沟通方式恶化，亲子关系疏离。

（四）维持夫妻关系和谐

家庭成员之间的相互团结和支持也是非常重要的，夫妻间如果有矛盾，可以一起坐下来进行沟通和交流，和平解决矛盾。夫妻双方只有统一观点、相互扶持，才能战胜眼前的困难，共同为孩子的进步而努力，而不能够采取吵架或暴力的方式加以解决。如果孩子父亲的脾气暴躁，采用暴力方式处理矛盾，这会给孩子母亲造成更大的压力，也不利于亲子间的沟通和孩子的进步。和谐的夫妻关系有助于残疾儿童父母缓解亲职压力，使其将更多的精力投入亲子沟通中，与孩子形成良性互动关系。

由于研究时间有限，参与本次研究的残疾儿童母亲均来自同一地区，研究对象的数量和类型还不够丰富，可能在研究的代表性上存在一定的局限性。我们在与残疾儿童父母的接触中的确发现，家庭经济条件较好、受教育程度较高的城市父母会更关心孩子的进步情况，经常与孩子进行沟通，愿意了解孩子的想法，也能考虑孩子的观点和感受，由此可见，城乡差异、父母的受教育程度等都会对亲子沟通产生影响。今后的研究可以增加更多类型的家长，包括父亲和母亲等扮演不同亲职角色的家长，以期更加全面地了解残疾儿童父母与孩子的亲子沟通方式。

第三节　游戏活动中家长与残疾儿童的亲子沟通特点

人际沟通对于儿童，特别是学龄前和学龄早期儿童来说具有重要的意义，是其语言能力、人际能力、模仿能力等各方面综合发展的助推器。对于残疾儿童而言，大部分的沟通情境是与父母产生的，因此亲子沟通就显得尤为重要。然而，受到家长的认知水平、人格、情绪等多方面因素的影响，现实中残疾儿童与家长之间的沟通往往很少并且低效。

亲子沟通是家长与孩子之间运用语言、眼神、表情或身体动作来表示、传递彼此的情感、态度或意见等信息的交流过程（徐云等，2013）。父母对子女的影响往往是以亲子沟通为途径实现的，在这一过程中，父母不仅可以了解孩子的心理状态，并且能够在适当的时候给予孩子正确的引导，促进孩子身心的健康成长。近年来，社会对残疾儿童教育与康复问题的关注度逐渐提高，但却忽视了残疾儿童与父母间沟通方式的相关问题研究，并且在实践教学的过程中，教师发现残疾儿童与家长的沟通方式具有很大的差异性，有必要进行深入的探讨。

我们之前使用叙事访谈辅以无结构观察的研究方法，考察了残疾儿童母亲的亲子沟通方式，在分析研究资料时发现母亲自述的与孩子的沟通方式与我们观察过程中其表现出来的亲子沟通方式有所不同。基于此，我们设计了亲子沙盘游戏活动，通过观察残疾儿童家长与孩子在游戏活动中的互动过程，揭示家长与残疾儿童之间亲子沟通的特点，不仅可以丰富残疾儿童亲子沟通的相关研究，而且有助于家长思考其亲子沟通的现状，使其及时发现并解决与孩子之间的沟通问题，为残疾儿童家长提高与孩子的沟通效果提供理论支持，这对于促进残疾儿童与父母之间亲子关系的调整和改善，以及残疾儿童家庭的和谐建设都具有重要意义。

一、研究对象与方法

（一）研究对象

我们在重庆师范大学教育康复中心招募了前来接受训练的 20 名残疾儿童及其家长作为研究对象，他们都来自重庆市主城区及周边各区县，儿童的障碍类型主要为孤独症和发育迟缓，年龄为 4～9 岁，有一定的语言沟通能力。儿童中，女生有 4 人，男生有 16 人；家长中，2 人为父亲，18 人为母亲。

（二）数据收集方法

我们采用非参与式的结构化观察法，在沙盘游戏室里观察家长与儿童开展亲子沙盘游戏活动的互动过程。我们将沙盘作为一种游戏活动的工具，残疾儿童及其家长在沙盘室内借助沙盘进行的互动是一种游戏活动过程，通过他们的游戏活动来探索残疾儿童家长与孩子之间的亲子沟通特点，首先设计好观察记录表，然后实施亲子沙盘游戏活动，拍摄游戏活动的视频，观看拍摄的视频并做记录，主要记录亲子双方的沟通频次、主要沟通方式及反应方式等。

（三）研究工具

1. 沙盘游戏工具

沙盘游戏工具主要包括沙箱、沙和沙具，沙箱尺寸为 57cm×72cm×7cm，置于及膝高的架子上，内侧被漆成蓝底，将沙子放置于沙箱内，沙具主要包含人物类、动物类、植物类、家居类、食物类、建筑类、休闲娱乐类、交通工具类等玩具模型。

2. 沟通方式记录表

我们参照李泽慧（2015）主编的《特殊儿童沟通与交往》一书中的沟通访谈表，结合沙盘游戏活动过程本身的特征，对访谈表进行了修改。首先将游戏中的亲子沟通分为家长主动沟通和儿童主动沟通两大类型，然后将家长和儿童在沟通中的反应行为分为有回应和无回应两种，其中有回应包括神态、语言、动作三个方面，即家长和儿童的沟通方式具体可分为神态、语言、动作、无回应四个维度，各个维度下又可分别细分为两个不同的方面：①神态，包括脸部表情和主动凝视；②语言，包括单词口语和复杂口语；③动作，包括亲近和手势动作；④无回应，包括自己活动和走开。沟通方式的分类及界定详见表 4-3。

表 4-3 沟通方式的分类及界定

沟通方式分类		定义
神态	脸部表情	各种表情，如笑、哭、愤怒等
	主动凝视	主动看对方或对方正在进行的活动，对看的时长无限制
语言	单词口语	单字或两个字，名词字数不限，“不要”“嗯”等口语也算在内
	复杂口语	三个字或三个字以上的非名词复杂口语，如“我不要”等
动作	亲近	主动靠近
	手势动作	各种用手来表现的动作，如推、拉、触摸、做手势等
无回应	自己活动	自己进行自己的活动，如自己玩沙具
	走开	离开自己原来所在的位置，走到一边

亲子沟通方式记录表主要分为家长主动沟通和儿童主动沟通两部分，表中第一部分记录家长主动发起沟通的次数、家长主动沟通行为的次数以及儿童的反应行为的次数，第二部分记录儿童主动发起沟通的次数、儿童主动沟通行为的次数以及家长的反应行为的次数。通过画“正”字的方式对家长和儿童的沟通行为和反应进行记录，出现一次行为记 1 分，若同时有几种行为出现，则在相对应的行为下面各记 1分。

（四）数据处理方法

首先通过描述性统计分析方法，分析残疾儿童家长主动沟通和残疾儿童主动沟通的行为频次，总结残疾儿童及其家长的沟通方式概况；其次通过斯皮尔曼等级相关分析方法，分析家长主动沟通情况下家长沟通方式和儿童反应之间的关系；最后利用非参数检验方法中的秩和检验方法，分析儿童反应在家长得分高低上是否具有显著差异。使用 SPSS19.0 统计软件对所有的数据进行处理和分析。

（五）研究程序

1. 招募研究对象，联系预约家长

在重庆师范大学教育康复中心招募研究对象，确定参与游戏活动的儿童和家长，与家长预约好进行沙盘游戏的时间并逐一登记。

2. 进行游戏活动并拍摄视频

逐一安排每对家长及儿童在特定的沙盘游戏室内，利用沙盘进行亲子游戏活动，不干涉儿童和家长的互动过程，对每组儿童及家长的游戏活动进行时长为 20 分钟的有效视频拍摄。

3. 观看视频并做记录

使用非参与式的结构化观察法，首先改编、设计亲子沟通方式记录表，确定编码方式，使其对儿童和家长都适用；然后观看视频，记录家长和儿童的沟通行为和反应，并对行为进行编码。

4. 分析数据

将亲子沟通方式记录表的编码结果录入 SPSS19.0，使用描述性统计、斯皮尔曼等级相关、秩和检验等统计方法处理和分析数据，得出结果。

二、家长主动沟通与儿童主动沟通各维度的描述性统计

为了具体了解家长主动沟通情况下家长的沟通方式及儿童的反应、儿童主动沟通情况下儿童的沟通方式及家长的反应，我们对家长主动沟通和儿童主动沟通的情况分别进行了描述性统计，具体结果见表 4-4 和表 4-5。

表 4-4 家长主动沟通各维度描述性统计

观察变量	min	max	*M*	*SD*
家长主动沟通次数	15	105	42.300	20.777
家长神态	8	73	28.100	16.949
家长语言	1	108	38.500	24.176
家长动作	13	115	38.050	20.559
儿童神态	1	41	14.050	10.018
儿童语言	0	61	12.000	15.987
儿童动作	4	30	14.850	7.686
儿童无回应	6	41	18.650	7.673
家长主动沟通行为	39	296	104.650	54.992
儿童回应行为	8	130	40.900	29.424

表 4-5 儿童主动沟通各维度描述性统计

观察变量	min	max	*M*	*SD*
儿童主动沟通次数	0	38	3.750	8.552
儿童神态	0	8	1.200	2.191
儿童语言	0	38	3.300	8.633
儿童动作	0	30	2.950	7.141
家长神态	0	17	1.900	4.115
家长语言	0	37	3.100	8.309
家长动作	0	26	2.300	5.823
家长无回应	0	2	0.300	0.571
儿童主动沟通行为	0	76	7.400	17.614
家长回应行为	0	79	7.000	17.803

表 4-4 中各项目的均值均大于表 4-5 中相对应项目的均值，家长主动沟通行为的得分均值为 104.650，远远高于儿童主动沟通行为的得分均值 7.400，表明在残疾儿童的亲子沟通中，家长主动沟通行为是主要表现形式。在家长主动

沟通的情况下，家长使用语言最多，使用神态最少；在儿童的反应中，儿童对家长的无回应反应最多，而在儿童对家长的回应行为中，动作最多，语言最少。在儿童主动沟通的情况下，儿童更偏向于使用语言，其次是动作，最后是神态；在家长的反应中，家长回应儿童时使用最多的是语言，其次是动作，最后是神态，而家长对儿童的无回应反应特别少，即当儿童进行主动沟通时，家长通常都会回应儿童。由于儿童主动沟通的情况比较少，部分儿童甚至没有进行主动沟通，而家长主动沟通的情况比较多，且更加复杂，有必要对家长主动沟通的情况进行更深入的分析。

三、家长沟通方式与儿童反应的相关性

为了探讨家长沟通方式与儿童反应的相关性，我们使用斯皮尔曼等级相关的统计方法，对家长主动沟通情况下的家长沟通方式与儿童反应的相关性进行分析，结果见表 4-6。

表 4-6　家长沟通方式与儿童反应的相关性分析

观察变量	儿童神态	儿童语言	儿童动作	儿童无回应	儿童回应行为
家长神态	0.356	0.367	0.427	0.441	0.468*
家长语言	0.824***	0.833***	0.676**	0.443	0.926***
家长动作	0.405	0.342	0.457*	0.871***	0.510*
家长主动沟通行为	0.737***	0.757***	0.721***	0.599**	0.878***

由表 4-6 可知，家长神态与儿童的神态、语言、动作、无回应的相关都不显著，家长语言和儿童无回应的相关不显著，家长动作与儿童的神态、语言的相关均不显著。

家长神态与儿童回应行为呈显著正相关（$p<0.05$）；家长语言与儿童的神态、语言、儿童回应行为都呈极显著的正相关（$ps<0.001$），与儿童动作呈非常显著的正相关（$p<0.01$）；家长动作与儿童动作呈显著正相关（$p<0.05$），与儿童无回应呈极显著的正相关（$p<0.001$），与儿童回应行为呈显著正相关（$p<0.05$）。可见，家长的语言沟通与儿童的回应行为的相关极高，家长的语言沟通越多，儿童在神态、语言、动作上的回应也就越多；而家长的动作沟通越多，儿童的无回应行为可能就越多。

家长主动沟通行为与儿童的神态、语言、动作都呈极显著的正相关（$ps<0.001$），与儿童回应行为呈极显著的正相关（$p<0.001$），与儿童无回应呈非常显著的正相关（$p<0.01$）。相比较而言，家长主动沟通行为与儿童回应行为的相关高于其与儿童无回应的相关。

四、儿童反应在家长沟通方式得分高低上的差异性检验

为了探究家长在神态、语言、动作三个维度上的得分高低对儿童反应是否有不同的影响，我们根据家长得分与平均分的对比，将其分为高分组和低分组，利用曼-惠特尼（Mann-Whitney）U 检验方法，对儿童反应在家长三个维度得分高低上的差异性进行了分析，结果如下。

（一）儿童反应在家长神态得分高低上的差异

儿童反应在家长神态得分高低上的差异见表 4-7。

表 4-7　儿童反应在家长神态得分高低上的差异

观察变量	秩均值		曼-惠特尼 U	威尔科克森 W	Z	p
	高分组	低分组				
脸部表情	12.940	8.880	28.500	106.500	−1.581	0.114
主动凝视	11.440	9.880	40.500	118.500	−0.582	0.560
单词口语	12.250	9.330	34.000	112.000	−1.097	0.273
复杂口语	12.560	9.130	31.500	109.500	−1.360	0.174
亲近	9.310	11.290	38.500	74.500	−0.741	0.459
手势动作	12.380	9.250	33.000	111.000	−1.164	0.244
自己活动	12.130	9.420	35.000	113.000	−1.005	0.315
走开	12.380	9.250	33.000	111.000	−1.166	0.244
儿童神态	11.630	9.750	3.000	48.000	−0.695	0.487
儿童语言	12.190	9.380	12.000	57.000	−1.056	0.291
儿童动作	11.000	10.170	13.500	58.500	−0.310	0.757
儿童无回应	12.750	9.000	28.000	73.000	−1.395	0.163
儿童回应行为	12.060	9.460	35.500	113.500	−0.965	0.334

由表 4-7 可知，儿童的神态、语言、动作、无回应在家长神态得分高低上的差异均不显著（$ps>0.05$），表明家长使用神态的沟通方式对儿童沟通反应的

影响不显著。

（二）儿童反应在家长语言得分高低上的差异

儿童反应在家长语言得分高低上的差异见表 4-8。

表 4-8　儿童反应在家长语言得分高低上的差异

观察变量	秩均值		曼-惠特尼 U	威尔科克森 W	Z	p
	高分组	低分组				
脸部表情	12.320	8.280	29.500	74.500	−1.595	0.110
主动凝视	14.770	5.280	2.500	47.500	−3.594	0.000
单词口语	14.000	6.220	11.000	56.000	−2.971	0.003
复杂口语	12.950	7.500	22.500	67.500	−2.192	0.028
亲近	12.640	7.890	26.000	71.000	−1.805	0.071
手势动作	13.820	6.440	13.000	58.000	−2.789	0.005
自己活动	13.090	7.330	21.000	66.000	−2.169	0.030
走开	10.090	11.000	45.000	111.000	−0.344	0.730
儿童神态	12.610	8.770	3.000	48.000	−3.537	0.000
儿童语言	13.910	6.330	12.000	57.000	−2.887	0.040
儿童动作	13.770	6.500	13.500	58.500	−2.743	0.006
儿童无回应	12.450	8.110	28.000	73.000	−1.641	0.101
儿童回应行为	14.820	5.220	2.000	47.000	−3.611	0.000

由表 4-8 可知，在儿童的神态、语言、动作、无回应、回应行为中，只有无回应在家长语言得分高低上无显著差异（$p>0.05$），神态、语言、动作、回应行为在家长语言得分高低上均有不同程度的显著差异，具体表现如下。

在儿童神态上，Z 值为−3.537，$p<0.001$，说明儿童神态在家长语言得分高低上有极其显著的差异；在儿童语言上，Z 值为−2.887，$p<0.05$，说明儿童语言在家长语言得分高低上有显著差异；在儿童动作上，Z 值为−2.743，$p<0.01$，说明儿童动作在家长语言得分高低上有非常显著的差异。进一步比较儿童的神态、语言、动作分别在家长语言高分组和低分组的秩均值，发现高分组的秩均值均大于低分组的秩均值，说明喜欢使用语言沟通的家长得到的儿童在神态、语言、动作上的回应要比不喜欢使用语言沟通的家长更多。

具体分析，在儿童神态中，脸部表情在家长语言得分高低上无显著差异

（$p>0.05$），说明家长语言得分高低对儿童脸部表情的影响不显著。主动凝视的 Z 值为−3.594，$p<0.001$，说明主动凝视在家长语言得分高低上有极显著的差异，经比较发现，高分组的秩均值大于低分组的秩均值，说明喜欢使用语言沟通的家长得到儿童的主动凝视要比不喜欢使用语言沟通的家长更多。

在儿童语言中，单词口语的 Z 值为−2.971，$p<0.01$，说明儿童单词口语在家长语言得分高低上有非常显著的差异；复杂口语的 Z 值为−2.192，$p<0.05$，说明儿童复杂口语在家长语言得分高低上的差异显著。经比较，儿童单词口语和复杂口语在家长语言高分组的秩均值均大于低分组的秩均值，说明喜欢使用语言沟通的家长得到儿童单词口语和复杂口语的回应都要多于不喜欢使用语言沟通的家长。

在儿童动作中，亲近在家长语言得分高低上无显著差异（$p>0.05$），说明家长语言得分高低对儿童亲近的影响不显著。手势动作的 Z 值为−2.789，$p<0.01$，说明手势动作在家长语言得分高低上有非常显著的差异，高分组的秩均值大于低分组的秩均值，说明喜欢使用语言沟通的家长得到的儿童手势动作回应要比不喜欢使用语言沟通的家长更多。

在儿童无回应行为中，走开在家长语言得分高低上无显著差异（$p>0.05$）。自己活动的 Z 值为−2.169，$p<0.05$，说明自己活动在家长语言得分高低上的差异显著，高分组的秩均值同样大于低分组的秩均值，说明相比不喜欢使用语言沟通的家长，喜欢使用语言沟通的家长的儿童的无回应行为会更多地表现为儿童自己活动。

（三）儿童反应在家长动作得分高低上的差异

儿童反应在家长动作得分高低上的差异见表 4-9。

表 4-9 儿童反应在家长动作得分高低上的差异

观察变量	秩均值		曼-惠特尼 U	威尔科克森 W	Z	p
	高分组	低分组				
脸部表情	10.780	10.270	47.000	113.000	−0.200	0.842
主动凝视	12.440	8.910	32.000	98.000	−1.338	0.181
单词口语	11.780	9.450	38.000	104.000	−0.887	0.375
复杂口语	12.000	9.270	36.000	102.000	−1.096	0.273

续表

观察变量	秩均值		曼-惠特尼 U	威尔科克森 W	Z	p
	高分组	低分组				
亲近	12.670	8.730	30.000	96.000	−1.498	0.134
手势动作	13.110	8.360	26.000	92.000	−1.796	0.073
自己活动	13.170	8.320	25.500	91.500	−1.827	0.068
走开	13.940	7.680	18.500	84.500	−2.373	0.018
儿童神态	12.610	8.770	30.500	96.500	−1.455	0.148
儿童语言	12.000	9.270	36.000	102.000	−1.039	0.299
儿童动作	12.670	8.730	30.000	96.000	−1.489	0.137
儿童无回应	15.220	6.640	7.000	73.000	−3.244	0.001
儿童回应行为	13.000	8.450	27.000	93.000	−1.711	0.087

由表 4-9 可知，在儿童的神态、语言、动作、无回应四个维度中，只有无回应在家长动作得分高低上的差异显著，儿童的回应行为在家长动作得分高低上的差异不显著，具体表现如下。

儿童无回应的 Z 值为−3.244，$p<0.01$，说明儿童无回应在家长动作得分高低上的差异非常显著，其中家长动作高分组儿童无回应的秩均值大于低分组的秩均值，说明喜欢使用动作沟通的家长得到的无回应要比不喜欢使用动作沟通的家长更多。

在儿童无回应行为中，自己活动在家长动作得分高低上无显著差异（$p>0.05$）。走开的 Z 值为−2.373，$p<0.05$，说明走开在家长动作得分高低上有显著差异，经比较可知，高分组的秩均值大于低分组的秩均值，说明相比不喜欢使用动作沟通的家长，喜欢使用动作沟通的家长的儿童出现走开的无回应情况会更多。

五、残疾儿童家长亲子沟通特点的分析

（一）残疾儿童及家长主动沟通的特点

通过对家长和儿童主动沟通的描述性统计分析可以发现，家长主动沟通各维度沟通方式的均值都大于儿童主动沟通相应维度沟通方式的均值，说明残疾儿童与其家长的沟通通常是由家长主动发起的，儿童很少进行主动沟通，并且

家长在主动沟通中使用语言最多，使用神态最少，儿童无回应最多，儿童回应中的动作最多，语言最少。在儿童主动沟通中，儿童使用语言最多，使用神态最少，家长回应中的语言最多，神态最少。这说明家长的沟通方式符合一般人的沟通规律，使用语言较多。但是家长使用神态较少，可能是因为在游戏过程中，家长的注意力被沙具或正在进行的活动所吸引，从而对儿童的注意较少。儿童主动沟通使用语言较多，可能是因为儿童有向家长求助的意图，使用神态最少与儿童自身的特征相符合，因为研究对象主要为孤独症儿童，对外界的关注比较少。

（二）家长主动沟通与儿童回应的关系

家长神态与儿童的神态、语言、动作、无回应的相关都不显著，表明家长使用神态沟通得到的儿童各种方式的回应都比较少，这可能是由于儿童自身的注意力缺陷或儿童被正在进行的活动所吸引，对于神态这种无声的沟通方式的关注比较少。

家长语言与儿童的神态、语言及儿童回应行为都呈极显著的正相关，与儿童动作呈非常显著的正相关，说明当家长使用语言进行沟通时，儿童常会以神态、语言、动作加以回应，回应方式较丰富且频次较多，因而语言是残疾儿童与其家长进行沟通的有效方式。这可能是因为对于这些残疾儿童来说，语言刺激会更加直接，他们可以直接听到并且理解相应内容，进而做出反应。

家长动作与儿童神态、语言的相关都不显著，与儿童动作呈显著正相关，与儿童无回应呈极显著的正相关，与儿童回应呈显著正相关，说明家长在用动作进行沟通时得到儿童动作的回应比较多，同时儿童的回应和无回应行为都比较多。其中家长动作与儿童无回应的相关系数为 0.871，而与儿童回应的相关系数为 0.510，表明家长使用动作沟通时，儿童既有回应行为，也有无回应行为，但更倾向于无回应。这可能与儿童本身的注意力缺陷有关，儿童对家长动作的注意比较少，所以回应少，还可能是因为儿童不明白家长动作的含义，所以无法做出回应，或者儿童不想回应。

（三）家长沟通方式对儿童回应的影响

儿童的神态、语言、动作、无回应在家长神态得分的高低组上的差异均不显著，说明家长神态的沟通方式对儿童回应的影响不大，这可能跟研究对象的身心特点有关。研究对象大多数是孤独症儿童，受注意力、认知水平等因素的影响，其对外界的关注比较少，所以儿童可能不会注意到家长在用神态进行沟通。

在儿童的神态、语言、动作、无回应中，只有无回应在家长语言得分的高低组上无显著差异，儿童的神态、语言、动作在家长语言得分的高低组上均有显著差异，会受到家长语言沟通的影响。喜欢使用语言沟通的家长比不喜欢使用语言沟通的家长得到的儿童神态、语言、动作的回应要更多，即语言高分组的家长获得的儿童回应较多，语言低分组的家长获得的儿童回应较少，由此可以看出家长使用语言进行沟通更能引发儿童的回应，且儿童的回应方式比较多样。这些儿童听力正常，和常人一样对声音刺激比较敏感，同时又具备一定的认知能力，能够理解家长的语言内容，所以语言刺激对他们来说可能更直接、更有效果。

值得注意的是，在儿童的神态、动作、无回应三个维度中，分别只有一种沟通方式在家长语言得分高低上有显著差异，而在儿童语言这一维度中，两种沟通方式在家长语言得分高低上均有显著差异，即单词口语和复杂口语在家长语言得分高低组上均有显著差异，语言得分高的家长得到儿童单词口语和复杂口语的回应更多，说明家长的语言对儿童语言的影响最为明显。

在儿童的神态、语言、动作、无回应四个维度中，神态、语言、动作在家长动作得分高低上的差异均不显著，可能是由于儿童的注意力和认知水平有限，儿童没有注意到家长正在用动作进行沟通，或者是儿童不明白家长动作的含义，从而无法做出反应。只有儿童无回应在家长动作得分高低上的差异显著，喜欢使用动作沟通的家长得到的无回应要比不喜欢使用动作沟通的家长更多。其中自己活动在家长动作得分高低组上无显著差异，而走开在家长动作得分高低组上有显著差异，即对于喜欢使用动作沟通的家长，儿童无回应中的走开行为比较多，可能是因为家长对儿童有较多的要求与指令，导致儿童产生抗拒心理，从而走开。

六、促进残疾儿童家长亲子沟通的建议

在残疾儿童与其家长的亲子沟通中，家长主动沟通多，儿童主动沟通少。

对于喜欢使用语言沟通的家长，儿童的神态、语言、动作回应都比较多，表明语言是家长与残疾儿童进行沟通的更好方式。对于使用动作沟通多的家长，儿童的无回应也多，并且家长使用神态沟通对儿童的回应几乎没有明显影响。基于此，家长在与残疾儿童的沟通过程中，可多运用语言进行主动沟通，创造互动情景，了解残疾儿童的身心特点和发展近况，同时运用一些手段诱发、鼓励孩子进行主动沟通，为儿童的主动沟通创造机会，培养他们的沟通意识，提高其人际交往能力。为了形成良好的亲子沟通关系，家长可以采用以下策略。

（一）定时沟通

定时沟通主要是保证家长与孩子在日常生活中每周或者每天有一定的时间进行沟通，可以事先设定好沟通内容，这样会促使孩子对家长形成信任，从而乐于说出自己的想法。

（二）耐心倾听

由于部分残疾儿童在表达上存在吐字不清、用词不当等问题，很多时候家长在不清楚孩子想要表达什么的时候，就会凭借主观意图判断孩子接下来的行为，并做出错误的反应，这样很可能会曲解孩子的意思，一旦引发他们的负面情绪，家长就会更加失去耐心，从而无法达到沟通目的。

（三）鼓励表达

由于家长在亲子沟通中占主导地位，家长能够把自己的情感、态度、想法传达给孩子，但是这种沟通是单向的，不利于双方互相了解。因此，家长不仅要提高主动发起沟通的行为频率，更要有意识地培养孩子的沟通意图，鼓励他们表达自己的情感、态度、想法，让他们愿意表达。

（四）包容异见

对于残疾儿童家长来说，残疾儿童由于自身障碍和认知水平的限制，难免会有一些奇怪或错误的观点，当这些观点出现时，家长需要具备一颗包容的心，如果只是一味地纠正儿童的观点，可能会使儿童对沟通产生回避心理。

（五）创设情境

家长使用语言进行沟通时，儿童的回应方式是最丰富的，因此在日常生活中，家长可以多使用语言沟通，如讲述一些带有问题的故事、分享日常生活等，并且在儿童主动发起沟通后做出积极回应或进行强化，提高与儿童之间的沟通质量。家长在使用其他沟通方式的时候可以和语言沟通方式并用，使儿童能够通过多种方式接收信息，增强沟通效果。

第五章　家庭功能对残疾儿童家长的影响

如果说亲子沟通是家长和孩子之间的桥梁，那么家庭环境则是家长和孩子共同生存的生态系统，为家长和孩子提供了共同的环境背景。如果一个家庭中有残疾儿童，那么这个家庭会比没有残疾儿童的家庭经历更多的困难，其家庭成员也会因为残疾儿童的出生承受更多经济、心理和身体上的负担，同时还会打破家庭固有的模式，家庭的不稳定性增加，家庭成员之间的紧密联系程度下降，家庭功能减弱，常使得残疾儿童家庭难堪重负。当前西方大多数发达国家在残疾人的焦点问题上强调家庭参与的家庭辅助模式、家庭合作模式、生态学结构主义等新理念，出现了从“以残疾儿童本人为中心”到“以残疾儿童家庭为中心”的转型（金炳彻，张金峰，2014）。这一转型必然会使特殊教育的工作者和研究者更加重视残疾儿童的家庭生态系统，为其提供以残疾儿童所在家庭全部成员为中心的家庭支持，促进其家庭功能的增强，使残疾儿童获得更多的福利，过上更高质量的生活。因此，我们在研究残疾儿童的心理健康和家长的亲职压力时，也是不可能脱离家庭这个背景的。家庭是残疾儿童与其家长共同生活的环境系统，残疾儿童的生存和成长对家庭保障功能的依赖性更强，家庭内部成员之间的亲密关系、应对能力、家庭凝聚力、复原力等良好功能性要素无疑对于家长亲职压力的缓解和耐受，以及残疾儿童心理健康的维护等都有重要的积极作用，家庭功能所发挥的中介效应会减轻亲职压力对残疾儿童心理健康的消极影响。本章首先概述了家庭功能的相关研究成果，然后探讨了家庭功能与家长生活满意度的关系，最后以脑瘫儿童这一特殊类型的障碍儿童家长为对象，研究他们的压力应对方式与家庭功能的关系，目的在于了解残疾儿童家庭功能的影响因素，以利于进一步理解家庭功能在亲职压力与残疾儿童心理健康关系中的中介作用机制。

第一节　家庭功能的研究现状

一、家庭功能

目前关于家庭功能的研究非常多，家庭功能这一概念已经比较成熟，主要涉及医学和教育心理学两大领域，主要对象为家长、各个年龄阶段的学生、癌症病人、产妇等人群，而我国则主要涉及疾病患者、工人、各个年龄阶段的学生、老年人等研究对象，多数研究将其作为一个中间变量来探讨其与其他变量的关系。

（一）家庭功能的概念及其结构

“家庭功能”这一概念在 20 世纪 70 年代被提出，但自提出之后，各研究者对家庭功能的定义却不尽相同，在此基础上提出的构成成分也有所差异，目前主要有两种取向的定义。

一种是结构取向的定义，主要以奥尔森和比弗等的观点为代表，他们均是根据家庭的具体特征来定义家庭功能的。奥尔森（Olson，2000）将家庭功能界定为家庭系统中家庭成员在情感联系、家庭规则、家庭沟通以及处理外部事件上的有效性，认为家庭实现其基本功能的结果与其亲密度和适应性之间是一种曲线关系，亲密度和适应性过高或过低都不利于家庭功能的发挥，平衡家庭比不平衡家庭的功能发挥得更好，其中家庭亲密度是指家庭成员之间的情感联系，适应性是指家庭体系随家庭处境和家庭不同发展阶段出现的问题而做出相应改变的能力。比弗和汉普森（Beavers & Hampson，2000）则用家庭的关系结构、反应灵活性、家庭成员交往质量来表示家庭的功能，认为家庭功能与家庭系统的应变能力相联系，并将其分为两个维度：一是家庭在关系结构、反应灵活性等方面的特征；二是家庭成员的交往质量。

另一种是过程取向的定义，主要以米勒和斯金纳等的观点为代表，他们均是以家庭完成的任务来定义家庭功能的，即家庭的基本功能是为家庭成员生理、心理、社会性等的健康发展提供一定的环境条件，家庭系统必须完成一系列的任务来实现这一基本功能，如满足个体在衣、食、住、行等方面的物质需要，适应并促进家庭及其成员的发展，应付和处理各种家庭突发事件等（Miller et al.，2000；Skinner et al.，2000）。基于过程取向的理解，米勒等（Miller et al.，2000）认为，家庭功能的质量主要包括问题解决能力、沟通、家庭角色分工、情感反应能力、情感卷入程度和行为控制六个方面。其中问题解决能力是指一个家庭在维持有效的家庭功能水平时解决问题的能力，沟通是指家庭成员间信息的交流，家庭角色分工是指家庭成员间对自己要做的事情的明确性，情感反应能力是指家庭成员相互表露情感的能力，情感卷入程度主要指家庭成员在遇到问题时的共同参与和相互关心的程度，行为控制主要指家庭成员对问题所采取的一种行动。斯金纳等（Skinner et al.，2000）也提出家庭功能包括任务完成、角色作用、沟通、情感表达、卷入、控制和价值观，其中任务完成是核心，但只有七个维度有机结合在一起，才能更好地发挥家庭功能的作用。

（二）家庭功能的影响因素

家庭功能的相关研究在国内外均有很多，当然，影响家庭功能水平的因素也有很多，如社会经济地位、压力水平和家庭结构等。例如，谌静等（2013）的研究表明，子女数量以及儿童被诊断的时间是影响白血病患儿家庭功能的因素。国外研究显示，单亲家庭的儿童比完整家庭的儿童有更多的家庭问题，家庭功能更差（Bernstein & Borchardt，1996）。方晓义等（2004）将影响家庭功能的因素划分为横向和纵向两类，横向因素主要包括家庭关系和结构、社会经济地位，纵向因素包括每位家庭成员在各个阶段的亲密性和适应性。池丽萍和辛自强（2001）认为，家庭在发展的某些阶段会面临一些突发事件，如离异、家庭成员死亡等，这些变故可能会使家庭成员间的关系发生改变或使家庭成员出现新的适应，从而影响家庭功能。

除了以上有关前因变量的研究外，家庭功能水平对一些社会-心理的后果变量也有影响。例如，国外有研究者将孤独症儿童家长和健全儿童家长进行对比，结果发现，孤独症儿童家长会遇到更多的家庭问题，如婚姻问题和家庭功能失调等，进而会出现更多的心理困惑（Gau et al.，2012）。另有研究者对65名孤独症儿童家长进行了调查研究，结果发现，与环境相关的因素，如家庭功能和教养方式，会对他们自身的心理调整产生显著影响（Mohammadi & Zarafshan，2014）。王玉龙等（2017）的研究结果表明，留守儿童的情绪调节能力在其亲子依恋与情绪健康之间起部分中介作用，而家庭功能对情绪调节能力的中介作用有显著的调节效应。吉彬彬等（2013）对湖南省 15 所孤独症康复中心的孤独症儿童家长进行了调查研究，结果表明，家庭功能较好的孤独症儿童家长获得的社会支持较多，并且更倾向于采取积极的应对方式面对困难。由上述文献可见，家庭功能对儿童和家长的影响非常大，包括心理健康、压力感知、生活质量和社会支持等方面，是家庭生活中不可缺少的一部分，良好的家庭功能除了有助于自身的发展外，还有助于缓解整个家庭的关系，可见家庭功能对一个家庭尤其是残疾儿童家庭是非常重要的。

（三）家庭功能与压力和压力成长

目前国内外均有研究表明社会支持对残疾儿童家长有重要影响，而家庭功能在某种意义上更像是家庭成员间的内部支持，这种内部支持往往比宽泛意义上的社会支持更为重要，会显著影响特殊家庭里家长的压力感受和压力成长。例如，研究表明，孤独症儿童母亲在与丈夫和孩子交流沟通不良的家庭环境下会面临更多的压力（Johnson & Simpson，2013）。陈丽萍等（2017）的研究表明，家庭功能是母亲亲职压力的重要预测因素，良好的家庭功能有助于缓解极低/超低出生体质量儿母亲的亲职压力，其中主干家庭发挥了良好的家庭功能。吕桃等（2015）的研究也表明，孤独症儿童父母的压力与儿童年龄及家庭功能呈正相关，家庭功能越差，父母承受的亲职压力越大。可见，良好的家庭功能有助于缓解残疾儿童家长的亲职压力。

此外，已有越来越多的研究发现，家庭功能与个体的压力成长有密切关系。例如，研究表明，家庭相关因素，尤其是家庭关系比应对方式对创伤后成长水平的预测作用更显著（Svetina & Nastran，2012）。创伤性脑损伤青少年幸存者的家庭成员关系和应对策略均能预测其创伤后的成长水平（Di Battista et al.，2014）。李玉丽（2016）的研究同样发现，家庭弹性水平与创伤后的成长水平呈显著正相关。因此，社会支持不仅包括同事、朋友和邻里的支持，更重要的是家庭成员间的支持，家庭成员间的良好关系、相互支持以及高凝聚力水平会让残疾儿童家长在养育孩子的过程中感受到更多的成长，此时的家庭成员不是相互抱怨和指责，而是齐心协力共同养育孩子，在这样一种良好的家庭环境氛围里，残疾儿童家长会成长得更快。确实有研究表明，家庭功能与压力成长呈显著正相关，即家庭功能越健康，压力成长水平越高（Ho et al.，2011）。

二、家庭复原力

家庭复原力（family resilience）是家庭功能的适应性指标，也是良好家庭功能的具体体现，尤其是对于残疾儿童的家长，他们在经历困难和挫折的家庭事件后所表现出的整个家庭的复原力直接反映了家庭的功能状态，会影响家庭环境这一生态系统中家长与儿童的身心健康和生活质量。

（一）家庭复原力的概念

20 世纪 70 年代，心理学家安东尼（Anthony）对一些在特殊家庭环境下成长的孩子进行了研究，发现他们的父母虽然患有精神疾病，但这些孩子却能在后天发展出良好的适应能力，安东尼将这些儿童称为“适应良好的儿童”。自此以后，研究者开始关注那些虽然生活在劣势条件下却能得到较好发展的人群，并将这种可以在不良情境中发挥出顽强的力量，克服困境与压力并且恢复原有正常生活的能力称为“resilience”。

目前，我国研究者对“resilience”一词的中文翻译存在差异，有的译为“心理弹性”，有的译为“韧性”，有的译为“抗逆力”。还有研究者把它翻译为“复原力”，意指个体能够从灾难性事件中成功地恢复过来，并获得成长或新生（贾普君，2011）。我们认为“复原力”一词更接近“resilience”的本质内涵，且易于理解，因此采用了“复原力”这种译法。当前研究者对家庭复原力这一复杂的概念尚未有统一的定论，目前存在以下几种不同的研究取向。

1. 特征或性能取向

这一研究取向认为，家庭复原力是一种个体和家庭单位在压力与逆境下展现出的积极的行为模式和功能。家庭复原力概念主要包括两个方面的内涵：一是家庭成员在应对和处理家庭问题的过程中所形成的有助于家庭更加和谐的一种能力，即家庭保护因素；二是包括家庭控制、家庭组织、家庭整合、家庭支持在内的一系列家庭功能要素，这些要素连同家庭娱乐取向、自尊、乐观和家庭优势，共同组成了家庭恢复因素（Walsh，2013）。戴艳（2008）将家庭复原力的概念定义为一个家庭整体具有的或是通过学习后可以获得的某种特质，当面对逆境时，家庭复原力内部所包含的因子构成会帮助家庭发展出一种能力，以应对并适应逆境。

2. 过程取向

这一研究取向认为，家庭复原力是家庭应对压力和适应环境的一种过程，并将家庭复原力看作一个动态变化的、不断发展的且具有突然性的过程，即随着时间的推移，家庭的复原能力取决于环境的变化，而不是静态的或无变化的。可以说，家庭复原力是家庭作为一个整体单元，在经历压力与挫折时所展现出的应对与适应能力的过程。家庭复原力有两个重要的发展过程，即家庭处于明显的压力或风险之中，以及家庭能够运用内外资源，积极地进行调适，以达到某种程度的适应与平衡（Patterson，2002）。冯跃（2014）认为，家庭复原力就是将家庭作为一个实体功能单位，在应对内部和外部逆境时展现出的以家庭良好发展为目的的关系建构过程，以促进家庭的持续健康发展。

3. 结果取向

这一研究取向认为，家庭复原力是家庭为追求更美好的目标，向更正向、更积极的结果努力。复原力包括个体、家庭、社会等多水平，且不会单独作用产生影响，多以彼此相互独立存在但又相互影响的形式出现，而家庭复原力是指家庭利用各种资源和内外力量应对压力和困境时的反应（蒋林洁，2011）。赵西西（2016）认为，家庭复原力是建立在以能力为基础、以优势为导向的家庭模式基础上的，是家庭在遭遇负性事件时表现出的对抗与复原力量。

综合多种取向，家庭复原力的定义包括三个共同的特点：第一，将家庭看作一个整体的单元；第二，家庭处于某种压力或逆境情景下；第三，家庭可以发展出一种对抗能力，以适应该压力或逆境情景。相对而言，过程取向的定义对家庭复原力的理解更为深刻，不仅强调了特征或性能取向的功能性，同时也说明了家庭复原力产生的动态性和相互作用过程。因此，我们根据已有定义，认为家庭复原力是以家庭为一个整体单位，在处理某种压力或逆境情景时所展现出来的共同对抗压力或良好适应，并获得良好发展的动态过程。

（二）家庭复原力的理论模型

1. ABC-X 模型

20 世纪 40 年代，希尔（Hill）基于家庭系统理论研究了家庭如何调整因战争引发的分离与团聚，形成了 ABC-X 模型，也称家庭危机模型。该模型主要包括四个要素："A"（the event/stressor）指压力源事件，是潜在的能够造成个体和家庭的现有状况发生改变的事件；"B"（the family's resources for meeting the crisis）指家庭在遭遇压力事件时的应对力量和应对资源，包括家庭成员的个人资源、家庭的整体资源和源于外界社会的支持资源；"C"（the family's definition of the event）指家庭在遭受到压力事件后对该事件的定义或理解，这决定了家庭对该压力事件严重程度的评价；"X"（the crisis）指压力事件的危机或严重程度，当家庭最初的平衡状态受到冲击后，其必定会发生一些改变，从而形成压力。此时，家庭能否赋予这一压力事件积极意义，决定了家庭对该事件的承受能力（Becvar，2013）。

2. 双重 ABC-X 模型

麦卡宾和帕特森（McCubbin & Patterson，1983）在修订希尔的 ABC-X 模型的基础上提出了 Double ABC-X，即双重 ABC-X 模型。他们在原有模型的基础上增加了四个变量："aA"是累积的压力，指当家庭同时受到一种以上的压力事件的冲击时，新产生的压力事件会使家庭对先前未解决的压力事件的感受变得更加强烈；"bB"指因变化的压力而产生的新的资源；"cC"指家庭对危机、压力事件、现有和新资源的界定或再认识。在对危机和压力进行重新界定时，如果家庭可以积极地应对压力事件，将该事件当成是一种促进家庭进步的动力，那么家庭成功战胜困境与危机的概率就会大大提升，反之，则会使家庭长期处于压力事件的负性影响下；"xX"指家庭在前面多种条件的共同作用下产生的积极或消极应对，多指的是在压力事件下家庭整体的适应需求和家庭内部成员间进行调适的动态均衡关系。

3. 家庭压力调节与适应模型

20 世纪 90 年代以来，麦卡宾等进一步修订了双重 ABC-X 模型，将对复原力的研究正式归到家庭生态系统模型的建构内容下，通过研究家庭适应与调整逆境的关系，形成了更加严密的家庭复原力作用模型，即家庭压力调节与适应模型，调整和丰富了家庭复原力的动态结构模型。在遇到压力事件时，该事件会促使家庭进行调整和适应，让家庭成员可以从这一不良情境中提高复原能力（Becvar，2013）。在这个模型中，家庭面对的压力事件会出现调整和适应两个阶段，调整是指家庭面临压力事件时，只要稍作改变就可以恢复正常运作，但如果家庭在做出微小改变后仍无法处理压力事件，则家庭将进入适应阶段，通过学习新的方式以应对危机状况。

4. 家庭复原力过程模型

沃尔什（Walsh，2013）结合近年来的研究成果和观点，以期揭示家庭在复原中的关键转化过程，希望能有效地协助家庭的运作与复原。他指出，家庭在面临压力时，会对过程的复杂性感到不知所措，于是他将这些过程组织成三个家庭运作领域：①家庭信念系统，主要包括家庭内部各成员间要在遇到压力事件后分享彼此对这一事件的理解和看法，并对这一事件的积极面进行分析；②家庭组织模式，包括家庭在应对压力事件和逆境时具有的灵活性，以及利用外界社会及经济资源的能力；③家庭沟通过程，包括家庭成员间对矛盾观点的解释和澄清，彼此间能够开放地表达任何情绪，并且可以通过合作解决遇到的问题。当一个家庭遇到逆境与危机时，上述三个因子相互作用，形成对抗危机的家庭复原力。

5. 家庭复原力关键因素结构模型

戴艳（2008）在结合我国国情的前提下，提出了符合我国本土情况的家庭复原力关键因素结构模型。此模型包括家庭信念和家庭力量两个主要模块，家庭可以通过运用家庭信念与家庭力量去应对和调节家庭所面对的压力，以达到适应环境的结果。其中，家庭信念包括困境解读、正向前瞻和生活卓越三个关键因子，主要作用于家庭在遇到困境与危机时，尝试用有意义的、可理解的方式诠释困境，乐观地看待遇到的生活事件和逆境，并能通过家庭内部形成的一系列具有仪式感的行为来改善家庭生活质量，促进家庭成长。

（三）家庭复原力的研究现状

国外对复原力的研究开始得较早，经过不断发展，逐渐把研究视角从个体复原力转向以家庭为整体单元的家庭复原力，并构建出一系列家庭复原力的理论模型，涉及较为广泛的研究领域和比较丰富的研究内容，研究对象也从早期研究危机情况下的青少年开始，慢慢扩展到更多群体，包括各类条件不良的家庭，如残疾儿童家庭、慢性病患者家庭、精神疾病患者家庭、军人家庭、黑人家庭、贫困家庭和药物依赖者家庭等。在2008年以前，国内关于家庭复原力的研究很少，之后逐渐有更多的研究者开始关注家庭复原力，尤其是残疾儿童家庭的复原力。

关于残疾儿童家庭复原力的研究，在儿童的障碍类型上，研究者关注的对象主要有孤独症谱系障碍儿童、听觉障碍儿童、脑瘫儿童、智力障碍儿童、唐氏综合征儿童等。例如，普拉姆（Plumb，2011）从社会支持的角度出发，研究了孤独症谱系障碍儿童父母的压力和家庭复原力。贝科特（Bekhet，2012）等对有关孤独症谱系障碍儿童家庭成员复原力的22项研究进行了回顾，综述了家庭复原力的相关保护因素和危险因素。阿勒特和格雷夫（Ahlert & Greeff，2012）基于麦卡宾的家庭压力调节与适应模型，研究了54名听觉障碍儿童家庭的复原力发展。麦康奈尔和萨维奇（McConnell & Savage，2015）论述了智力障碍儿童家庭的压力与复原力。崔和尤（Choi & Yoo，2015）采用问卷调查的方法，调查了126名唐氏综合征儿童家庭复原力的影响因素，并提出了相应的干预建议，以降低唐氏综合征儿童父母的抑郁水平，增强家庭的凝聚力和沟通能力。在国内，郑林英（2010）对听觉障碍儿童的家庭复原力现状进行了研究，彭婷等（2018）综述了孤独症儿童家庭弹性的研究现状，赵西西（2016）研究了脑瘫儿童家庭复原力的影响因素和干预模式。

我国对复原力的研究多倾向于从个体角度出发，研究个体心理复原力，少有研究将家庭作为一个整体单元来探讨其复原力，因此前期对家庭复原力的研究相对缺乏，但处于持续发展中。对比国内外有关家庭复原力的研究现状，存在以下特点：第一，从研究理论来看，国外关于家庭复原力的理论已经发展得较为成熟，并依据理论开发出了一系列评量工具；而我国目前关于家庭复原力的研究大多是基于国外已有的理论架构，创新性不够，缺乏符合我国本土社会文化背景的系统理论。第二，从研究学科来看，国外对家庭复原力的研究涉及多个学科，且学科间还有交叉研究的倾向；而我国当前研究还主要局限于某一学科范畴内，多从社会学或护理学角度出发研究家庭复原力，研究的范围不够宽广，不利于研究向着更深、更广的领域发展。家庭复原力是一个涉及心理学、教育学、社会学等多学科联合作用的概念，应当扩展更多元化的研究视野，将家庭复原力的概念运用于多学科中。第三，从研究方法来看，国外研究家庭复原力比较注重定性与定量相结合的方法；而我国现有研究多是对家庭复原力进行定性分析，少部分研究采用了定量方法进行研究，但其样本量较小，调查范围较窄，样本的代表性不够。对于残疾儿童家庭复原力的研究，目前我国研究者多是从现状和影响因素的角度进行分析，相对缺乏针对残疾儿童家庭复原力的系统的干预研究，并且研究对象主要涉及孤独症儿童、听觉障碍儿童、智力障碍儿童和脑瘫儿童的家庭，残疾儿童的障碍类型还需不断丰富，以便为增强不同类型残疾儿童家庭的复原力提供切实有效的干预策略。

第二节　残疾儿童家庭功能与家长生活满意度的关系

随着全球经济的快速发展，人们的生活质量在不断提高，积极心理学（positive psychology）已成为当代心理学研究的一大热点，人们对生活满意度也越来越重视。生活满意度是个体基于自身设定的标准，对其大部分或一段时间的生活质量所做出的主观评价（Shin & Johnson，1978），可以分为两种，即一般生活满意度和特殊生活满意度。其中一般生活满意度是指个体对生活质量的总体评价，特殊生活满意度是指个体对不同生活领域的具体评价，如家庭满意度、学校满意度、社区满意度等。生活满意度是个体对自己生活质量的主观体验，是主观幸福感的一个重要组成部分，即主观幸福感中的认知成分，也是衡量个体生活质量的重要参数和综合性心理指标。大量的调查研究发现，大多数残疾儿童家长群体被抑郁、焦虑等负面情绪困扰，各种心理问题、疾病等屡屡出现，对孩子的成长以及生活抱有消极态度，因此他们具有相对较低的生活满意度。例如，刘佩佩（2013）的研究发现，孤独症儿童家长的生活满意度显著偏低，主观支持对残疾儿童家长的生活满意度有显著的正向预测作用，而来自过度保护和终身照顾的心理压力对其生活满意度有显著的负向预测作用。较低的生活满意度势必会给残疾儿童家长的主观幸福感和生活质量带来不利影响，进而无法为残疾儿童的教育康复提供有益的家庭环境氛围。

基于此，残疾儿童家长需要得到相应的社会支持，特别是来自家庭内部的支持。家庭支持不仅可以通过提供资源和服务，强化家庭功能，使残疾儿童得到稳定发展，而且可以通过提高家庭生活质量来增强家庭的自立能力（胡晓毅，王勉，2012）。维持残疾儿童家庭的正常功能既是家庭支持的重要内容（徐素琼，2008），也是家庭支持的目的所在。家庭功能的增强可以让残疾儿童家长感受到更多的来自家庭成员的力量，对家庭的未来抱有信心和希望，从而提高其对当下生活状态的满意度。

家庭功能对残疾儿童及其家庭成员的生活有着最直接和最重要的影响，而国内学者在关于家庭功能和生活满意度的研究上对残疾儿童家长这个特殊群体的关注还相对较少，因此探讨残疾儿童家庭的家庭功能与家长生活满意度的关系，不仅有利于丰富我国残疾儿童家庭的生活质量和幸福感的相关研究成果，而且可以使我们更清楚地了解残疾儿童家庭功能和家长生活满意度的水平和特征，以及家庭功能对家长生活满意度的影响，进而为建立和谐的家庭环境提出建议，帮助残疾儿童家长缓解心理压力，拥有更多的积极体验，重建家庭关系，改善他们的家庭生活质量，提高生活满意度，让他们具有较高的主观幸福感，能够用积极的心态面对所处境况，乐观、健康地生活，同时也能为残疾儿童营造更加良好的成长环境。

一、研究对象与方法

（一）研究对象

我们以重庆市、四川省的6所特殊教育学校和教育康复机构为抽样单位，采用便利抽样的方法对残疾儿童家长进行了测验。由于残疾儿童的障碍类型较多，出于研究的可行性考虑，我们选取了智力障碍儿童、孤独症儿童、听觉障碍儿童和脑瘫儿童为代表，对这四类残疾儿童的主要照顾者进行了研究，将其统称为残疾儿童家长。共发放问卷130份，回收问卷108份，回收率为83.08%。剔除其中个人信息缺失、填答不完整的问卷8份，最终有效问卷为100份，有效率为92.59%。其中，母亲62人，父亲29人，其他照顾者9人；女性71人，男性29人。有效样本的基本构成情况见表5-1。

表 5-1　有效样本的基本构成情况

样本构成类别		人数/人	百分比/%	样本构成类别		人数/人	百分比/%
与孩子的关系	母亲	62	62.0	孩子受教育程度	学前	33	33.0
	父亲	29	29.0		小学	60	60.0
	其他照顾者	9	9.0		初中及以上	7	7.0
家长年龄	18～30 岁	12	12.0	孩子年龄	0～6 岁	34	34.0
	31～40 岁	47	47.0		7～12 岁	52	52.0
	41～50 岁	32	32.0		13～18 岁	10	10.0
	51 岁及以上	9	9.0		19 岁及以上	4	4.0
家长受教育程度	小学	11	11.0	障碍类型	智力障碍	39	39.0
	初中	35	35.0		孤独症	42	42.0
	高中（含中专）	23	23.0		听觉障碍	6	6.0
	大专及以上	31	31.0		脑瘫	13	13.0
家长婚姻状况	无配偶	11	11.0	孩子来源	特殊教育学校	33	33.0
	有配偶	89	89.0		教育康复机构	67	67.0
家庭收入水平	2000 元及以下	24	24.0	家庭收入水平	4001～8000 元	20	20.0
	2001～4000 元	43	43.0		8001 元及以上	13	13.0

（二）研究工具

1. 家庭亲密度和适应性量表（中文版）

家庭亲密度和适应性量表（中文版）是由费立鹏等于 1991 年从西方引入中国，并根据中国的具体情况做了部分修改。家庭亲密度和适应性量表（中文版）主要评价家庭的两个功能：亲密度，即家庭成员之间的情感联系；适应性，即家庭体系随家庭处境和家庭不同发展阶段出现的问题而做出相应改变的能力（费立鹏等，1991）。该量表由 30 个题项组成，采用五级评分，被试对量表的每个题项要回答两次，分别回答自己对家庭现状的实际感受如何，以及希望的理想家庭状况如何。得分越高，表明家庭亲密度越高，适应性越好，即家庭功能越好。根据理想得分与实际得分的差异可间接测量家庭成员对家庭亲密度或适应性的满意程度，得分越高，则表明个体对家庭内部的亲密度或适应性的不满程度越高。该量表具有较好的信效度，亲密度与适应性的重测信度分别为 0.84 和 0.91，内部一致性信度分别为 0.85 和 0.73，与家庭环境量表的趋集效度是0.39～0.68，并具有很好的判别效度（汪向东等，1999），适合测定中国家庭在亲密度和适应性上的家庭功能状况。

2. 生活满意度指数A

生活满意度指数A由钮加藤（Neugarten）等于1981年编制，是其所编制的生活满意度评定量表中的一个自评量表，由20项“同意—不同意”式的题项组成，其中12条反映的是正面积极的人生态度，剩余的8条反映的是负面消极的人生态度。该量表的统计指标为总分，采用0、1计分法，最低分为0分，最高分为20分，得分越高表明个体的满意度越高。该量表与生活满意度评定量表的一致性系数为0.55，与生活满意度指数B的一致性系数为0.73（汪向东等，1999）。

（三）施测和数据处理

在向家长解释研究目的并征得其同意后，研究者使用统一的指导语开始测试。对所有数据使用统计软件SPSS18.0进行处理，具体的统计分析方法有描述性统计、平均数差异检验（t检验、F检验）、相关分析和回归分析。

二、残疾儿童家庭功能与家长生活满意度的基本情况

对数据进行描述性统计，得到残疾儿童家庭功能和家长生活满意度及其各维度的平均数和标准差，具体见表5-2。

表5-2　残疾儿童家庭功能与家长生活满意度的描述性统计结果

统计量	家庭亲密度			家庭适应性			生活满意度
	实际亲密度	理想亲密度	亲密度不满程度	实际适应性	理想适应性	适应性不满程度	
M	68.51	76.80	9.67	47.34	54.48	9.28	8.14
SD	8.35	8.27	9.30	6.90	7.74	8.46	4.49

由表5-2可知，在家庭功能的不同维度上，以及家庭功能的实际感受和理想期望之间均存在不同程度的差异，无论是实际感受还是理想期望，家庭亲密度的得分均高于家庭适应性的得分，表明残疾儿童家庭的亲密度好于适应性。生活满意度的平均分为8.14分，根据量表评级，平均得分在二级水平，即“对生活较不满意”，最高得分为19.00分，而最低得分为0分。

为了进一步明确残疾儿童家庭功能的具体情况，我们比较了残疾儿童家庭的实际亲密度、适应性与全国常模的差异，结果见表 5-3。

表 5-3　残疾儿童家庭的实际亲密度、适应性与全国常模的比较

变量	全国常模（健全儿童家庭）	残疾儿童家庭	*df*	*t*
实际亲密度	63.90±8.00	68.51±8.35	99.00	5.52***
实际适应性	50.90±6.20	47.34±6.90	99.00	−5.16***

由表 5-3 可知，残疾儿童家庭的亲密度和适应性得分与全国常模均有显著差异（$ps<0.001$），即残疾儿童家长对家庭亲密度的评价显著高于全国健全儿童家庭，而残疾儿童家长对家庭适应性的评价却显著低于全国健全儿童家庭。

三、残疾儿童家庭功能与家长生活满意度在人口统计学变量上的差异分析

为了进一步明确残疾儿童的家庭功能与生活满意度的群体特征，我们考察了残疾儿童的家庭功能与生活满意度得分在不同人口统计学变量上的差异情况，详见表 5-4。

表 5-4　残疾儿童家庭功能与家长生活满意度在人口统计学变量上的差异检验

自变量		家庭功能				生活满意度
		实际亲密度	实际适应性	亲密度不满程度	适应性不满程度	
与孩子的关系	母亲	66.82±9.51	46.18±7.86	11.87±10.32	10.73±9.42	7.32±4.37
	父亲	71.93±5.04	49.76±4.03	5.24±5.39	5.21±4.99	10.24±4.21
	其他照顾者	69.11±4.34	47.56±5.48	8.78±6.78	12.44±5.90	7.00±4.42
	F	3.95*	2.76	5.53**	5.32**	4.84**
家长年龄	18～30 岁	66.25±8.32	49.17±8.47	8.92±5.47	8.17±9.59	5.25±4.14
	31～40 岁	66.45±9.86	44.89±6.78	11.96±11.50	10.83±8.88	7.91±4.43
	41～50 岁	71.62±5.53	49.88±6.02	7.69±6.57	6.88±7.47	9.81±4.36
	51 岁及以上	71.22±3.07	48.67±4.27	5.78±6.00	11.22±6.80	7.22±3.80
	F	3.26*	4.16**	2.05	1.65	3.56*
家长受教育程度	小学	70.91±8.41	47.55±6.17	10.00±9.18	6.73±9.22	7.00±3.82
	初中	68.40±7.39	48.86±7.44	7.63±6.59	8.63±8.69	7.29±4.01
	高中（含中专）	69.78±10.86	46.13±7.83	9.78±13.39	9.26±9.58	9.26±5.20

续表

自变量		家庭功能				生活满意度
		实际亲密度	实际适应性	亲密度不满程度	适应性不满程度	
家长受教育程度	大专及以上	66.84±7.20	46.45±5.68	11.77±8.19	10.94±7.02	8.68±4.59
	F	0.89	0.97	1.10	0.79	1.30
家长婚姻状况	无配偶	65.73±13.51	45.09±9.12	17.18±15.29	11.18±9.37	5.18±3.03
	有配偶	68.85±7.52	47.62±6.59	8.74±7.92	9.04±8.37	8.51±4.52
	t	1.38	1.32	8.70**	0.62	5.61*
家庭收入水平	2000 元及以下	69.58±11.11	46.92±7.98	10.54±13.57	8.67±9.11	8.00±3.74
	2001～4000 元	67.65±8.37	47.63±7.57	11.21±8.67	10.26±9.81	6.70±4.18
	4001～8000 元	66.80±4.98	45.35±4.88	6.10±4.38	8.00±6.52	9.00±4.30
	8001 元及以上	72.00±5.57	50.23±4.02	8.46±5.83	9.15±4.51	11.85±5.03
	F	1.33	1.39	1.54	0.38	5.29**
孩子年龄	0～6 岁	66.97±9.27	47.00±8.35	13.91±10.74	12.38±8.39	6.47±4.61
	7～12 岁	68.12±8.03	46.48±5.84	8.50±8.22	8.83±8.63	8.77±4.26
	13～18 岁	73.60±5.84	50.10±6.21	3.20±2.49	3.80±3.99	10.40±4.45
	19 岁及以上	74.00±5.07	54.50±1.73	5.00±4.62	2.50±0.58	8.50±2.89
	F	2.33	2.36	5.16**	4.20**	2.92*
障碍类型	智力障碍	68.69±8.69	46.05±6.89	9.59±9.11	10.51±9.28	8.90±4.62
	孤独症	66.79±9.03	47.38±7.59	12.55±10.04	11.12±7.82	6.81±4.21
	听觉障碍	72.67±2.07	54.33±1.37	3.67±4.13	2.00±0.89	9.00±2.37
	脑瘫	71.62±5.11	47.85±3.91	3.38±2.93	3.00±4.78	9.77±4.97
	F	1.74	2.66	4.61**	5.46**	2.33
孩子受教育程度	学前	66.36±8.89	47.33±8.09	13.94±10.94	12.18±8.30	6.85±5.48
	小学	68.87±8.03	46.78±6.15	7.92±7.89	8.27±8.38	8.75±3.96
	初中及以上	75.57±3.05	52.14±5.93	4.57±3.87	4.29±6.10	9.00±2.16
	F	3.86*	1.93	6.19**	3.79*	2.09
孩子来源	特殊教育学校	65.93±6.71	44.79±5.15	9.14±5.68	9.29±4.21	9.29±4.21
	教育康复机构	68.93±8.54	47.76±7.08	9.76±9.78	9.28±8.98	9.28±8.98
	t	1.57	2.26	0.05	0.00	0.02

由表 5-4 可知，第一，与孩子的关系不同的残疾儿童家长除了在实际适应性维度的得分上不存在显著差异之外，在家庭功能其他维度和生活满意度的得分上均存在显著差异。经过 LSD 检验，与孩子的关系不同的残疾儿童家长在

实际亲密度上的差异为：父亲>其他照顾者>母亲；在亲密度不满程度上的差异为：母亲>其他照顾者>父亲；在适应性不满程度上的差异为：其他照顾者>母亲>父亲；在生活满意度上的差异为：父亲>母亲>其他照顾者。

第二，处于不同年龄阶段的残疾儿童家长的量表得分在实际亲密度、实际适应性和生活满意度上均存在显著差异。经过 LSD 检验，不同年龄阶段的残疾儿童家长在实际亲密度上的差异为：41～50 岁>51 岁及以上>31～40 岁>18～30 岁；在实际适应性上的差异为：41～50 岁>18～30 岁>51 岁及以上>31～40 岁；在生活满意度上的差异为：41～50 岁>31～40 岁>51 岁及以上>18～30 岁。

第三，不同受教育程度的残疾儿童家长在量表各个维度的得分上均无显著差异。

第四，不同婚姻状况的残疾儿童家长在亲密度不满程度和生活满意度的得分上均存在显著差异。经过 LSD 检验，不同婚姻状况的残疾儿童家长在亲密度不满程度上的差异为：无配偶>有配偶；在生活满意度上的差异为：有配偶>无配偶。

第五，不同家庭收入水平的残疾儿童家长只在生活满意度的得分上存在显著差异。经过 LSD 检验，不同家庭收入水平的残疾儿童家长在生活满意度上的差异为：8001 元及以上>4001～8000 元>2000 元及以下>2001～4000 元。

第六，孩子处于不同年龄阶段的残疾儿童家长在亲密度不满程度、适应性不满程度和生活满意度的得分上均存在显著差异。经过 LSD 检验，孩子处于不同年龄阶段的残疾儿童家长在亲密度不满程度上的差异为：0～6 岁>7～12 岁>19 岁及以上>13～18 岁；在适应性不满程度上的差异为：0～6 岁>7～12 岁>13～18 岁>19 岁及以上；在生活满意度上的差异为：13～18 岁>7～12 岁>19 岁及以上>0～6 岁。

第七，不同障碍类型的残疾儿童家长在亲密度不满程度和适应性不满程度的得分上均存在显著差异。经过 LSD 检验，不同障碍类型的残疾儿童家长在亲密度不满程度上的差异为：孤独症>智力障碍>听觉障碍>脑瘫；在适应性不满程度上的差异为：孤独症>智力障碍>脑瘫>听觉障碍。

第八，孩子处于不同受教育程度的残疾儿童家长在实际亲密度、亲密度不满程度和适应性不满程度的得分上均存在显著差异。经过 LSD 检验，孩子处于不同受教育程度的残疾儿童家长在实际亲密度上的差异为：初中及以上>小学>学前；在亲密度不满程度上的差异为：学前>小学>初中及以上；在适应性不满程度上的差异为：学前>小学>初中及以上。

第九，来自特殊教育学校和教育康复机构的残疾儿童家长在量表各维度的得分上均无显著差异。

四、残疾儿童家庭功能与家长生活满意度的相关分析

为了解残疾儿童家庭功能与家长生活满意度的相关关系，我们计算了残疾儿童家庭功能各维度与生活满意度的积差相关系数，详见表 5-5。

表 5-5　家庭功能与家长生活满意度的相关系数

变量	实际亲密度	实际适应性	理想亲密度	理想适应性	亲密度不满程度	适应性不满程度
实际适应性	0.667**					
理想亲密度	0.195	−0.075				
理想适应性	−0.010	0.005	0.694**			
亲密度不满程度	−0.680**	−0.506**	0.462**	0.431**		
适应性不满程度	−0.550**	−0.529**	0.267**	0.498**	0.779**	
生活满意度	0.417**	0.251*	−0.080	−0.037	−0.417**	−0.310**

表 5-5 列出了残疾儿童家庭功能与家长生活满意度的相关系数矩阵，由此可以看出：实际亲密度与实际适应性、生活满意度均呈非常显著的正相关（$ps<0.01$），与亲密度不满程度、适应性不满程度均呈非常显著的负相关（$ps<0.01$）；实际适应性与亲密度不满程度、适应性不满程度均呈非常显著的负相关（$ps<0.01$），与生活满意度呈显著正相关（$p<0.05$）；理想亲密度与理想适应性、亲密度不满程度、适应性不满程度均呈非常显著的正相关（$ps<0.01$）；理想适应性与亲密度不满程度、适应性不满程度均呈非常显著的正相关（$ps<0.01$）；亲密度不满程度与适应性不满程度呈非常显著的正相关（$p<0.01$），与生活满意度呈非常显著的负相关（$p<0.01$）；适应性不满程度与生活满意度呈非常显著的负相关（$p<0.01$）。实际亲密度与实际适应性存在显著的高相关，理想亲密度与理想适应性存在显著的高相关，亲密度不满程度与适应性不满程度存在显著的高相关，而实际亲密度与理想亲密度的相关不显著，

实际适应性与理想适应性的相关也不显著。总的来说，生活满意度与家庭功能的现状呈显著正相关，即家长对家庭现有功能的感受越好，其生活满意度就会越高；生活满意度与亲密度不满程度和适应性不满程度均呈显著负相关，即家长对家庭功能的不满程度越高，其生活满意度就会越低。

五、家庭功能对家长生活满意度的预测作用

为揭示家庭功能各维度对家长生活满意度的影响，我们以家庭功能中的实际亲密度与实际适应性、理想亲密度与理想适应性为预测变量，以生活满意度为效标变量，使用逐步回归分析方法建立家庭功能与家长生活满意度的回归模型，详见表 5-6。

表 5-6　家庭功能对家长生活满意度的回归分析结果

预测变量	R^2	调整 R^2	F	β	t
实际亲密度	0.174	0.166	20.642***	0.417	4.543***

由表 5-6 可知，只有实际亲密度进入了回归方程，其标准化回归系数为 0.417，$p<0.001$，从回归分析的结果来看，回归效果达到非常显著水平，即实际亲密度对方程具有显著的正向预测作用。据此所建立的残疾儿童家长生活满意度与家庭实际亲密度的回归方程为：生活满意度=0.417×实际亲密度。

六、残疾儿童家庭功能与家长生活满意度的关系讨论

（一）残疾儿童的家庭功能及其影响因素

我们的研究结果表明，残疾儿童实际家庭功能的平均水平与全国常模相比有显著差异，其中在亲密度上显著高于全国常模的平均水平，但在适应性上明显低于全国常模的平均水平。家庭亲密度指家庭成员之间的情感联系，家庭适应性是指家庭体系随家庭处境和不同发展阶段出现的问题而做出相应改变的能力（费立鹏等，1991）。出现该结果的原因可能是残疾儿童家长在照料残疾儿童的过程中，家庭成员之间的交流增加了，情感性和依赖性有所增强（周彩峰等，2014），因此残疾儿童家长并未感觉到家庭亲密度降低，反而感觉到家庭亲密度有所升高。但长期照顾残疾儿童并不是一件简单的事，它带来的身心负

担和压力使得残疾儿童家长渴望得到其他家庭成员的关心、理解及安慰，当巨大的压力得不到缓解时，残疾儿童家长的消极情绪就会不断累积、增加，造成亲密度不满程度的升高。另外，由于家庭中不健全孩子的出现扰乱了家庭原有的生活，家长尤其是残疾儿童家长在面对特殊孩子的出生这一应激事件时往往会感到绝望、迷茫、不知所措，甚至需要辞掉工作，花更多的心思和精力去照顾残疾儿童，并且由于照料残疾儿童的长期性将会对残疾儿童家长的身体、心理、社会交往、家庭幸福及经济稳定性造成较大影响（Davis et al.，2010），这一系列生活应激事件的出现使得家庭一时难以适应，因此适应性水平偏低，不满意情绪增加。此外，残疾儿童的家庭功能水平差距悬殊，有的家庭处于较高水平，有的家庭则处于很低的水平，并且残疾儿童家庭在家庭功能不满程度上的差异也较为明显，表明残疾儿童的家庭功能水平参差不齐且差异较大。由此可见，残疾儿童的家庭功能可能会受到很多因素的影响。

我们进一步研究了人口统计学变量对残疾儿童家庭功能的影响，结果发现，除了家长的受教育程度、家庭收入水平及特殊孩子的来源对家庭功能无显著影响以外，在其他因素，包括与孩子的关系、家长年龄、家长婚姻状况、孩子年龄、孩子的障碍类型、孩子受教育程度这六个维度上，残疾儿童的家庭功能均存在显著差异。具体来说如下：①在与孩子的不同关系中，父亲对家庭亲密度和适应性的不满程度最低，这可能与大多数残疾儿童家庭里多是母亲或者老一辈主要参与孩子的养育和康复训练过程有关，父亲通常主要在外工作挣钱。②在家长婚姻状况上，无配偶（未婚/丧偶/离异）的家长的亲密度不满程度显著高于有配偶的，原因可能是特殊孩子的出现会给夫妻关系带来挑战。关于孤独症儿童的研究就发现，孤独症儿童父母的离婚率远高于普通人群的离婚率（罗玲，2014），不完整的家庭结构自然会给家长的幸福感和家庭生活质量带来不利影响。因此，保持良好的夫妻关系有利于提高家庭功能水平。③不同年龄的家长在实际亲密度和实际适应性上均存在显著差异，41～50 岁的残疾儿童家长的家庭功能水平最高，而 18～30 岁残疾儿童家长的实际亲密度得分和 31～40 岁残疾儿童家长的实际适应性得分最低。这可能与年龄较低人群的经济水平相对较低、医疗体系不够完善、无法接受现实的沉重打击、对未来美好生活计划的破灭、对患儿疾病的预后过分担忧等因素有关（周彩峰等，2015）。④在残疾儿童的年龄水平上，0～6 岁的残疾儿童家长对家庭功能的不满程度最高，与其他年龄段儿童的家长相比有显著差异。这是因为养育年龄偏小的婴幼儿本身就有很大的难度，父母缺乏照料经验，孩子的需求难以用语言直接表达，这些对于家庭成员之间的情感联系和应变能力而言自然是一种考验，并且6岁之前恰恰是孩子发现或确诊障碍以及进行康复训练的关键期，这一阶段残疾儿童家长多数还处于震惊、拒绝和绝望中，会出现较多的消极情感，家庭矛盾往往会增加，家庭关系会发生变化，加之漫长的康复训练所带来的时间、精力和经济上的消耗，这些均会导致0～6岁的残疾儿童家长对家庭功能的不满程度升高。随着残疾儿童年龄的增长，教育和康复训练的效果会逐渐显现，而且家长也会慢慢接受现实，调整心态，其养育经验不断增加，应对孩子问题的能力也在不断提升，因此残疾儿童家长对家庭亲密度和适应性的不满程度会得以降低。⑤在障碍类型上，孤独症和智力障碍儿童家长在家庭功能的不满程度上得分较高。分析其原因，可能是由于孤独症和智力障碍儿童有较多的情绪行为问题，难以与家庭成员进行顺畅的沟通和交流，容易引发家庭矛盾，从而降低家长对家庭功能的满意程度。已有研究发现，孤独症儿童家长的心理弹性水平相对较差，他们在问题解决技能、精神支持、控制感、乐观坚韧、自信心五个维度上的得分均偏低（徐媛，2010），并且孤独症和智力障碍儿童的父母对孩子的前途更加担忧（高雪，2010），这也有可能导致孤独症和智力障碍儿童家长对家庭功能的不满程度较高。

（二）残疾儿童家长的生活满意度及其影响因素

我们的研究结果表明，残疾儿童家长在生活满意度上处于对生活较不满意的状态，对此可以结合我们所收集的资料进行解释：一个特殊孩子的加入，会给原有的家庭经济状况、婚姻状况、家庭成员之间的情感联系、养育方式、日常生活规律、人际交往、工作、休闲娱乐等方面带来重大挑战，这些改变对家长生活满意度都有着重大影响。

人口统计学变量仍然是影响残疾儿童家长生活满意度的重要因素。首先，家长特征对生活满意度的影响表现为：①在与孩子的关系上，父亲的生活满意度显著高于母亲。许多研究表明，人格和情绪智力对生活满意度有预测作用。出现这一结果的原因可能是父亲一般具有较好的情绪稳定性，对自身情绪的察觉、识别、调控能力比母亲要高。此外，在残疾儿童家庭里，母亲多是孩子的直接照顾者，会更多地接触和面对孩子带来的困难和问题，所以母亲的生活满意度会明显偏低。②在家长的年龄上，残疾儿童家长的生活满意度有显著的年龄差异，18～30岁家长的生活满意度显著低于31～40岁的家长，31～40岁家长的生活满意度显著低于41～50岁的家长，但41～50岁家长的生活满意度显著高于51岁及以上的家长，总体呈倒U形，这与刘佩佩（2013）的研究结果相近。生活满意度是个体按照自身评价标准对当前生活质量做出的主观判断，随着年龄的增长，孩子逐渐成长，家长逐渐接受现实并更多地做出积极回应，对自己生活质量的评价更理性，而年轻的家长对现实会有过高的期望，但自己却没有足够的能力，期望与现实的较大差距会降低其生活满意度。51岁及以上的家长多半是残疾儿童的爷爷奶奶或外公外婆，与年轻家长相比，他们的身体健康状况、经济条件等因素会在一定程度上降低其生活满意度。③在家长婚姻状况上，有配偶家长的生活满意度显著高于无配偶（丧偶/离异）家长。有研究发现，夫妻关系是家庭中的核心关系，倘若夫妻关系融洽，在面临各种负性生活事件时，双方的理解与鼓励可以使得焦虑、抑郁、愤怒等情绪得到及时化解，能有效避免情绪障碍的发生（杨慧，2016）。④在家庭收入水平上，家长的生活满意度存在极显著的差异。经济基础决定上层建筑，家庭物质生活得到基本保障是追求更高层次需求的基础。大部分研究指出，特殊孩子的问题对父母双方工作的影响都很大，残疾儿童家长中没有工作的人所占的比例较高，有很多残疾儿童家长因需要陪护孩子而没有找工作甚至放弃了原有工作，从而直接影响了家庭的整体收入水平。

其次，残疾儿童特征对其家长生活满意度的影响主要表现在孩子的年龄上。研究结果显示，残疾儿童家长的生活满意度在儿童年龄上的差异显著，0～6岁残疾儿童家长的生活满意度最低，13～18岁残疾儿童家长的生活满意度则最高。0～6岁残疾儿童家长的生活满意度显著低于其他组别，原因可能是0～6岁残疾儿童在行动、生活自理、沟通上的进步较缓慢，与养育年龄更大的残疾儿童相比，家长在养育这个年龄段儿童的过程中需要投入更多的时间、精力、财力，而且大部分家长在残疾儿童处于婴幼儿阶段时还不能接受孩子存在障碍的事实，对特殊孩子的出现感到伤心、内疚、手足无措，家长对生活的期望与现实生活的差距被拉大，进而影响了其对生活质量的认知判断，导致其生活满意度相对较低。

（三）残疾儿童家庭功能与家长生活满意度的关系

在相关关系上，首先，实际亲密度、实际适应性分别与亲密度不满程度和适应性不满程度呈显著负相关，而理想亲密度、理想适应性分别与亲密度不满程度和适应性不满程度呈显著正相关。这说明大部分残疾儿童家长对当前的家庭功能不满意，而对家庭功能有较高的期待，现实与理想之间存在较大差距，以至于不满程度随着理想亲密度与适应性的增加而不断上升，因此要增强残疾儿童家庭的家庭功能，帮助残疾儿童家长对残疾儿童的成长形成合理期待。其次，残疾儿童家长生活满意度与实际家庭功能存在显著正相关，与家庭功能的不满程度存在显著负相关，主要体现在家庭的亲密度和适应性上。家庭功能对生活质量有显著影响，家庭互动、家庭支持和家庭资源都是评价家庭生活质量的重要指标（A. P. Turnbull & H. R. Turnbull，2002），因此家庭功能会影响家长对家庭生活质量的评价，进而影响其生活满意度。此外，残疾儿童家长生活满意度与实际亲密度的相关显著性高于其与实际适应性的相关显著性。亲密度主要指成员间的情感联系和支持，适应性主要指家庭体系对随家庭处境和家庭不同发展阶段出现的问题而做出相应改变的能力。研究者认为，个体一般从认知和情感的角度评价自己的生活满意度，亲密度更多地反映了个体体验到的与主观感受密切相关的情感联系和支持，家庭成员间的亲密度越高，意味着个体的主观感受越好，个体获得的情感上的支持越大，那么其生活满意度也会相应地得到提高。残疾儿童的出现给整个家庭带来了巨大的身心压力，当巨大的压力得不到缓解时，残疾儿童家长的不满情绪就会不断累积，使得家长的生活满意度不断下降。因此，提高残疾儿童家庭的亲密度和适应性，即提高家庭内部的情感支持度和应变力，有助于降低家长对家庭功能的不满程度，提高家长的生活满意度，这对于提高整个家庭的生活质量有着重要意义。对于残疾儿童的成长而言，家长的职责更重，夫妻之间相互理解和支持，遇到困难时共同商量、一起承担，对残疾儿童持积极的态度和反应，这样才能够增强家庭凝聚力，进而有利于促进残疾儿童身心的健康发展。

在回归关系上，家庭功能中的实际亲密度能够很好地预测残疾儿童家长的生活满意度，同时对生活满意度变异的解释力也比较高。大量研究显示，家庭成员间较亲密的关系能够使照顾者获得更多的积极体验。这表明良好的家庭亲密度可以使家庭成员之间形成较强的凝聚力，家庭成员面临困难时能够得到更好的支持与帮助，从而获得较多的正性情感体验。然而，家庭功能中只有实际亲密度进入了回归方程，分析原因可能是残疾儿童家长在照料残疾儿童的过程中经受了巨大的身心负担和压力，当残疾儿童家庭成员之间的情感联系和交流、相互依赖性增加时，家庭成员的亲密度就会随之提高，家庭功能得到有效发挥后，家庭生活质量便得以提升，从而有利于提高家长的生活满意度。不过，残疾儿童的出生必然会给家长带来更多的困难和问题，而且家长对残疾儿童的照料、养育和康复训练是长期的，可能会使家庭成员之间矛盾增多、默契程度降低，在面对家庭变故时不能很好地应对，造成残疾儿童的家庭适应性普遍不高，难以进入回归方程。这提示特殊教育工作者可以从家庭情感联系和家庭成员间的沟通出发，引导残疾儿童家庭成员更好地发挥家庭功能，提高残疾儿童父母的受教育程度，以帮助其更有效地应对生活中的变故。综上所述，我们有理由认为提高残疾儿童的家庭功能水平，可以改善残疾儿童家庭生活质量，提高家长的生活满意度。

七、提高残疾儿童家庭功能和生活满意度的建议

（一）加强国家支持

1. 完善政策法规，落实保障机制，畅通政府及部门的支持渠道

在政策法规层面，国家应该加大对残疾儿童家庭的福利支持力度，完善相应法律法规，并能保障其落到实处，确保支持渠道畅通无阻。调查发现，申请并获得了来自其他机构和组织资助（社会或政府资助）的残疾儿童家庭占比不超过 6%，残疾儿童家庭获取的相关服务远不能满足残疾儿童家庭的生活需求（罗玲，2014）。因此，国家出台扶持政策、保障制度的落实与提供符合特殊家庭各类需求的相关服务显得尤为重要，尤其要关注非城镇地区的残疾儿童家庭，为其了解及申请国家相应的福利保障提供上门咨询服务和帮助，给予及时的关心和经济补贴，在一定程度上缓解其经济困难，以提高残疾儿童家庭的生活质量。

2. 加大对我国特殊教育事业研究的支持力度

在科学研究领域，国家应该培养特殊教育行业的研究型人才，鼓励大批从

事特殊教育和康复事业的教师与医务人员积极借鉴国外先进技术和学习相关知识，使我国的特殊教育及康复行业得到快速发展，解决传达残疾儿童康复和教育知识、方法方面的供需矛盾，尤其是智力障碍和孤独症领域，使科学成果惠及更多的残疾儿童家庭。

3. 加大对特殊教育及康复机构的监管和建设力度

国家应该注重对我国特殊教育及康复行业的科学管理，既要管理好公办特殊教育及康复单位，也要管理好民间特殊教育和康复机构，取缔那些不合格机构或组织；加大国家资金投入并提高政策支持的稳定性，保护并支持社会自发形成的专业组织和福利组织，维护好该行业的发展秩序。

（二）加强社会支持

1. 提供各类资源和服务，提高社会资源的利用率

成功的家庭支持得益于完善的社会支持和促进系统，家庭支持系统不仅包括非正式的家庭成员、家长、社会团体等对家庭的支持，也包括正式的组织，如政府、福利机构、医疗机构、立法机构等的支持。目前社会对残疾儿童家庭教育的支持力度还有待加强，社会有责任为残疾儿童家庭提供养育支持，满足残疾儿童家庭有关养育的各种需要，为其提供各类资源和服务，增加残疾儿童家庭的福利并增强其家庭稳定性，帮助残疾儿童家长了解相关法律法规和福利政策，合理利用社会现有资源，尽力让各系统层面所提供的支持能够满足残疾儿童家庭的需要。家庭在社会网络中获得情感支持、工具性协助（福利服务）、信息支持和社会陪伴，意味着家庭可以通过资源、服务、政策、财政补助等多种途径得到帮助，用以完善自身功能（李平等，2013）。

2. 为家长提供亲职教育

家庭具有系统性特征，家庭成员之间相互依存并且交互影响。对残疾儿童的社会支持应该采用以残疾儿童与其亲属共同生活的家庭为中心的支持方法（金炳彻，张金峰，2014），即除了关注残疾儿童的自身发展外，还应该关注整个残疾儿童家庭的内部功能。在家长方面，需由专业人员为残疾儿童家长提供亲职教育，包括知识和情感方面的教育。一方面，通过多种途径增加残疾儿童家长的教育知识和技能，如设立专门的咨询机构进行专业指导、开办培训班、举办家长经验交流会和专家讲座、发放书刊资料等，使家长掌握有关残疾儿童护理、教育、训练、辅导方面的基本知识和技能技巧，让家长学会如何成为一名合格的家长尤其是残疾儿童家长，这样家长就能配合学校和社会的需求对孩子进行家庭教育，使残疾儿童适应社会的发展。另一方面，为残疾儿童家庭提供情感支持，关注残疾儿童家庭的心理压力和家庭压力，尤其要支持和关注女性家长，或是婚姻状况不良甚至无配偶的家长，重视为残疾儿童照顾者做心理评估及心理疏导，帮助家长转变态度，树立正确的教育观念，形成对残疾儿童的合理期待，理解和认可家长对孩子奉献的劳动，尊重和接纳其内心感受，促进家长之间相互联系与交流，减少家长的孤立无援感，提高他们的生活满意度和主观幸福感，发挥家庭教育的整体功能。

（三）加强家庭成员的内部支持

1. 强化家庭成员的共同意识和相互依赖性

要增强残疾儿童家庭的正常功能，就需要强化家庭成员的共同意识，使得每个家庭成员能够获得相互的支持。家庭支持需要家庭成员将家庭视为一个整体，强化家庭成员间的相互依赖性。家庭成员要有正确、一致的教养态度和教养方法，尊重并支持各家庭成员的需求和自主权。所有家庭成员的目标应一致，经过全体协商，在生活规律、生活方式以及教育方式上达成一致并共同遵守和维护，强化家庭功能，通过增强家庭的自立能力以提高家庭生活质量。家庭成员间还需要分担责任和合作，在履行自己职责的同时还要相互扶持，并增加全家共同活动的机会。当有不同的意见和想法时，家庭成员要更多地与家人沟通和交流想法，多与家人分享愉悦和悲伤，遇到困难时共同面对和解决，共同构建良好和谐的家庭氛围。家庭成员应积极主动地学习与残疾儿童教育和康复相关的知识，及时向专业人员、社会组织或团体甚至是国家寻求帮助，从而在一定程度上解决家庭中的部分实际问题。

2. 维持家长和相关人员的合作伙伴关系

家庭支持也可以是来自其他家庭成员及除家庭成员外有互动关系的人员，如家庭成员的朋友、邻居等。这种支持需要改变互动关系人员和家庭成员间的传统关系，增强合作意识，让家庭成员和有互动关系的人员之间共享思想、知识和技术，以强化家庭功能的主要系统，即维持残疾儿童家长和有互动关系人员的合作伙伴关系，在互相尊重和共享相关信息的基础上，促进家庭成员和有互动关系人员之间的相互作用（李平等，2013）。

第三节　脑瘫儿童家长压力应对方式与家庭功能的关系

脑瘫是出生前到出生后1个月内因各种原因引起的脑损伤或发育缺陷所致的运动障碍及姿势异常，有时合并智力障碍、癫痫、感知觉障碍及其他异常（徐晓燕等，2013）。国外有研究者认为，脑瘫是由中枢神经系统受损导致的运动功能受限的一种非发展性障碍，在发达国家的发病率是每1000个活产儿中有2.0～2.5个（Raina et al.，2005）。由于孕期的一些不良行为和后天因素的影响，脑瘫的发病率越来越高。脑瘫表现为运动上的功能障碍，脑瘫患儿的康复必然成为家庭生活中的重要任务。对于脑瘫儿童而言，动作上的缺陷使得家庭需要花费更多的人力、物力和时间来养护他们，并且一般都不能够治愈，他们的康复过程是漫长的，导致家庭成员面临更大的压力和挑战，对脑瘫儿童家长的情绪应对、生活质量等产生相应的影响，对整个家庭的影响也是多元化的。因此，研究脑瘫儿童家长的压力应对方式与家庭功能的关系，有助于我们理解影响残疾儿童家庭功能的个体因素。

脑瘫儿童照顾者的生理和心理健康，尤其是母亲的身心健康会受到孩子的行为和照顾需求的影响。尽管脑瘫儿童家庭会得到国家相关政策的扶持和帮助，但是仍有很多因素会加重这些家庭的经济负担，如需要同时使用多种药物进行治疗、父母为照顾孩子无法正常工作、为就医方便而在医院附近租房等。已有不少研究表明，脑瘫儿童家长深受来自脑瘫儿童的影响，脑瘫儿童给家庭和社会带来了沉重负担，影响了家庭的正常生活，使脑瘫儿童的家长产生了较大的心理压力（余文玉等，2010；Majnemer et al.，2012）。在躯体功能上，脑瘫儿童父母常有失眠、食欲不振、性欲下降等表现，并经常伴有心悸、胸闷、眩晕、头痛等躯体不适感；在社会功能上，脑瘫儿童父母相对比较敏感，害怕被别人问起孩子，回避社交，人际交往能力明显降低，且学习和娱乐生活匮乏（徐晓燕等，2013）。这些都会降低脑瘫儿童家长的身心健康水平，也会进一步妨碍家庭功能的正常发挥。

面对压力事件，个体的应对方式决定了人们为应对内外环境的变化以及有关的情绪困扰而采用的方法、手段或策略（胡心怡等，2007），而应对方式是个体在压力过程中继认知评价之后所表现出来的具体的应对策略。研究者从不同的角度出发，对应对方式进行了不同的划分。姜乾金等（1993）根据应对的效果不同，将应对方式分为积极应对和消极应对两类，并证实消极应对不利于个体身心健康的保持。其中，积极应对是指在面临压力时，个体采用一种正向的风格来应对，如看到事物好的一面、寻求多种方法来解决问题等；消极应对则是指在面临压力时，个体采用一种负向的风格来应对，如通过喝酒、抽烟等来缓解自身压力。

家庭是社会的基本单位，也是个体成长的最初和最关键的环境，家庭和家长是儿童生活中的重要部分，极大地影响着儿童的成长和发展。家庭环境中的亲密度和适应性无论对家庭及其成员还是社会都有较大的影响，是考察家庭功能的两个重要指标，分别反映了家庭成员间的情感联系，以及家庭体系随家庭处境和家庭不同发展阶段出现的问题而做出相应改变的适应能力。当前国内有不少关于家庭功能和应对方式的研究，但大多是研究健全学生的家庭功能和应对方式（冯娟，屈妍，2013），较少将研究对象聚焦到残疾儿童家庭，尤其是具体到某一种障碍类型儿童的家庭功能的研究则更少。我们将研究对象锁定为脑瘫儿童家长及其家庭，了解脑瘫儿童家长的应对方式，从家庭亲密度和适应性两个方面考察脑瘫儿童的家庭功能状况，探讨脑瘫儿童家长的压力应对方式与家庭功能的关系，以期能够帮助脑瘫儿童家长更好地应对压力，减少负性情绪，提高其心理健康水平，改善家庭功能状态，为脑瘫儿童的康复提供一个稳定、和谐的家庭环境。

一、研究对象与方法

（一）研究对象

我们采用便利抽样的方法，对重庆市的三个教育康复机构（江津区向阳儿童发展中心、重庆师范大学教育康复中心、平衡心教育咨询中心）中的脑瘫儿童家长进行了测试。共发放问卷 70 份，收回问卷 62 份，回收率为 88.57%，收回后剔除填答不完整的问卷 13 份，获得有效问卷 49 份，有效率为 79.03%。在有效样本中，在脑瘫儿童方面，男孩 28 人，女孩 21 人；障碍程度为轻度的 11 人，中度 25 人，重度 13 人。在填答者方面，父母 39 人，爷爷奶奶或外公外婆 9 人，其他亲属 1 人；家长受教育程度为小学的 14 人，初中 20 人，高中 12 人，大学 3 人。

（二）研究工具

1. 简易应对方式问卷

简易应对方式问卷是解亚宁（1998）在国外应对方式量表的基础上结合中国人群的特点编制而成的，由积极应对方式和消极应对方式两个维度构成。该问卷共 20 个题项，每个题项按 0～3 四级评分，其中 1～12 题重点反映了个体在遇到应激事件时采用积极应对方式的特点，13～20 题重点反映了个体在遇到应激事件时采用消极应对方式的特点。该问卷的重测信度为 0.89，α 系数为 0.90，积极应对方式分量表的 α 系数为 0.89，消极应对方式分量表的 α 系数为 0.78；因素分析的结果与理论构想一致，且人群测试表明不同的应对方式特征与心理健康水平呈显著相关，可见该问卷具有较好的信效度（汪向东等，1999）。

2. 家庭亲密度和适应性量表（中文版）

采用家庭亲密度和适应性量表（中文版）来测量脑瘫儿童的家庭功能情况，该量表包括亲密度和适应性两个维度，分别评价两方面的家庭功能：一是家庭成员之间的情感联系，即亲密度；二是家庭体系随家庭处境和家庭不同发展阶段出现的问题而做出相应改变的能力，即适应性。该量表共有 30 个题项，采用五级评分，得分越高表明家庭亲密度越高，适应性越好，家庭功能也就越好。对于每个题项，被试要回答两次：一次是对自己家庭现状的实际感受；另一次是自己所希望的理想家庭状况。我们的研究目的是考察家长的压力应对方式对当前家庭功能状态的影响，所以只需评估家长对自己家庭现状的实际感受。该量表中实际亲密度的重测信度为 0.84，α 系数为 0.85；实际适应性的重测信度为 0.91，α 系数为 0.73；实际亲密度和适应性与家庭环境量表中的亲密度、情感表达和矛盾性的相关系数的实际指向与理论预测一致，且相关都极其显著，表明该量表具有良好的信效度，适合测定中国家庭在亲密度和适应性上的家庭功能状况（汪向东等，1999）。

（三）数据统计分析

采用 SPSS18.0 统计软件对数据进行处理和分析，使用的统计分析方法包括描述性统计、独立样本 t 检验、单因素方差分析、逐步回归分析。

二、脑瘫儿童家长压力应对方式及其人口统计学差异分析

（一）脑瘫儿童家长压力应对方式的描述性分析

从表 5-7 中可以看出，脑瘫儿童家长积极应对方式的平均分为 1.548，略高于问卷的理论中值 1.5，而消极应对方式的平均分为 1.151，低于问卷的理论中值 1.5，表明脑瘫儿童家长在消极应对方式的使用上低于平均水平。从两个维度的得分上进行比较，积极应对方式得分高于消极应对方式得分，表明脑瘫儿童家长在应对方式上更加倾向于采取积极应对方式。总体上看，脑瘫儿童家长在压力情境下还是较少主动采取应对方式来处理。

表 5-7　脑瘫儿童家长压力应对方式的描述性分析（N=49）

变量	min	max	M	SD
积极应对方式	0.50	2.67	1.548	0.470
消极应对方式	0.13	2.00	1.151	0.495
压力应对方式	0.50	2.30	1.389	0.393

（二）脑瘫儿童家长压力应对方式在家庭人口量上的差异

我们将家庭人口量分为小家庭（2～4 人）、大家庭（5 人及以上）两种，以家庭人口量为自变量，以家长压力应对方式的两个维度得分和总问卷得分为因变量进行独立样本 t 检验，结果见表 5-8。

表 5-8　脑瘫儿童家长压力应对方式在家庭人口量上的差异比较

变量	小家庭（$M±SD$）	大家庭（$M±SD$）	t	p
积极应对方式	1.662±0.491	1.289±0.294	3.293	0.002
消极应对方式	1.188±0.501	1.067±0.486	0.785	0.437
压力应对方式	1.472±0.393	1.200±0.332	2.335	0.024

由表 5-8 可知，在积极应对方式上，t=3.293，p<0.01，表明脑瘫儿童家长的积极应对方式在家庭人口量上存在显著差异，小家庭的积极应对方式得分高于大家庭的得分；在消极应对方式上，t=0.785，p>0.05，表明脑瘫儿童家长的消极应对方式在家庭人口量上不存在显著差异；在总的压力应对方式上，t=2.335，p<0.05，表明家长的压力应对方式在脑瘫儿童家庭人口量上存在显著差异，小家庭的总的压力应对方式得分高于大家庭的得分。

（三）脑瘫儿童家长压力应对方式在家长受教育程度上的差异

我们以家长受教育程度为自变量，以脑瘫儿童家长压力应对方式的两个维度得分和总问卷得分为因变量，采用单因素方差分析方法进行比较，结果见表 5-9。

表 5-9　脑瘫儿童家长压力应对方式在受教育程度上的差异比较

变量	受教育程度	*M*	*SD*	*F*	*p*	事后比较
积极应对方式	小学	1.524	0.452	1.723	0.176	
	初中	1.413	0.447			
	高中	1.708	0.418			
	大学	1.917	0.750			
消极应对方式	小学	1.295	0.494	4.074	0.012	小学>大学 高中>初中 高中>大学
	初中	0.988	0.460			
	高中	1.396	0.409			
	大学	0.583	0.315			
压力应对方式	小学	1.432	0.406	2.096	0.114	
	初中	1.243	0.386			
	高中	1.583	0.294			
	大学	1.383	0.535			

由表 5-9 可知，不同受教育程度的脑瘫儿童家长在消极应对方式上的平均分从高到低排序依次为高中、小学、初中、大学，经检验发现，脑瘫儿童家长的消极压力应对方式在家长受教育程度上有显著差异（p<0.05），但在积极应对方式和总的压力应对方式上不存在显著差异（ps>0.05）。进一步事后比较发现，受教育程度为小学的脑瘫儿童家长在消极应对方式上的得分显著高于受教育程度为大学的家长，受教育程度为高中的脑瘫儿童家长在消极应对方式上的得分显著高于受教育程度为初中的家长，受教育程度为高中的脑瘫儿童家长在

消极应对方式上的得分显著高于受教育程度为大学的家长。

三、脑瘫儿童家庭功能及其人口统计学差异分析

（一）脑瘫儿童家庭功能的描述性分析

从表 5-10 中可以看出，亲密度的平均分为 3.480，略高于量表得分的理论中值 3；适应性的平均分为 2.404，低于量表得分的理论中值 3，表明脑瘫儿童家庭的适应性较差，亲密度好于适应性。家庭功能的平均分为 2.978，接近量表得分的理论中值 3，表明脑瘫儿童家庭在整体功能上的状况一般。

表 5-10 脑瘫儿童家庭功能的描述性分析（*N*=49）

变量	min	max	*M*	*SD*
亲密度	1.88	4.88	3.480	0.594
适应性	1.36	3.71	2.404	0.555
家庭功能	1.63	4.27	2.978	0.544

（二）脑瘫儿童家庭功能在家庭人口量上的差异比较

我们将家庭人口量分为小家庭（2～4 人）、大家庭（5 人及以上）两种，以家庭人口量为自变量，以家庭功能的两个维度得分和总量表得分为因变量进行独立样本 t 检验，结果见表 5-11。

表 5-11 脑瘫儿童家庭功能在家庭人口量上的差异比较

变量	小家庭（$M\pm SD$）	大家庭（$M\pm SD$）	t	p
亲密度	3.603±0.584	3.200±0.533	2.284	0.027
适应性	2.494±0.573	2.200±0.467	1.742	0.088
家庭功能	3.085±0.546	2.733±0.469	2.167	0.035

由表 5-11 可见，在亲密度上，t=2.284，p<0.05，表明脑瘫儿童家庭的亲密度在家庭人口量上存在显著差异，人口量少的小家庭的亲密度得分高于人口量多的大家庭得分。在适应性上，t=1.742，p>0.05，表明脑瘫儿童的家庭适应性在家庭人口量上不存在显著差异。在家庭功能上，t=2.167，p<0.05，表明脑瘫儿童家庭功能在家庭人口量上存在显著差异，人口量少的小家庭的家庭功能得分高于人口量多的大家庭得分。

（三）脑瘫儿童家庭功能在家长受教育程度上的差异比较

我们以家长受教育程度为自变量，以脑瘫儿童家庭功能的两个维度得分和总量表得分为因变量，采用单因素方差分析方法进行比较，结果见表 5-12。

表 5-12　脑瘫儿童家庭功能在家长受教育程度上的差异比较

变量	受教育程度	*M*	*SD*	*F*	*p*	事后比较
亲密度	小学	3.375	0.591	3.508	0.023	高中>小学 高中>初中
	初中	3.275	0.547			
	高中	3.901	0.531			
	大学	3.646	0.425			
适应性	小学	2.393	0.497	4.513	0.008	高中>小学 高中>初中
	初中	2.143	0.497			
	高中	2.810	0.557			
	大学	2.571	0.189			
家庭功能	小学	2.917	0.503	4.470	0.008	高中>小学 高中>初中
	初中	2.747	0.486			
	高中	3.392	0.519			
	大学	3.144	0.302			

由表 5-12 可知，在亲密度上，$F=3.508$，$p<0.05$，表明家庭亲密度在家长受教育程度上存在显著差异；在适应性上，$F=4.513$，$p<0.01$，表明家庭适应性在家长受教育程度上存在非常显著的差异；在家庭功能上，$F=4.470$，$p<0.01$，表明家庭功能在家长受教育程度上存在非常显著的差异。进一步事后比较分析发现，不同受教育程度的脑瘫儿童家长在亲密度、适应性和整体家庭功能上的显著差异一致性地反映在受教育程度为高中的家长与受教育程度为小学和初中的家长之间，具体表现为受教育程度为高中的家长在亲密度、适应性和家庭功能上的得分均高于受教育程度为小学和初中的家长的得分。

（四）脑瘫儿童家庭功能在每月平均费用上的差异比较

我们以脑瘫儿童每月平均费用为自变量，以家庭功能的两个维度得分和总量表得分为因变量，对其进行单因素方差分析，结果见表 5-13。

表 5-13 脑瘫儿童家庭功能在每月平均费用上的差异比较

变量	每月平均费用	*M*	*SD*	*F*	*p*	事后比较
亲密度	0～800 元	3.281	0.597	3.340	0.027	1601～2400 元>0～800 元 1601～2400 元>801～1600 元 1601～2400 元>2400 元以上
	801～1600 元	3.542	0.503			
	1601～2400 元	4.100	0.526			
	2400 元以上	3.237	0.628			
适应性	0～800 元	2.417	0.425	1.690	0.183	
	801～1600 元	2.476	0.581			
	1601～2400 元	2.729	0.550			
	2400 元以上	2.158	0.513			
家庭功能	0～800 元	2.878	0.489	2.701	0.057	
	801～1600 元	3.044	0.502			
	1601～2400 元	3.460	0.537			
	2400 元以上	2.733	0.546			

由表 5-13 可知，在亲密度上，$F=3.340$，$p<0.05$，表明家庭亲密度在脑瘫儿童每月平均费用上有显著差异，而适应性和家庭功能在脑瘫儿童每月平均费用上均不具有显著差异。进一步事后比较发现，在亲密度上，每月平均费用在0～800 元与 1601～2400 元的家庭之间存在显著差异，每月平均费用在 801～1600 元与 1601～2400 元的家庭之间存在显著差异，每月平均费用在 1601～2400 元与 2400 元以上的家庭之间存在显著差异，每月平均费用在 1601～2400 元的家庭比其他三种花费的家庭具有更高的亲密度。

四、脑瘫儿童家长的压力应对方式与家庭功能的关系分析

（一）脑瘫儿童家长的压力应对方式和家庭功能的相关分析

我们计算了脑瘫儿童家长在压力应对方式和家庭功能各个维度得分和总量表得分上的相关系数，具体结果见表 5-14。

表 5-14 脑瘫儿童家长压力应对方式和家庭功能的相关分析

变量	积极应对方式	消极应对方式	压力应对方式	亲密度	适应性
消极应对方式	0.320*				
压力应对方式	0.879**	0.734**			

续表

变量	积极应对方式	消极应对方式	压力应对方式	亲密度	适应性
亲密度	0.289*	0.162	0.289*		
适应性	0.418**	0.261	0.431**	0.783**	
家庭功能	0.367**	0.219	0.374**	0.955**	0.932**

从表 5-14 中的数据可以看出，积极应对方式和总的压力应对方式均与亲密度、适应性、家庭功能呈显著的正相关关系，也就是说，脑瘫儿童家长采用的压力应对方式越多，尤其是积极应对方式越多，其家庭的亲密度、适应性和家庭功能就会越好；而消极应对方式与脑瘫儿童家庭的亲密度、适应性和家庭功能没有显著相关。

（二）脑瘫儿童家长的压力应对方式对家庭功能的逐步回归分析

为了深入探讨脑瘫儿童家长的压力应对方式和家庭功能的关系，我们进一步考察了家长的压力应对方式对脑瘫儿童家庭功能的影响，以家长的积极应对方式、消极应对方式为预测变量，以家庭的亲密度、适应性和家庭功能为效标变量进行逐步回归分析，结果详见表 5-15。

表 5-15　脑瘫儿童家长压力应对方式对家庭功能及其各维度的逐步回归分析

效标变量	预测变量	R	R^2	ΔR^2	F	β
亲密度	积极应对方式	0.289	0.083	0.083	4.275	0.289
适应性	积极应对方式	0.418	0.175	0.175	9.957	0.418
家庭功能	积极应对方式	0.367	0.135	0.135	7.330	0.367

当效标变量为亲密度时，只有积极应对方式进入了回归方程，多元相关系数为 0.289，联合解释量为 0.083，即它能预测亲密度 8.3%的变异量。当效标变量为适应性时，同样只有积极应对方式进入了回归方程，多元相关系数为 0.418，联合解释量为 0.175，即它能预测适应性 17.5%的变异量。当效标变量为家庭功能时，同样只有积极应对方式进入了回归方程，多元相关系数为 0.367，联合解释量为 0.135，即它能预测家庭功能 13.5%的变异量。

五、脑瘫儿童家长压力应对方式与家庭功能的特点及其关系的讨论

（一）脑瘫儿童家长压力应对方式的特点

研究结果显示，脑瘫儿童家长的积极应对方式和总的压力应对方式在家庭人口量上存在显著差异，家庭人口量少的家长在积极应对方式和总的压力应对方式上的得分都显著高于家庭人口量多的家长，即家庭人口量少的家长会更多地使用压力应对方式，尤其是积极应对方式。这可能是因为在人口量较少的家庭里，成员之间的关系更简单，生活矛盾相对较少，家庭氛围会比较轻松和自由，有利于家长积极地应对压力；而在人口量较多的家庭里，由于家庭成员数量较多，各种问题聚集在一起，脑瘫儿童家长会由此产生许多负面情绪，并将其堆积在心里，难以排解，无法主动寻找解决之道。消极应对方式在脑瘫儿童家长的受教育程度上存在显著差异，这与其他研究得出的结论基本相同。有研究发现，患儿父母应付方式的选择与其心理状态有关，也与其受教育程度、年龄、职业等有关（邹华等，2011）。受教育程度为大学的家长在消极应对方式上的得分显著低于受教育程度为小学和高中的家长，这可能是因为受教育程度高的家长在思想层次、观念上更加成熟和理性，在面对家庭问题时的处理方式更加多元化，其寻求资源和解决问题的能力相对较强，因此不会过多地选择消极应对方式来缓解家庭压力。

（二）脑瘫儿童家庭亲密度和适应性的特点

脑瘫儿童家庭的亲密度在家庭人口量、每月平均费用、家长受教育程度上均存在显著差异，而适应性在家长受教育程度上存在显著差异。人口量多的大家庭在家庭亲密度上的得分显著低于人口量少的小家庭，家庭人口量的多少影响了家庭亲密度。这可能是因为家庭人数多时，家庭成员容易产生角色矛盾，导致亲密度降低。脑瘫儿童具有特殊性，需要对其进行很好的养护和照顾，许多时候他们是和祖辈生活在一起的，而祖辈与父辈或孙辈在人生观、价值观上存在明显不同，这就会造成生活中的矛盾和冲突，严重影响家庭关系的和谐。此外，脑瘫儿童的家长需要花费大量的时间和金钱来照顾孩子，以及带孩子参

加康复训练，并且不同障碍程度的脑瘫儿童存在差异，致使照顾者不能同健全儿童家长那样顺利进行工作，这就意味着经济来源的减少，进而必然会降低家庭的整体生活水平和整体生活质量，长期如此，可能会对家庭成员的亲密关系产生不良影响。从父母受教育程度的角度看，已有研究发现，父母受教育程度高的大学生在实际亲密度和适应性上的得分要显著高于父母受教育程度低的大学生（孙维胜，2012），这与我们得到的结论基本一致。家庭亲密度和适应性在家长受教育程度上存在显著差异，这可能是因为家长受教育程度与其情感表达呈显著正相关，受教育程度较高的家长通常具有较高的情感表达能力，能够更加清楚地与孩子进行沟通和交流，亲子感情较为融洽。受教育程度不同的父母，其知识面、价值观等必然存在差异，在处理日常生活事件、环境变化等的方式方法上也会有所不同，进而造成在家庭适应性上的差异（原凯歌，刘航，2011）。所以，受教育程度高的家长在处理家庭问题上、在与家人的沟通上会采用更加理智、更加容易让人接受的方法，他们能尽快适应家庭突发状况，转换思维，寻求办法，让家庭问题得到解决，从而表现出更好的家庭亲密度和适应性。

（三）脑瘫儿童家长压力应对方式与家庭功能的关系

相关分析结果显示，家长的积极应对方式与脑瘫儿童家庭的亲密度、适应性和整体的家庭功能都呈显著正相关。家长采用的压力应对方式为积极应对方式时，家庭的亲密度、适应性和整体功能也会相应更好。为了进一步探讨家长压力应对方式和家庭功能的关系，我们分别以积极应对方式、消极应对方式为预测变量，以家庭的亲密度、适应性和家庭功能为效标变量进行了逐步回归分析，结果显示，家长的压力应对方式中的积极应对方式进入了回归方程，对家庭的亲密度、适应性和家庭功能都有显著的预测作用。家长采用积极的压力应对方式，有利于提高家庭成员的心理健康水平，促进家庭环境的和谐融洽，营造良好的家庭氛围，可以改善家庭的亲密度和适应性，从而使家庭保持良好的功能状态。

曾有研究者将家庭亲密度和适应性作为预测变量，将压力应对方式作为效标变量进行研究，得出的结论是家庭亲密度、适应性与积极应对方式存在显著正相关，与消极应对方式存在显著负相关，而家庭亲密度和适应性均可以显著预测积极应对方式的得分，健康的家庭功能有利于积极应对方式的形成，由此可知，作为测量家庭功能重要指标的家庭亲密度和适应性对积极应对方式的形成具有显著的影响（王瑞姗等，2013）。也就是说，家庭环境和谐、家庭成员关系亲密、适应性好的家长更有可能采取积极应对方式，而我们的研究结果表明，积极应对方式的采取更有利于促进家庭环境稳定和家庭成员关系亲密。如此，积极的压力应对方式与家庭的亲密度和适应性就能够形成良性循环，不仅可以让家庭环境变得更适宜脑瘫儿童生活，而且有利于家长心理健康状况的改善。

家庭是孩子首先接触到的环境，对孩子的成长起着非常重要的作用，良好的家庭教育环境会对儿童心理健康的发展和稳定产生重要影响。儿童的心理健康问题除了与社会、学校等因素有关外，家庭环境也是一个不可忽视的重要影响因素。对于脑瘫儿童来说，家庭的重要性更值得我们关注，脑瘫儿童的家庭环境、家长的压力应对方式对脑瘫儿童的康复效果、康复时间和心理健康都会产生不可估量的影响，需要家长寻找到适合自己的压力应对方式，减少自身的情绪问题和心理困惑，努力为脑瘫儿童营造适宜的家庭环境，增强家庭的亲密度和适应性，更好地发挥家庭功能。

六、改善脑瘫儿童家长压力应对方式和家庭功能的建议

家长作为脑瘫儿童重要的社会支持来源，在长期照顾脑瘫儿童的同时，也会产生生理压力、心理压力和经济压力。所以，他们的心理状况对脑瘫儿童的治疗和康复极其重要，需要人们给予关注。家庭的亲密和谐也会对家长的日常工作和生活产生影响，良好的家庭功能能够促进家长在工作和生活中保持身心愉悦，以及生理和心理健康。因此，改善脑瘫儿童家长的压力应对方式和构建良好的家庭功能非常重要，对此我们给出以下几点建议。

（一）加强对脑瘫儿童家长的心理干预

特殊教育工作者要及时关注家长的心理状态，有针对性地实施心理干预，努力提高家长的心理健康水平。由于脑瘫儿童家长每日需要应对的事务繁多，他们不仅要关心脑瘫儿童的病情、康复效果，还要考虑以后自己的孩子是否能够进入学校学习、能否就业以及之后儿童的养护问题等。针对这些问题，我们

要给予家长安慰和支持，重视家长的心理压力和生理压力。有学者建议，改善以家庭为中心的护理措施，帮助脑瘫儿童家长建立有效的关怀模式，以缓解家庭压力，从而可以使家长更积极地应对其所面临的困难（宁泽淑等，2014）。

（二）改善家长的压力应对方式，指导家长采用积极应对方式

要想提高脑瘫儿童家庭的亲密度和适应性，发挥家庭功能的良性作用，就需要改善脑瘫儿童家长的压力应对方式，指导家长多采用积极应对方式来改善家庭关系，提高家庭功能。脑瘫儿童家长需要采取各种积极、有效的应对策略，寻求更多的社会支持，理智地处理各类问题，提高自己正确处理生活压力的能力，还可以通过寻找和利用良好的社会资源，向亲朋好友倾诉烦恼，学会自我减压与合理宣泄，提高应对方式的效能。

（三）政策积极扶持，缓解家长压力

通过国家、政府的相关政策来帮助脑瘫儿童家长缓解家庭经济压力，对脑瘫儿童的康复治疗进行扶持，让脑瘫儿童家长感受到来自国家、政府的关爱和社会支持也是非常必要的。例如，中国残疾人联合会以及各地的残疾人联合会的一些项目可以帮助脑瘫儿童接受康复治疗，这些项目支持能够在一定程度上缓解这些家庭的经济压力，有助于减少家长的实际困难，改善家庭的亲密度和适应性。

第六章　亲子沟通和家庭复原力的中介影响机制

父母是孩子的第一任老师，父母对子女身心的健康发展有重大影响。我们前面的研究证实了家长在养育残疾儿童过程中感知到的亲职压力与儿童的心理健康之间是相互影响的，一方面，过大的亲职压力会导致残疾儿童产生更多的心理问题，降低儿童的心理健康水平；另一方面，残疾儿童自身的障碍与情绪行为问题又可能成为家长亲职压力的重要来源，加重家长的压力感受。如果找不到一个突破口打破这一恶性循环，家长和残疾儿童的身心发展都会受阻。家长作为儿童的主要照顾者和监护人，也是家庭教育的主导者，不仅负有抚养儿童长大的责任，更有教育和促进儿童健康发展的使命。残疾儿童因为自身的缺陷与功能障碍，其健康成长已经变得非常艰难，家长理应尽力减少他们的心理问题，帮助他们提高心理健康水平，增强其承受和应对挫折的能力。因此，我们将家长的亲职压力作为预测变量，将残疾儿童的心理健康作为结果变量，研究可以突破或者缓冲家长亲职压力与残疾儿童心理健康之间的恶性循环的中间变量，以期为维护残疾儿童的心理健康找到应对之策。

如前所述，亲职压力是家长的主观感受，心理健康是残疾儿童的心理状态，它们分属不同的个体，却能够通过亲子沟通得以连接和传递，使得家长的亲职压力对儿童心理健康的影响不仅可能是直接的，也可能是间接的，并且家庭的功能状态还会影响整个传递过程。亲子沟通是亲子关系的核心要素，包括亲子沟通的模式与质量，亲子沟通的模式反映出家长与儿童之间的不同沟通类型，亲子沟通的质量则表明了家长与儿童之间的不同沟通效果。合理的、高质量的亲子沟通可以减少亲职压力对残疾儿童心理健康的消极影响，有助于维护残疾儿童的心理健康。家长和儿童共处的家庭环境系统的整体功能如何，对于家长的压力感受、残疾儿童的心理健康状态及其沟通模式和质量都会产生重要影响，良好的家庭功能可以与亲子沟通相互促进，共同促使残疾儿童的心理健康在家庭环境系统里获得优化发展。在衡量家庭功能的各项指标性变量中，家庭复原力是基于积极心理学的关键要素，特别是对于残疾儿童家庭这样充满问题、冲突、挫折和挑战的家庭来说，研究这类家庭在经历逆境后的复原力就显得尤为重要。本章首先验证了亲子沟通模式在家长亲职压力与残疾儿童心理健康之间的中介作用机制，然后进一步检验了家庭复原力和亲子沟通质量在家长亲职压力与残疾儿童心理健康之间的链式中介作用机制，最后综合分析了亲子沟通和家庭复原力这两个中介变量对于缓解家长亲职压力给残疾儿童心理健康造成的消极影响的保护性作用，揭示了家长亲职压力、亲子沟通、家庭复原力和残疾儿童心理健康之间的复杂关系，可以为后续有效干预残疾儿童的心理健康和家长亲职压力提供心理学依据和策略支持。

第一节　亲子沟通模式的中介效应检验

在儿童成长过程中，亲子沟通是儿童心理发展的重要因素。当父母面对的养育对象是残疾儿童时，他们将遭遇到更多的来自自身、孩子及周遭环境的压力（如父母对孩子的认可度、孩子的残疾类型及程度、周围人的眼光、是否得到社会支持等），使得残疾儿童父母对待残疾儿童的方式有所不同。残疾儿童作为一个特殊群体，由于身体的缺陷，以及在成长过程中的自卑心理，他们无法正常与他人进行沟通和交流，自然与父母的沟通也会出现困难。儿童的困难程度越高，其产生心理疾病的可能性就越大（A. Goodman & R. Goodman，2009）。一旦父母感受到过大的亲职压力，就很容易形成不良的亲子沟通模式，从而影响残疾儿童的心理健康水平，更加不利于残疾儿童的康复和成长。例如，陈丽和刘艳（2012）对流动儿童的研究结果显示，亲子沟通各维度可显著预测儿童的心理健康水平，缺乏开放表达、理解性、倾听反应和分歧冲突解决的亲子沟通，会引发儿童更多内化和外化的问题行为。因此，探明亲子沟通模式在家长亲职压力对残疾儿童心理健康影响中的中介作用机制就显得尤为重要。

一、研究对象与方法

（一）研究对象

我们采用便利抽样的方法，在重庆市的綦江区特殊教育学校和沙坪坝区聋哑学校抽取 6～17 岁的残疾儿童家庭作为样本，包括多重障碍、听觉障碍、唐氏综合征、学习障碍、智力障碍、孤独症等类型的残疾儿童及其家长，分别发放家长问卷和儿童问卷各 93 份，由于残疾儿童家长的配合度问题，问卷回收较为困难，家长问卷和儿童问卷各回收 75 份，回收率均为 80.6%，除去回收问卷中有规律作答、回答缺失或有误的无效问卷 11 份，分别得到有效的家长问卷和儿童问卷各 64 份，有效率为 85.3%。有效被试的构成情况见表 6-1。

表 6-1 有效被试的构成情况

样本构成类别		人数/人	百分比/%	样本构成类别		人数/人	百分比/%
就业状况	已就业	30	46.9	性别	男	37	57.8
	未就业	34	53.1		女	27	42.2
婚姻状况	已婚	43	67.2	排行	独生子女	8	12.5
	离婚	7	10.9		老大	37	57.8
	已婚分居	6	9.4		老二	15	23.4
	丧偶	8	12.5		老三	4	6.3
家庭月收入	2000 元以下	38	34.4	障碍程度	轻度	13	20.3
	2000～4000 元	22	59.4		中度	25	39.1
	4000 元以上	4	6.3		重度	26	40.6
受教育程度	未上学	3	4.7	障碍类型	多重障碍	3	4.7
	小学	30	46.9		听觉障碍	33	51.6
	初中	21	32.8		唐氏综合征	6	9.4
	高中	9	14.1		学习障碍	5	7.8
	专科及以上	1	1.6		智力障碍	15	23.4
					孤独症	2	3.1

（二）研究工具

1. 短式亲职压力量表

我们采用短式亲职压力量表来测查残疾儿童家长的亲职压力，该量表由阿比丁（Abidin，1990b）编制，经任文香（1995）翻译并修订成中文版。该量表的维度和评分见第二章第二节所述。

2. 家庭沟通模式量表

我们采用菲茨帕特里克和里奇（Fitzpatrick & Ritchie，1994）修订的家庭沟通模式量表来测量残疾儿童家庭的亲子沟通模式。该量表共 26 个题项，分为两个维度，即交流和一致。其中交流是指亲子双方通过交谈、对话实现互动，有 15 个题项；一致是指在亲子沟通中，父母要求子女与自己的意见达成一致，有 11 个题项。该量表采用五点计分，交流维度的得分越高，表明亲子沟通中亲子间的交流越多；一致维度的得分越高，表明亲子沟通中父母要求子女服从的现象越多。该量表交流维度和一致维度的内部一致性系数分别为 0.92 和 0.82，信度良好，且经过长期的研究和修订，很多研究者都对其适切性、代表性和可读性进行了评定，表明该量表具有较高的效度（Kelly et al., 2002）。

3. 长处和困难问卷

我们采用中文版长处和困难问卷来测查残疾儿童的心理健康水平。该问卷的维度和评分见第一章第二节所述。此外，该问卷还有两个附加题项用来评估困难对儿童的影响程度，影响程度得分越高，代表困难对儿童造成的困扰和社会功能缺陷越大。由于残疾儿童的认知发展水平有限，自评有困难，我们选用了该问卷的家长版。由于问卷中的情绪症状、品行问题、多动、同伴交往问题都是消极因子，而亲社会行为是积极因子，无法将消极因子和积极因子相加，我们将亲社会行为做了反向转换，重新命名为社会行为问题，将以上五个因子的分数相加求平均后得到心理问题的得分，该得分越高表明儿童的心理问题越多，心理健康水平越低，而得分越低表明儿童的心理问题越少，心理健康水平越高。

（三）施测与数据处理

所有问卷和量表由家长独立完成，家长对自己的亲职压力和沟通模式进行自评，并对儿童的心理健康进行他评。我们将数据录入计算机后，采用 SPSS16.0 对数据进行描述性统计分析、相关分析和中介效应检验等统计处理。

二、残疾儿童家长亲职压力、亲子沟通模式、残疾儿童心理健康的基本情况

（一）残疾儿童家长的亲职压力情况

描述性统计结果显示，短式亲职压力总量表得分的平均值为3.264，标准差为0.813，亲职愁苦、亲子互动失调和困难儿童维度得分的平均值分别为3.001、3.324和3.464，标准差分别为1.043、0.776和0.688，相对而言，困难儿童带给家长的亲职压力最大，亲职愁苦带给他们的压力最小。有34名被试的亲职愁苦得分大于其平均值，占被调查对象的53.1%；有34名被试的亲子互动失调得分大于其平均值，占被调查对象的53.1%；有31名被试的困难儿童得分大于其平均值，占被调查对象的48.4%。将亲职愁苦、亲子互动失调和困难儿童的平均数与理论中值进行对比，可以发现，三个维度的平均分均高于理论中值3，其中困难儿童的均值超过理论中值最多，表明这个维度带给残疾儿童家长的亲职压力的确是最大的。此外，亲职愁苦的标准差是三个维度中最大的，说明亲职愁苦的离散程度最大，即残疾儿童家长在亲职愁苦维度上感受到的压力差异最大，而困难儿童的标准差是三个维度中最小的，说明困难儿童的离散程度最小，即残疾儿童家长在困难儿童这个维度上感受到的压力差异较小。

（二）残疾儿童家长与残疾儿童的亲子沟通情况

家庭沟通模式量表分为交流和一致两个维度，根据描述性统计结果可知，交流和一致的平均值分别为2.996和3.188，标准差分别为0.907和0.337。将交流维度和一致维度的均值与理论中值3进行对比，交流维度的平均值小于理论中值，表明在亲子沟通中，父母与子女通过交流进行的沟通比较少；一致维度的平均值大于理论中值，表明在亲子沟通中，父母要求子女遵从的现象多一些。就标准差而言，交流维度的标准差大于一致维度的标准差，表明交流维度的离散程度较大，即残疾儿童家长使用交流沟通模式的差异性较大；一致维度的离散程度较小，即残疾儿童家长使用一致沟通模式的差异性较小。

（三）残疾儿童的心理健康情况

根据描述性统计结果可知，残疾儿童心理问题总问卷的平均值为 1.095，标准差为 0.750，情绪症状、品行问题、多动、同伴交往问题、社会行为问题维度的平均值分别为 1.153、1.066、1.131、1.028、1.131，标准差分别为 0.862、0.936、0.667、0.584、0.663。比较各维度的平均值，发现所有维度的平均值都大于理论中值 1，表明残疾儿童的心理在情绪症状、品行问题、多动、同伴交往问题和社会行为问题各个方面都有不健康的现象，其中情绪症状、多动和社会行为问题三个维度的平均值明显大于其他维度，表明残疾儿童在这三个方面有更多的问题。比较各个维度的标准差可知，情绪症状和品行问题两个维度的标准差明显大于其他维度的标准差，可见这两个维度的离散程度较大，即残疾儿童在这两个方面的差异性较大。

三、残疾儿童家长亲职压力、亲子沟通模式、残疾儿童心理健康的相关分析

（一）家长亲职压力与残疾儿童心理健康的相关分析

对残疾儿童家长亲职压力和残疾儿童心理健康的各维度及总问卷的数据进行皮尔森积差相关系数的计算，结果见表 6-2。由表中数据可知，家长的亲职愁苦、亲子互动失调、困难儿童、亲职压力与残疾儿童心理健康各维度均呈非常显著的正相关，表明家长在亲职愁苦、亲子互动失调、困难儿童维度上的压力越大，残疾儿童的各种心理问题就会越多，心理越不健康。亲职愁苦、亲子互动失调、困难儿童与心理问题总问卷得分也呈非常显著的正相关，即亲职压力和亲职愁苦、亲子互动失调、困难儿童各维度得分越高，心理问题的得分就越高，则儿童的心理就越不健康；反之，亲职压力和亲职愁苦、亲子互动失调、困难儿童各维度的得分越低，心理问题的得分就越低，则儿童的心理就越健康。

表 6-2　家长亲职压力与残疾儿童心理健康的相关分析

变量	情绪症状	品行问题	多动	同伴交往问题	社会行为问题	心理问题
亲职愁苦	0.979**	0.953**	0.954**	0.956**	0.961**	0.976**
亲子互动失调	0.959**	0.960**	0.941**	0.927**	0.939**	0.962**

续表

变量	情绪症状	品行问题	多动	同伴交往问题	社会行为问题	心理问题
困难儿童	0.913**	0.920**	0.909**	0.898**	0.926**	0.928**
亲职压力	0.981**	0.972**	0.963**	0.957**	0.971**	0.985**

（二）亲子沟通模式与残疾儿童心理健康的相关分析

对亲子沟通模式和残疾儿童心理健康的各维度及总量表的数据进行皮尔森积差相关系数的计算，结果见表 6-3。由表中数据可以看出，交流沟通模式与心理问题及其各维度的相关高于一致沟通模式。亲子沟通中的交流维度与心理问题及其各维度呈非常显著的负相关，表明亲子间的交流沟通模式越少，残疾儿童的各种心理问题越多，残疾儿童的心理越不健康，反之则越健康。一致沟通模式与残疾儿童心理问题及其各维度呈非常显著的正相关，表明亲子间的一致沟通模式越多，残疾儿童的各种心理问题越多，心理越不健康。

表 6-3　亲子沟通模式与残疾儿童心理健康的相关分析

变量	情绪症状	品行问题	多动	同伴交往问题	社会行为问题	心理问题
交流	−0.932**	−0.971**	−0.936**	−0.895**	−0.968**	−0.957**
一致	0.503**	0.519**	0.519**	0.460**	0.498**	0.510**

（三）亲子沟通模式与家长亲职压力的相关分析

对亲子沟通模式和亲职压力的各维度及总量表的数据进行皮尔森积差相关系数的计算，结果见表 6-4。由表中数据可知，交流沟通模式与亲职压力各维度及总量表的相关程度高于一致沟通模式。交流沟通模式与亲职压力各维度及总量表得分呈非常显著的负相关，表明亲职压力越大，交流沟通模式越少。一致沟通模式与亲职压力各维度及总量表得分呈非常显著的正相关，表明家长亲职压力越大，亲子间的一致沟通模式越多，即父母要求孩子遵从自己的现象越多。

表 6-4　亲子沟通模式与家长亲职压力的相关分析

变量	亲职愁苦	亲子互动失调	困难儿童	亲职压力
交流	−0.919**	−0.943**	−0.876**	−0.940**
一致	0.526**	0.500**	0.330**	0.477**

四、亲子沟通模式的中介效应检验

根据温忠麟等（2004）提出的中介效应检验程序来检验亲子沟通在家长亲职压力与残疾儿童心理健康之间的中介作用，在考虑自变量 X（家长亲职压力）对因变量 Y（残疾儿童心理健康）的影响时，如果 X 通过影响变量 M（亲子沟通）来影响 Y，则称 M 为中介变量。由于亲子沟通模式有交流和一致两种类型，我们分别探讨交流沟通模式和一致沟通模式在家长亲职压力和残疾儿童心理健康之间的中介作用。

（一）交流沟通模式的中介效应检验

交流沟通模式的中介效应检验过程及结果如图 6-1 所示。

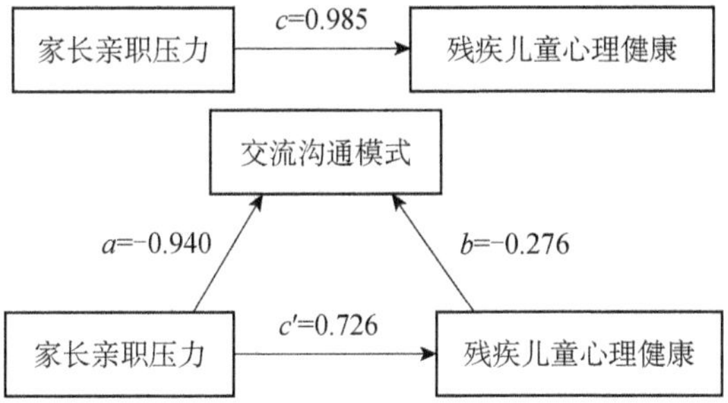

图 6-1　交流沟通模式的中介效应检验

第一步，对家长亲职压力和残疾儿童心理健康两个变量进行回归分析，得出回归系数 $c=0.985$，$p<0.001$，即 c 极其显著。该结果表明可以进行下一步的中介作用检验。

第二步，依次检验 a 和 b，得出 $a=-0.940$，$p<0.001$，$b=-0.276$，$p<0.001$，即 a 和 b 均极其显著，意味着家长亲职压力对残疾儿童心理健康的影响中至少有一部分是通过中介变量交流沟通模式实现的。

第三步，检验系数 c'，得出 $c'=0.726$，$p<0.001$，即 c' 也极其显著，表明交流沟通模式在家长亲职压力对残疾儿童心理健康的影响中起部分中介作用。

（二）一致沟通模式的中介效应检验

一致沟通模式的中介效应检验过程及结果如图 6-2 所示。

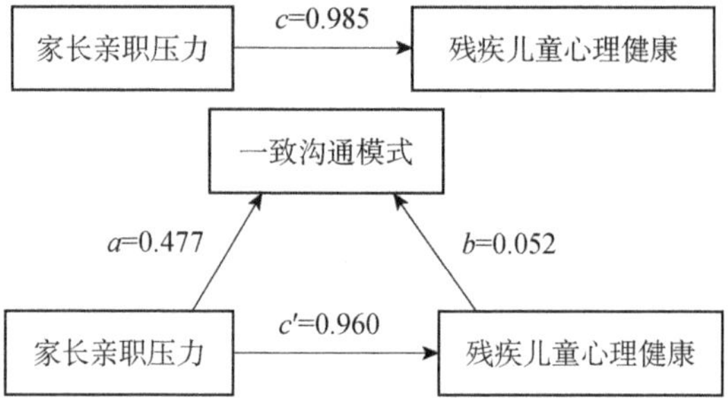

图 6-2　一致沟通模式的中介效应检验

第一步，对家长亲职压力和残疾儿童心理健康两个变量进行回归分析，得出回归系数 $c=0.985$，$p<0.001$，即 c 极其显著。该结果表明可以进行下一步的中介作用检验。

第二步，依次检验 a 和 b，得出 $a=0.477$，$p<0.001$，即 a 极其显著，$b=0.052$，$p<0.05$，即 b 显著，意味着家长亲职压力对残疾儿童心理健康的影响中至少有一部分是通过中介变量一致沟通模式实现的。

第三步，检验系数 c'，得出 $c'=0.960$，$p<0.001$，即 c' 也极其显著，说明一致沟通模式在家长亲职压力对残疾儿童心理健康的影响中起部分中介作用。

以上中介效应检验结果表明，亲子沟通中的交流和一致两种模式在家长亲职压力与残疾儿童心理健康的关系之间均起着部分中介作用，即家长亲职压力不仅可以直接影响残疾儿童心理健康，还可以通过交流和一致两种亲子沟通模式间接地对残疾儿童心理健康产生影响。

第二节　家庭复原力和亲子沟通质量的链式中介效应检验

家庭是最基本的社会生活组织单位，同时也是残疾儿童生存和发展的基本单位。残疾儿童自身的身心发展障碍不仅限制了其个人的成长，也影响了整个家庭的正常生活。在残疾儿童家庭中，家长作为儿童的主要照顾者，与残疾儿童长期生活在一起，负责照顾与支持残疾儿童的日常生活及其教育康复。他们不仅要处理日常家庭生活带来的各种压力，还要处理残疾儿童带来的生活照料、教育康复、亲子关系，以及抚养费用等方面的压力。残疾儿童由于其独特的身心发展特点，常常会受到一些来自外界的偏见的影响，难以与健全儿童交往，或敏感或封闭，表现出较多的情绪行为问题。这使得残疾儿童家长在教养过程中需要花费比健全儿童家长更多的时间和精力等，使其承受着更大的家庭压力。家长的言行举止、情绪情感等既会影响残疾儿童的康复效果，也会影响儿童的心理健康。不论他们是否认识到自己对孩子的影响，他们的一言一行都会在家庭生活中影响孩子的身心发展。

在我们接触到的一些残疾儿童家庭中，有的家长觉得是自己的错误导致了孩子的缺陷，为此心里充满愧疚，将压力深埋在心底。在日常生活中，他们对儿童过分顺从，导致儿童变得懦弱、依赖，难以正常表达个人需求，不愿和他人相处，甚至在无法达到目的时就发脾气、摔东西，发展出一系列行为问题，无法融入健全人的生活和学习。也有部分家长完全将压力外显，表现为对孩子要求过高，希望通过严苛的训练和学习减轻孩子的障碍程度，使其得到更好的发展。但过于严格的要求和方式，反而造成孩子紧张、畏惧的心理反应，甚至引起残疾儿童逃避、尖叫等一系列情绪行为问题。因此，家长只有正确地感知自身压力、缓解压力，才能以正确的方式对待残疾儿童，对他们产生积极影响。

事实上，20 世纪 70 年代以来，研究者就注意到，在同样经历了逆境和压力后，有的家庭无法适应这种改变，甚至一蹶不振，导致家庭破裂，但有的家庭却能积极面对困难，良好地适应并渡过难关，继续过着美满的生活。研究者将这种以家庭为整体单元，在困境与逆境下成功应对压力，并从中获取一定的力量，以继续正常生活的能力，称为家庭复原力。一些“快乐而成功”的残疾儿童家庭通过自身调整或从外界获取一定的帮助与支持，能够正视困境并做出积极应对，成功地消解了因子女残障带来的消极影响，降低了家长自身和残疾儿童心理疾病出现的可能性。因此，如何提高残疾儿童家庭的复原力，引导家长采取积极的措施应对由照顾残疾儿童带来的压力，使他们能够在困难与挫折情境中保持健康的心态，并将这种积极的心理状态传递给儿童就成了重要的研究课题。目前国内对复原力的研究多倾向于从个体角度出发，研究个体的心理复原力，但我们在对现有研究进行对比分析后发现，个体的复原能力与压力知觉和心理健康都存在着一定的关联，而家庭因素在早期复原力的研究中一直作为一个保护性因素存在，会对个体复原力产生影响。

此外，亲子关系是家庭关系中非常重要的一种基础关系，高质量的亲子沟通可以促进亲子关系的健康发展，有助于缓解家长的压力，并通过家长向儿童传递正向影响，促进儿童身心健康发展。然而，现有研究中针对残疾儿童亲子沟通的研究非常有限，加之一些残疾儿童家庭在面对残疾儿童时，认为自己的孩子和健全儿童不一样，无法建立正常的亲子沟通关系，所以缺乏沟通意识，忽视了亲子沟通，更谈不上关心亲子沟通的质量。但是我们应该认识到，残疾儿童和健全儿童一样，都需要在开放、健康的亲子沟通中与父母建立良好的亲子关系，进而促进自己心理的积极、健康发展。

残疾儿童家长承受着孩子问题、家庭剧变、社会歧视等多方面的压力，感知压力是应对压力的第一步，当个体感知到压力后，家庭复原力能有效地减少家长压力过高对残疾儿童心理健康带来的消极影响。因此，探讨家长压力知觉、家庭复原力、亲子沟通和残疾儿童心理健康之间的关系，可以帮助教育工作者深入了解家长对压力感知的敏感程度、家庭复原力的作用机制、亲子沟通的质量及其对残疾儿童心理健康的影响，提高对残疾儿童心理健康水平的预测性，并为残疾儿童心理干预和心理咨询工作提供相关的理论依据和指导。此外，日常生活中，家庭是残疾儿童生活的主要场所，家庭整体复原力与家长心理健康水平将直接影响孩子的教育与成长，提高家长应对压力的能力，保持健康的心理状态，不论是对于预防残疾儿童的心理健康问题，还是对于整个家庭生活质量的提高都至关重要。基于此，我们尝试从家庭整体出发，将压力知觉、家庭复原力、亲子沟通和心理健康引入特殊教育领域，对这四个变量之间的关系进行深入研究，通过建立理论模型来考察残疾儿童家长的压力知觉与残疾儿童心理健康之间的关系是否会受到家庭复原力和亲子沟通质量的影响，揭示家庭复原力和亲子沟通质量的中介影响机制。

一、研究模型的构建

残疾儿童家长在得知自己的孩子存在一定的障碍后，往往会产生一系列不良情绪，从一开始的无法接受现实到最后的冷静面对，其中他们感受到的压力体验不仅会对自身产生负面影响，也会对儿童的心理健康发展造成不可忽视的影响。因此，我们将家长的压力知觉作为自变量，将残疾儿童心理健康作为因变量是可行的。既然压力是无法避免的，我们理应更多关注有哪些因素可以缓解家长的不良压力体验对残疾儿童带来的负面影响，这就需要一些中间变量来实现。现有文献多研究个体复原力对压力知觉和心理健康的影响，但家庭作为个体复原力中十分重要的保护性因素，同样会影响压力知觉与心理健康水平。此外，亲子沟通是亲子关系的重要组成部分，是家长压力体验对残疾儿童心理健康的直接影响途径，良好的沟通可以促进亲子关系的健康发展，缓解家长的压力，并通过家长向儿童传递正向影响，促进儿童身心健康发展。基于已有文献和上述构想，我们提出以下三个待检验的研究模型。

模型 1：家庭复原力和亲子沟通质量在压力知觉与残疾儿童心理健康之间存在链式中介效应，链式中介模型如图 6-3 所示。

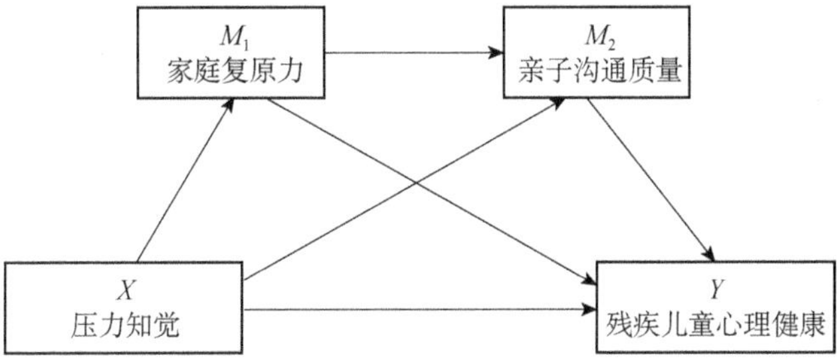

图 6-3　家庭复原力和亲子沟通的链式中介模型

模型 2：家庭居住地在家庭复原力对压力知觉与残疾儿童心理健康的中介影响中发挥调节效应，有调节的中介模型如图 6-4 所示。

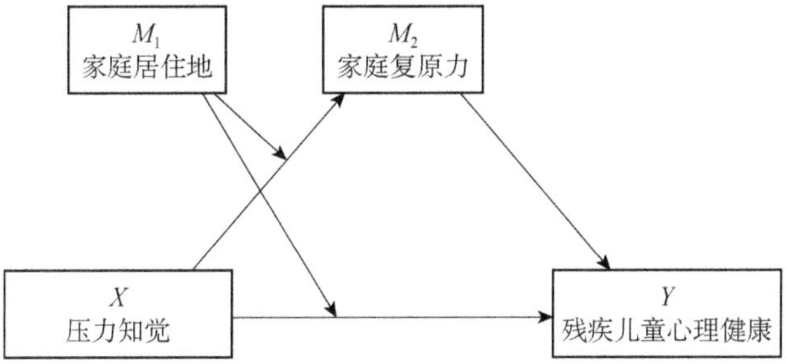

图 6-4　家庭复原力的有调节的中介模型

模型 3：家长就职情况和残疾儿童年龄在亲子沟通质量对压力知觉与残疾儿童心理健康的中介影响中发挥调节效应，有调节的中介模型如图 6-5 所示。

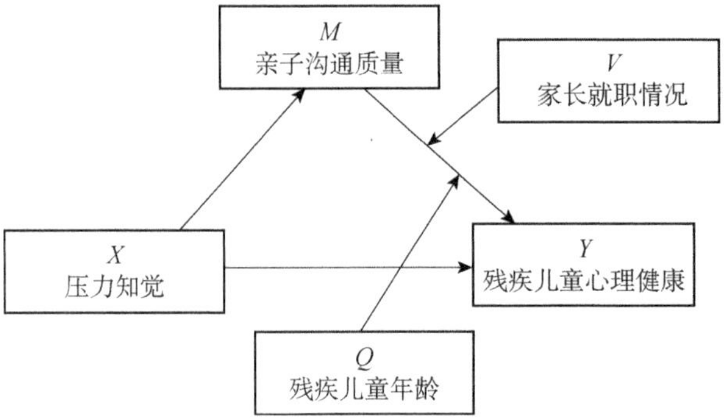

图 6-5　亲子沟通的有调节的中介模型

二、研究对象与方法

（一）研究对象

我们采用便利抽样的方法，选取陕西、甘肃、重庆、四川、河南、广东的 13 个教育康复机构和 7 所特殊教育学校共 400 个 3～18 岁的残疾儿童家庭，将家庭视为一个不可分割的整体并发放问卷，对家庭中的家长和儿童进行测试。回收家长和儿童问卷各 360 份，回收率为 90.0%，在对问卷进行整理和筛查后，获得有效的家长问卷与儿童问卷各 327 份，有效率为 90.8%。所有家长的平均年龄为 38.46±9.897 岁，其中男性有 103 人（31.5%），女性有 224 人（68.5%）；残疾儿童的平均年龄为 9.17±4.746 岁，其中男孩有 217 人（66.4%），女孩有 110 人（33.6%）。有效被试的构成情况见表 6-5。

表 6-5　有效被试的构成情况

样本构成类别		人数/人	百分比/%	样本构成类别		人数/人	百分比/%
家长亲职角色	父亲	86	26.3	残疾儿童障碍程度	轻度	75	22.9
	母亲	194	59.3		中度	132	40.4
	其他	47	14.4		重度	120	36.7
家庭居住地	城镇	161	49.2	残疾儿童障碍类型	智力障碍	85	26.0
	农村	166	50.8		孤独症	97	29.7
家长就职情况	就职	147	45.0		脑瘫	36	11.0
	未就职	180	55.0		听觉障碍	55	16.8

续表

样本构成类别		人数/人	百分比/%	样本构成类别		人数/人	百分比/%
残疾儿童确诊年龄	小于6个月	60	18.3	残疾儿童障碍类型	其他障碍类型	51	15.6
	6个月到3岁	173	52.9		缺失	3	0.9
	3岁以上	81	24.8				
	缺失	13	4.0				

（二）研究工具

1. 家庭复原力评定量表

采用李玉丽（2016）修订的中文版家庭复原力评定量表，该量表共52个题项，包含六个维度：家庭沟通与问题解决（27个题项），利用社会和经济资源（8个题项），持有积极看法（6个题项），家庭联结（4个题项），家庭灵性（4个题项），赋予逆境意义的能力（3个题项）。该量表采用利克特四点计分，总分越高表明家庭的复原力水平越高。该量表的 α 系数为0.95，各维度的 α 系数为0.50～0.95，量表总分与各维度得分之间均呈非常显著的相关，相关系数为0.36～0.96，$ps<0.01$，经信效度验证，该量表适用于中国人群（李玉丽，2016）。

2. 压力知觉量表

采用杨廷忠和黄汉腾（2003）修订的中文版压力知觉量表，该量表共14个题项，分为两个维度，即失控感和紧张感，每个维度各有7个题项。该量表采用五点计分，得分越高表明个体知觉到的压力越大。总量表的 α 系数为0.78，各项目之间的相关系数平均值为0.28，各项目与总分之间的相关系数是0.37～0.53，各测量项目均显著地负荷于两个因子上，符合量表设计的理论构想，表明信效度良好，可用于社区一般人群和特殊人群（杨廷忠，黄汉腾，2003）。

3. 亲子沟通量表

采用巴尔内斯和奥尔森（Barnes & Olson，1982）编制、王树青等（2006）修订的亲子沟通量表，该量表主要关注亲子沟通质量，共20个题项，包含两个维度：一个是开放的沟通；另一个是有问题的沟通。每个维度各有10个题项，有孩子和家长两个版本。考虑到残疾儿童的认知发展不足，自评有困难，所以我们选用了家长版本。该量表采用五点计分，有问题的沟通维度的题项为反向计分，量表总分越高表明亲子沟通的质量越好。总量表的 α 系数为 0.78，各维度的 α 系数分别为 0.87 和 0.78，重测信度分别为 0.78 和 0.77，目前已被国内外研究者广泛应用，具有较高的信效度（王树青等，2006）。

4. 特校学生心理健康问卷

使用杨晓翠（2016）编制的特校学生心理健康问卷，该问卷采用他评的方式，由残疾儿童家长作答，测量残疾儿童的心理健康水平。该问卷共有 24 个题项，分为五个维度：自我意识（7 个题项）、学习适应（5 个题项）、人际关系（5 个题项）、生活适应（4 个题项）和挫折体验（3 个题项）。该问卷采用利克特五点计分，分数越高表明个体的心理健康水平越高。该问卷的 α 系数为 0.86，重测信度为 0.80，与长处和困难问卷中的困难总分的关联效度为−0.66，与长处和困难问卷中的亲社会行为的关联效度为 0.67，表明其信效度良好（杨晓翠，2016）。

（三）研究程序

将四份问卷装订成册，统一交给特殊教育学校和教育康复机构里负责测试的老师，在进行正式施测前，由项目组成员仔细告知家长问卷和量表的填写要求，让其在认真阅读完指导语后进行作答，并且向家长保证测试结果仅做科学研究之用，请家长根据自己和孩子的实际情况如实填写，分别对自己的压力感受、家庭复原力和亲子沟通质量进行自评，对儿童的心理健康状况进行他评。

（四）数据分析

采用 SPSS19.0 及海耶斯编写的 PROCESS2.16 宏程序进行数据分析。相关研究证明，PROCESS 可以有效、便捷地进行中介效应、调节效应、有调节的中介效应和有中介的调节效应等混合模型的检验分析（Hayes，2013）。近年来，该方法被广泛用于心理学、消费者行为学、组织行为学等领域的研究中（陈瑞等，2013）。

三、家庭复原力和亲子沟通质量的中介效应检验

（一）共同方法偏差检验

为检验是否存在共同方法偏差问题，我们运用哈曼单因素检验法对数据进

行检验。如果得到了多个特征值大于 1 的因子且第一个因子解释的变异量不超过 40%，则表明共同方法偏差问题不严重（周浩，龙立荣，2004）。结果显示，特征值大于 1 的因子共 26 个，第一个因子的变异解释率为 17.81%，小于 40%的临界标准，表明共同方法偏差问题不严重。

（二）各变量的描述性统计分析结果

各个变量的平均值、标准差和相关系数见表 6-6。因为使用 PROCESS 进行数据分析时要求变量为连续变量，所以我们将人口统计学变量中的家庭居住地、家长就职情况、残疾儿童性别和障碍程度转换为虚拟变量，将居住地在城镇的编码为 0，农村的编码为 1；将家长就职的编码为 0，未就职的编码为 1；将残疾儿童性别为男的编码为 0，性别为女的编码为 1；将障碍程度为轻、中度的编码为 0，重度的编码为 1。从表中数据可知，家庭复原力、亲子沟通质量、残疾儿童心理健康两两之间均存在显著正相关，压力知觉与家庭复原力、亲子沟通质量、残疾儿童心理健康之间均存在显著负相关，表明家庭复原力、亲子沟通质量越好，残疾儿童的心理健康水平越高，而家长的压力知觉越大，则会负向影响家庭复原力、亲子沟通质量和心理健康水平。此外，家庭居住地和残疾儿童年龄都与残疾儿童心理健康呈显著相关，说明它们在一定程度上也会影响残疾儿童的心理健康水平，并且人口统计学变量中的残疾儿童障碍程度与家庭复原力、残疾儿童心理健康均呈显著相关，残疾儿童性别与压力知觉和残疾儿童心理健康均呈显著相关，因此在随后的分析中，我们将残疾儿童的障碍程度和性别作为控制变量。

表 6-6　各个变量的平均值、标准差和相关系数

变量	家庭复原力	亲子沟通质量	压力知觉	残疾儿童心理健康	家庭居住地	家长就职情况	残疾儿童年龄	残疾儿童性别	残疾儿童障碍程度
亲子沟通质量	0.327**								
压力知觉	−0.293**	−0.389**							
残疾儿童心理健康	0.375**	0.487**	−0.280**						
家庭居住地	−0.029	−0.037	0.063	0.128*					
家长就职情况	−0.076	−0.017	0.081	0.022	0.266**				

续表

变量	家庭复原力	亲子沟通质量	压力知觉	残疾儿童心理健康	家庭居住地	家长就职情况	残疾儿童年龄	残疾儿童性别	残疾儿童障碍程度
残疾儿童年龄	0.072	0.063	−0.082	0.242**	0.382**	0.068			
残疾儿童性别	0.021	0.094	−0.125*	0.157**	0.080	−0.059	0.186**		
残疾儿童障碍程度	0.194**	0.096	−0.013	0.200**	0.318**	0.063	0.372**	0.022	
M	147.774	62.393	40.987	77.118	0.508	0.551	9.170	0.336	0.367
SD	17.805	7.666	6.882	11.953	0.501	0.498	4.746	0.473	0.483

（三）家庭复原力和亲子沟通质量的链式中介效应检验

以人口统计学变量残疾儿童障碍程度（C_1）和残疾儿童性别（C_2）为控制变量，以残疾儿童家长的压力知觉（X）为自变量，以残疾儿童心理健康（Y）为因变量，以家庭复原力（M_1）和亲子沟通质量（M_2）为中介变量，先将所有的变量进行中心化处理，然后依次放入 PROCESS 宏程序模型 6 中进行 Bootstrap 中介变量检验，样本量选择 5000，置信区间设置为 95%。研究模型共包含两个次序中介，因此共有三条中介路径：路径一是压力知觉→家庭复原力→残疾儿童心理健康，路径二是压力知觉→家庭复原力→亲子沟通质量→残疾儿童心理健康，路径三是压力知觉→亲子沟通质量→残疾儿童心理健康，其中关键要检验的是路径二是否显著。检验结果如图 6-6、表 6-7 和表 6-8 所示。

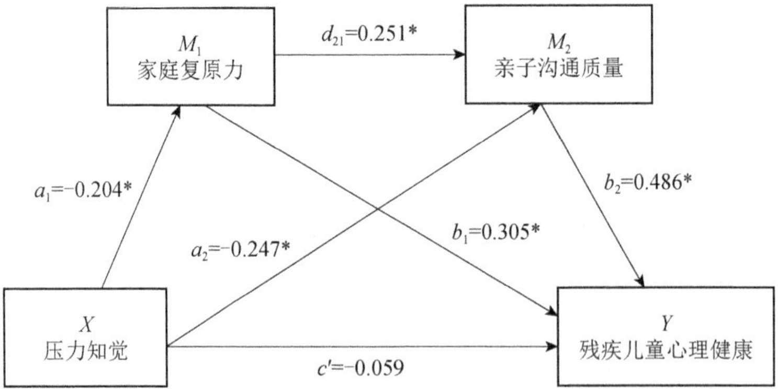

图 6-6 家庭复原力和亲子沟通质量的链式中介模型

表 6-7　家庭复原力和亲子沟通质量的链式中介效应模型系数

变量	M_1：家庭复原力					M_2：亲子沟通质量					Y：残疾儿童心理健康				
	路径	B	SE	p	CI	路径	B	SE	p	CI	路径	B	SE	p	CI
X	a_1	−0.204	0.037	<0.001	−0.276～−0.132	a_2	−0.247	0.041	<0.001	−0.327～−0.167	c'	−0.059	0.052	0.258	−0.161～0.043
M_1	—	—	—	—	—	d_{21}	0.251	0.059	<0.001	0.134～0.368	b_1	0.305	0.074	<0.001	0.161～0.450
M_2	—	—	—	—	—	—	—	—	—	—	b_2	0.486	0.067	<0.001	0.354～0.618
C_1	—	0.135	0.037	<0.001	0.062～0.208	—	0.037	0.040	0.355	−0.042～0.116	—	0.124	0.049	0.011	0.028～0.220
C_2	—	−0.014	0.038	0.706	−0.089～0.060	—	0.040	0.041	0.329	−0.040～0.119	—	0.112	0.049	0.022	0.016～0.209
截距	—	−0.045	0.026	0.083	−0.095～0.006	—	−0.027	0.027	0.327	−0.081～0.027	—	−0.083	0.033	0.013	−0.149～−0.018
检验结果	R^2=0.122，F（3，323）=14.985，p<0.001					R^2=0.206，F（4，322）=20.863，p<0.001					R^2=0.318，F（5，321）=29.925，p<0.001				

表 6-8 链式中介模型的效应比较

变量		效应值	*SE*	CI 下限	CI 上限
总效应		−0.266	0.053	−0.037	−0.162
直接效应		−0.059	0.052	−0.161	0.043
间接效应	间接总效应	−0.207	0.040	−0.297	−0.138
	Ind1	−0.062	0.019	−0.107	−0.031
	Ind2	−0.025	0.009	−0.050	−0.011
	Ind3	−0.120	0.034	−0.202	−0.064
效应比较	Ind1−Ind2	−0.037	0.020	−0.079	−0.003
	Ind1−Ind3	0.058	0.041	−0.018	0.148
	Ind2−Ind3	0.095	0.034	0.039	0.177

注：Ind1 表示路径一：压力知觉→家庭复原力→残疾儿童心理健康；Ind2 表示路径二：压力知觉→家庭复原力→亲子沟通质量→残疾儿童心理健康；Ind3 表示路径三：压力知觉→亲子沟通质量→残疾儿童心理健康

结果表明，残疾儿童家长的压力知觉可以显著地负向影响家庭复原力和亲子沟通质量（a_1=−0.204，CI=−0.276～−0.132；a_2=−0.247，CI=−0.327～−0.167），而家庭复原力的高低和亲子沟通质量的好坏可以显著地正向影响残疾儿童心理健康（b_1=0.305，CI=0.161～0.450；b_2=0.486，CI=0.354～0.618），即当家长压力知觉越大时，通过发展出较高水平的家庭复原力和高质量的亲子沟通，其对残疾儿童心理健康的不良影响就会相应降低。中介路径一的置信区间为−0.107～−0.031，效应值为−0.062，置信区间不包含 0，表明中介路径显著；中介路径二的置信区间为−0.050～−0.011，效应值为−0.025，置信区间不包含 0，表明链式中介效应显著；中介路径三的置信区间为−0.202～−0.064，效应值为−0.120，置信区间不包含 0，表明中介路径显著。这说明家庭复原力和亲子沟通质量会在一定程度上缓解残疾儿童家长压力知觉对残疾儿童心理健康的影响，在控制了三条中介路径后，压力知觉对残疾儿童心理健康的直接作用不显著（c'=−0.059，CI=−0.161～0.043），表明在剔除中介变量后，自变量与因变量之间没有显著相关。

进一步比较三条路径之间影响的大小，可以看出，路径一与路径二的差值在 95%置信区间内不包含 0（−0.079～−0.003），说明两者存在显著差异，且路径二的影响大于路径一的影响（效应值为−0.037）；路径二与路径三之间的差值在 95%置信区间内同样存在显著差异（0.039～0.177），且路径二的影响大于路径三的影响（效应值为 0.095），表明通过家庭复原力和亲子沟通质量的链式中介效应要大于单独通过家庭复原力或亲子沟通质量进行的中介效应。但是路径一与路径三的差值在95%置信区间内包含0（−0.018～0.148），表明以家庭复原力为中介的路径与以亲子沟通质量为中介的路径并无显著差异。

四、家庭居住地对家庭复原力中介作用的调节效应检验

选用海耶斯（Hayes，2013）提出的有调节的中介模型（模型8），对第一阶段和直接效应进行Bootstrap中介变量检验，样本量选择5000，置信区间设置为95%。以人口统计学变量残疾儿童障碍程度（C_1）和残疾儿童性别（C_2）为控制变量，以残疾儿童家长的压力知觉（X）为自变量，以残疾儿童心理健康（Y）为因变量，以家庭复原力（M）为中介变量，以家庭居住地（W）为调节变量，得到的检验结果详见图6-7、表6-9和表6-10。

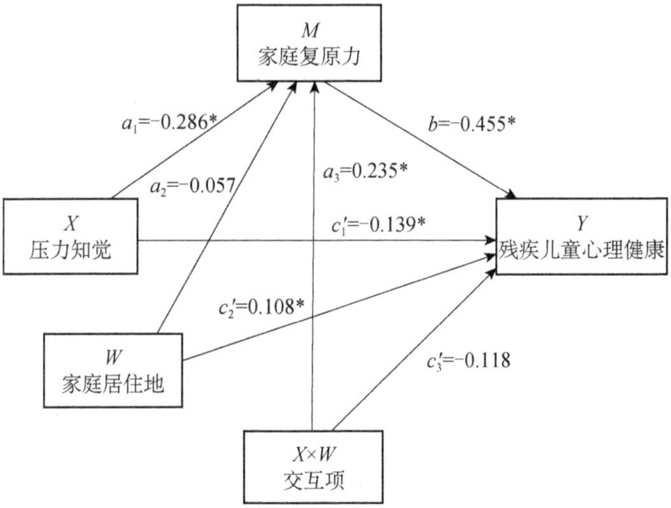

图6-7　家庭居住地对家庭复原力中介作用的调节效应模型

表6-9　家庭居住地对家庭复原力中介作用的调节效应模型系数

变量	M：家庭复原力					Y：残疾儿童心理健康				
	路径	B	SE	p	CI	路径	B	SE	p	CI
X：压力知觉	a_1	−0.286	0.045	<0.001	−0.375～−0.197	c_1'	−0.139	0.067	0.040	−0.271～−0.007
M：家庭复原力	—	—	—	—	—	b	0.455	0.078	<0.001	0.301～0.608

续表

变量	M：家庭复原力					Y：残疾儿童心理健康				
	路径	B	SE	p	CI	路径	B	SE	p	CI
W：家庭居住地	a_2	−0.057	0.037	0.125	−0.131～0.016	c_2'	0.108	0.052	0.040	0.005～0.211
X×W	a_3	0.235	0.074	0.002	0.089～0.382	c_3'	−0.118	0.106	0.265	−0.326～0.090
C_1：残疾儿童障碍程度	—	0.159	0.038	<0.001	0.083～0.234	—	0.100	0.055	0.071	−0.009～0.209
C_2：残疾儿童性别	—	−0.008	0.038	0.822	−0.082～0.066	—	0.122	0.053	0.021	0.019～0.226
截距	—	−0.030	0.029	0.297	−0.086～0.026	—	−0.131	0.040	0.001	−0.210～−0.052
检验结果	R^2=0.154，F（5，321）=11.677，p<0.001					R^2=0.220，F（6，320）=15.019，p<0.001				

表 6-10　家庭居住地的有调节的中介效应分析

变量	直接效应				间接效应				有调节的中介效应（$a_3×b$）			
	效应值	SE	CI下限	CI上限	效应值	SE	CI下限	CI上限	效应值	SE	CI下限	CI上限
W：城市（0）	−0.139	0.067	0.040	−0.271	−0.130	0.031	−0.197	−0.077	0.107	0.037	0.042	0.189
W：农村（1）	−0.257	0.083	0.002	−0.421	−0.023	0.026	−0.083	0.021				

结果表明，压力知觉能够显著地负向预测残疾儿童家庭复原力（a_1=−0.286，CI=−0.375～−0.197），家庭复原力能够显著地正向预测残疾儿童心理健康（b=0.455，CI=0.301～0.608），在模型中加入家庭复原力后，压力知觉对残疾儿童心理健康的负向预测作用显著（c_1'=−0.139，CI=−0.271～−0.007），表明家庭复原力在压力知觉与残疾儿童心理健康之间起部分中介作用，当家长感受到各种压力后，家庭复原力的缓冲作用会减轻家长压力知觉对残疾儿童心理健康的影响。家庭居住地对家庭复原力的影响不显著（a_2=−0.057，CI=−0.131～0.016），但显著地影响了残疾儿童心理健康（c_2'=0.108，CI=0.005～0.211）。压力知觉与家庭居住地的交互项对家庭复原力的影响显著（a_3=0.235，CI=0.089～0.382），同时，有调节的中介效应指标显著（$a_3×b$=0.107，CI=0.042～0.189），说明在控制残疾儿童障碍程度和

残疾儿童性别的情况下，家庭居住地在中介效应中的调节效应成立，即残疾儿童家长压力知觉通过家庭复原力对残疾儿童心理健康产生影响，这个过程受到家庭居住地的调节。具体表现为：家庭复原力的中介效应对于居住地在城市的家庭显著（效应值为-0.130，CI=-0.197～-0.077），但对于居住地在农村的家庭不显著（效应值为-0.023，CI=-0.083～0.021）。压力知觉与家庭居住地的交互项对残疾儿童心理健康的影响不显著（c_3'=-0.118，CI=-0.326～0.090），说明家庭居住地对压力知觉与残疾儿童心理健康之间直接路径的调节作用不显著。

五、家长就职情况和残疾儿童年龄对亲子沟通质量中介作用的调节效应检验

选用海耶斯（Hayes，2013）提出的有调节的中介模型（模型 16），对第二阶段进行 Bootstrap 中介效应检验，样本量选择 5000，置信区间设置为 95%。以人口统计学变量残疾儿童障碍程度（C_1）和残疾儿童性别（C_2）为控制变量，以残疾儿童家长的压力知觉（X）为自变量，以残疾儿童心理健康（Y）为因变量，以亲子沟通质量（M）为中介变量，以家长就职情况（V）和残疾儿童年龄（Q）为调节变量，检验结果见图 6-8、表 6-11 和表 6-12。

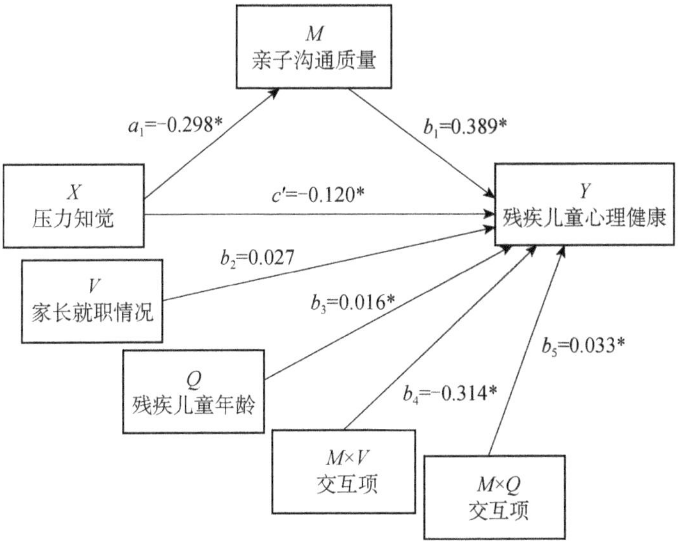

图 6-8　家长就职情况和残疾儿童年龄对亲子沟通质量中介作用的调节效应模型

表 6-11 家长就职情况和残疾儿童年龄对亲子沟通质量中介作用的调节效应模型系数

变量	M：亲子沟通质量					Y：残疾儿童心理健康				
	路径	B	SE	p	CI	路径	B	SE	p	CI
X：压力知觉	a_1	−0.298	0.040	<0.001	−0.377～−0.219	c′	−0.120	0.051	0.020	−0.221～−0.019
M：亲子沟通质量	—	—	—	—	—	b_1	0.389	0.157	0.013	0.081～0.698
V：家长就职情况	—	—	—	—	—	b_2	0.027	0.046	0.560	−0.064～0.118
Q：残疾儿童年龄	—	—	—	—	—	b_3	0.016	0.005	0.004	0.005～0.026
M×V	—	—	—	—	—	b_4	−0.314	0.121	0.010	−0.553～−0.075
M×Q	—	—	—	—	—	b_5	0.033	0.012	0.006	0.009～0.057
C_1：残疾儿童障碍程度	—	0.071	0.040	0.080	0.008～0.151	—	0.088	0.051	0.088	−0.013～0.189
C_2：残疾儿童性别	—	0.036	0.042	0.387	−0.046～0.118	—	0.075	0.050	0.133	0.023～0.172
截距	—	−0.038	0.028	0.175	−0.093～0.017	—	−0.219	0.055	<0.001	−0.328～−0.110
检验结果	R^2=0.162，F（3，323）=20.755，p<0.001					R^2=0.335，F（8，318）=19.981，p<0.001				

表 6-12 家长就职情况和残疾儿童年龄的有调节的中介效应分析

变量			效应值	SE	CI 下限	CI 上限
直接效应			−0.120	0.051	−0.221	−0.019
间接效应	M×Q（$\bar{x}$ −1SD）	V：就职（0）	−0.160	0.040	−0.247	−0.087
		V：未就职（1）	−0.066	0.040	−0.152	0.003
	M×Q（$\bar{x}$）	V：就职（0）	−0.207	0.040	−0.294	−0.137
		V：未就职（1）	−0.113	0.038	−0.201	−0.049
	M×Q（$\bar{x}$ +1SD）	V：就职（0）	−0.253	0.049	−0.363	−0.017
		V：未就职（1）	−0.160	0.046	−0.263	−0.078
有调节的中介效应		$a_1 \times b_4$	0.094	0.043	0.019	0.189
		$a_1 \times b_5$	−0.010	0.004	−0.019	−0.002

结果表明，在该模型中，压力知觉能够显著地负向预测亲子沟通质量（a_1=−0.298，CI=−0.377～−0.219），亲子沟通质量能够显著地正向预测残疾儿童心理健康（b_1=0.389，CI=0.081～0.698），模型中加入亲子沟通质量之后，压力知觉对残疾儿童心理健康的负向预测作用显著（c'=−0.120，CI=−0.221～−0.019），置信区间不包含 0，表明家长的压力知觉会因为高质量的亲子沟通而有所缓解，从而减少压力知觉对残疾儿童心理健康的负向影响，亲子沟通质量在压力知觉与残疾儿童心理健康之间起部分中介作用。家长就职情况对残疾儿

童心理健康的预测作用不显著（b_2=0.027，CI=−0.064～0.118），亲子沟通质量和家长就职情况的交互作用对残疾儿童心理健康的负向作用显著（b_4=−0.314，CI=−0.553～−0.075）。残疾儿童年龄对残疾儿童心理健康的正向预测作用显著（b_3=0.016，CI=0.005～0.026），亲子沟通质量和残疾儿童年龄的交互项对残疾儿童心理健康的预测作用也显著（b_5=0.033，CI=0.009～0.057）。并且有调节的中介作用显著（$a_1 \times b_4$=0.094，CI=0.019～0.189；$a_1 \times b_5$=−0.010，CI=−0.019～−0.002），表明家长就职情况和残疾儿童年龄在中介效应中的调节作用是存在的。

为进一步探究家长就职情况和残疾儿童年龄在亲子沟通质量对残疾儿童心理健康影响中的调节作用，取家长就职情况的 Z 分数为 0（就职）和 1（未就职），取残疾儿童年龄的平均值加减 1 个标准差，绘制交互作用图（图 6-9）。由此可以直观地看出，不论家长是否就职，随着残疾儿童年龄的增长，该模型的效应越强，残疾儿童的心理健康水平越高；且不论残疾儿童年龄大小，就职的效应值比未就职的更大。具体分析调节效应发现，在家长有稳定工作的情况下，不论残疾儿童年龄大小，有调节的中介效应均显著：$CI_{M \times Q(\bar{x})}$=−0.294～−0.137，$CI_{M \times Q(\bar{x}-1SD)}$=−0.247～−0.087，$CI_{M \times Q(\bar{x}+1SD)}$=−0.363～−0.170。在家长未就业的情况下，对于年龄较大的残疾儿童，有调节的中介效应显著，$CI_{M \times Q(\bar{x})}$=−0.201～−0.049，$CI_{M \times Q(\bar{x}+1SD)}$=−0.263～−0.078；而对于年龄较小的残疾儿童，有调节的中介效应并不显著，$CI_{M \times Q(\bar{x}-1SD)}$=−0.152～0.003。

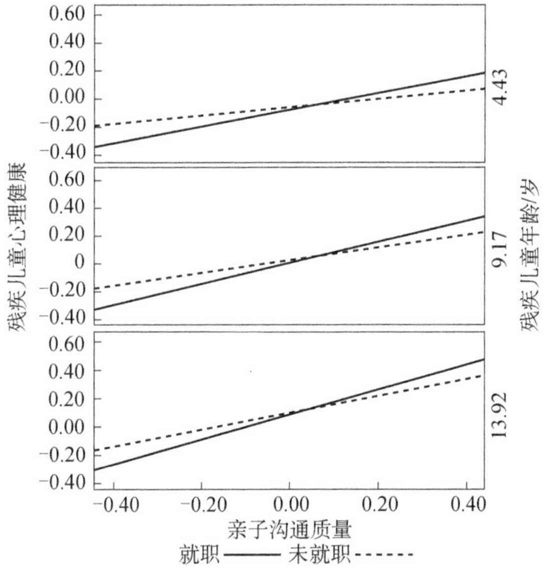

图 6-9　家长就职情况和残疾儿童年龄的交互调节作用

综上所述，家庭复原力和亲子沟通质量不仅分别在家长压力知觉与残疾儿童心理健康之间各自起着中介作用，还产生了链式中介效应，即家长感知到的压力通过家庭复原力影响亲子沟通质量，进而经由亲子沟通质量间接地影响残疾儿童心理健康。此外，家庭居住地调节着家庭复原力在家长压力知觉与残疾儿童心理健康之间的部分中介作用，而家长就职情况和残疾儿童年龄共同调节着亲子沟通质量在家长压力知觉与残疾儿童心理健康之间的部分中介作用。

第三节　亲子沟通和家庭复原力的中介影响分析

残疾儿童心理健康与家长的亲职压力之间是相互影响的关系，家长在养育残疾儿童过程中所感受到的高压力不仅会直接给残疾儿童心理健康带来消极影响，还会通过诸多的家庭环境因素影响残疾儿童的心理健康水平，其中家长与残疾儿童的亲子沟通模式与质量，以及残疾儿童所在家庭的复原力是两个极其重要的中间变量，我们的研究结果已经证实亲子沟通模式和质量、家庭复原力在家长感知的亲职压力影响残疾儿童心理健康的关系中起着中介作用，并且该中介作用还会受到家长和残疾儿童的人口学特征的调节，这一复杂的关系模型需要我们进一步分析和解释，以揭示亲子沟通和家庭复原力的中介影响机制。

一、亲职压力、家庭复原力、亲子沟通与残疾儿童心理健康之间的关系

（一）家长感知的亲职压力对残疾儿童心理健康的影响

对于绝大多数家庭而言，当家庭中有残疾儿童诞生时，这无疑意味着其要面临巨大的压力与挑战，同时家庭成员之间的关系也会受到影响。这些压力源于残疾儿童对家庭造成的主观与客观负担，主观负担是指因残疾儿童带来的不良感受，如自我否定、自我怨恨、不安等慢性悲痛；而客观负担是指由残疾儿童导致的对家庭的一些实质性要求，包括对家庭功能与活动的限制、照顾的需要、财力的负担、对家人社交的限制和社会型的羞耻感等（何华国，2009）。

这一系列问题所衍生出的特殊需求会造成家庭各方面资源的消耗，家庭成员对压力的感知也由此产生，并且具有长期性、持续性和多面性。于是，研究者提出了“照顾者负荷”这一概念，用来描述家庭成员在照顾患者时出现的身心、情感、社会和经济问题（George & Gwyther，1986）。

我们的研究发现，家长的压力知觉对残疾儿童心理健康有显著的负向预测作用，即当家长感知到的亲职压力越明显时，其对残疾儿童心理健康的影响越大，残疾儿童的心理健康水平也就越低。这与前人的研究结果一致，如刘莉和王美芳（2018）的研究表明，母亲的教养压力会使其创建一种消极的家庭氛围，进而通过情绪传染影响儿童的心理健康水平，导致儿童出现焦虑、退缩等情绪行为问题。在家庭生活中，父母的教养压力可以通过直接或间接的方式影响儿童的行为（蔺秀云等，2015），较高的压力会影响父母的心理健康，导致教养行为的改变，进而影响孩子的身心健康（Borre & Kliewer，2014），因此残疾儿童家长感受到的压力越大，残疾儿童产生行为问题的可能性就越大（马珍珍等，2005）。

残疾儿童的心理及行为特征导致他们中的大多数人在学习和生活上存在不同程度的缺陷，致使他们在学习速度以及其他方面的表现落后，残疾儿童家长不能够接受残疾儿童的身心残疾这一现实，致使其望子成龙、望女成凤的希望崩塌，从而使其感受到巨大的压力，进而影响亲子关系的和谐发展，不利于残疾儿童心理健康的维护。许多家长为了更好地照料残疾儿童的生活起居，放弃了工作和个人休闲时间，全身心地投入对儿童的养护中，进而给自己带来了很大负担与压力。对于残疾儿童来说，由于其缺陷，他们长期与家长生活在一起，会受到来自家长多方面的影响。家长在感知到压力后，如果不能很好地加以应对和调整，就会在面对残疾儿童时传递出不良的态度，使用不正确的教养方式，从而影响残疾儿童的心理健康。此外，鉴于由残疾儿童带来的生活质量降低、经济困难以及社会支持不力等方面的原因，家庭成员之间可能会矛盾频发，造成家庭不和谐，缺少家庭温暖，这也会导致残疾儿童的社会心理发展异常，社会能力低下，心理问题频发（Repetti et al.，2002）。因此，为了使残疾儿童更好地成长和发展，家长需要不断克服压力的影响，提高自身感知压力、适应压力并合理应对压力的能力，在家庭内部为残疾儿童建立一个良好的成长环境，尽量防止残疾儿童心理问题的产生。

（二）家长压力知觉对家庭复原力和亲子沟通的影响

家长压力知觉与家庭复原力和亲子沟通之间呈负相关。因此，发展出较高的家庭复原力水平与建立高质量的亲子沟通关系，对于缓解家长感知到的亲职压力至关重要。

首先，残疾儿童家庭会产生多种复杂的变化，此时如果家庭成员间存在共有的信念系统，能够形成应对压力事件的核心信念，并以规则的形式表现出来，如“即使身处逆境也决不放弃”，这些正向的力量会帮助家庭建立起较高的复原能力。当高家庭复原力的家庭遭遇困境时，家庭成员会将逆境事件看作一次可以使家庭变得更好的机遇，相信经历考验可以让整个家庭表现得比原来更出色，在能够良好地适应由残疾儿童带来的压力感受后，他们会更加珍惜亲情，增强他们自身生命的意义感，把孩子的降临当作天赐的礼物，缓解由残疾儿童带来的压力感受。发展出较高水平的家庭复原力，可以有效地缓解残疾儿童家长的压力知觉。其次，在遭遇危机或面临长期的压力时，沟通往往可以解决很多问题。亲子沟通有助于家长和残疾儿童之间清晰、坦诚地表达和回应彼此的需求，坦诚地分享彼此的情感体验。在残疾儿童家庭中，亲子沟通尤为重要，形成高质量的亲子沟通模式有助于残疾儿童减少因需求得不到满足而产生的一系列情绪行为问题，减轻家长的教养压力，缓解其对压力的消极感受。

（三）家庭复原力、亲子沟通对残疾儿童心理健康的影响

我们的研究发现，家庭复原力和亲子沟通呈正相关，说明当残疾儿童家庭内部在应对和处理因残疾儿童产生的一系列压力与问题时，越高的复原能力越能够促进良好的亲子沟通。这是因为残疾儿童因自身的发展特性会产生不少的情绪行为问题，带来更多的交流障碍，在建立亲子关系时存在较多的困难。此时，如果家庭整体有较高的复原力，那么所有家庭成员能够正向地面对这一压力事件，对这一逆境赋予积极意义，能从彼此之间感受到支持与尊重，一家人可以一起讨论遇到的困难，在发生矛盾时能够互相谦让、互相理解、彼此支持，共同渡过难关。这样一种家庭氛围更易于家长与残疾儿童之间建立起良好的亲子关系，形成平等、交流的亲子沟通模式。

我们的研究结果还显示，家庭复原力和亲子沟通与残疾儿童心理健康之间

呈正相关，表明家庭复原力和亲子沟通都会显著地影响残疾儿童的心理健康。目前，我国对复原力的研究大多集中于个体复原能力的发展，家庭在此前一直作为个体复原力的一个保护性因素。然而，我们的研究发现，家庭复原力水平的高低能直接影响残疾儿童的心理健康水平。对于残疾儿童家庭来说，当得知孩子与众不同时，整个家庭需要正视并面对由特殊孩子带来的一系列压力与问题。同时，家庭是残疾儿童生活和学习的主要场所，家庭成员能否发展出积极的应对方式，对残疾儿童的成长和发展尤为重要。所以，我们在关注残疾儿童为一个家庭带来怎样的压力以及家庭成员如何应对这些压力的同时，更应该关注他们将会发展出怎样的对抗压力的力量，应该使他们积极摆脱困境，更好地面对由残疾儿童障碍带来的消极影响，进行自我心理调适，以免对残疾儿童的心理健康产生不利影响。

许多家长认为自己的孩子是残疾儿童，无法正确地表达需求，因此不能与其进行正常的亲子沟通，这一观点在孤独症儿童家庭中尤其明显。生态系统理论指出，个体的发展会受到微系统、中间系统、外系统、宏系统和时间系统的影响，其中微系统是指个体生存的直接环境，主要包括家庭、学校和同伴，以及其在发展过程中与该系统内其他人的活动关系（于凤杰，2013），亲子沟通在这一系统内联结了家庭中父母与儿童的关系。因此，家长要建立民主的、宽松的、适于儿童健康心理养成的环境，良好的沟通是为儿童创设良好心理环境的前提。在残疾儿童家庭里，一些家长在与孩子进行沟通时缺乏平等意识，或是使用简单粗暴的沟通方式，或是一味地放纵、顺从，导致残疾儿童出现不良行为，影响了教育康复的效果及其健康心理的发展。我们的研究结果显示，亲子沟通会影响残疾儿童的心理健康水平，这与已有研究结论相一致（Kushalnagar et al.，2017）。亲子沟通包括语言沟通和非语言沟通，残疾儿童在沟通时可能更多地依赖非语言沟通，家长应该多关注残疾儿童的眼神与身体语言，捕捉他们的需要并及时给予回馈，建立良好的沟通桥梁，促进残疾儿童心理的健康发展。

二、亲子沟通和家庭复原力的中介作用分析

在残疾儿童家长亲职压力知觉对残疾儿童心理健康影响的关系中，亲子沟

通和家庭复原力在二者之间起着多重中介作用，且存在三条中介路径。

（一）亲子沟通的中介作用

1. 亲子沟通模式的影响

我们的研究发现，亲子沟通的不同模式对家长的亲职压力感受与残疾儿童心理健康关系的影响是不一样的，交流沟通模式比一致沟通模式更有利于缓解家长的亲职压力对残疾儿童心理健康的不利影响。研究结果显示，亲职压力与交流沟通模式呈负相关，与一致沟通模式呈正相关，即当家长感知到的亲职压力较大时，他们与孩子进行交流的沟通模式会减少，而一致的沟通模式会增多，家长给予孩子选择和表达的机会变少，可能导致残疾儿童的心理出现更多的问题。

在残疾儿童家庭中，家长承受着生活的压力，还要照顾孩子的日常起居和跟进平时的康复训练，很难将更多的精力用于关注残疾儿童的情绪和心理，导致家长与残疾儿童交流的沟通模式较少。残疾儿童因为自己的身体残疾，本身带有自卑感，家长的交流较少在他们看来是出于对自己的不喜欢，这会加重残疾儿童的自卑心理，从而影响残疾儿童心理的健康发展。对于残疾儿童的家长来说，他们除了要承受来自生活的压力外，还要承受比健全儿童家长更大的压力，那就是自己的孩子是残疾人。残疾儿童家长认为自己的孩子有残疾，在某些方面不如健全儿童，当面对某些选择和问题时，残疾儿童家长一般会做出自己帮助孩子选择的举动，并且认为这是对孩子最好的选择。但是就残疾儿童而言，家长的这种行为是不尊重他们的表现，没有给予他们充分的自主权。家长长期采用一致沟通模式，会导致残疾儿童的能力缺陷和反叛心理，不利于残疾儿童心理的健康发展。因此，家长应该多用交流沟通模式与残疾儿童进行互动，这样才更有利于促进残疾儿童身心的健康发展。

2. 亲子沟通质量的影响

我们的研究进一步发现，残疾儿童家长的压力知觉对他们和残疾儿童之间的亲子沟通质量有显著的负向影响，而亲子沟通质量能够正向地影响残疾儿童的心理健康水平，即家长的压力知觉越小，亲子沟通质量就越好，这与前人的研究结论基本一致（高原，2016）。当家长与残疾儿童的亲子沟通质量越高时，残疾儿童的心理健康水平越高，亲子沟通质量在家长压力知觉与残疾儿童心理健康之间起着部分中介作用。也就是说，家长的压力知觉对残疾儿童心理健康水平的直接负向影响，在受到亲子沟通质量这一中介变量的中介作用后会有所降低。

家庭是残疾儿童成长的主要场所，在抚养残疾儿童的过程中，家长时常会由于自身或儿童的特点而产生紧张、焦虑的压力体验，这些压力每天都伴随着残疾儿童及其家长，并时刻影响着双方的沟通质量与残疾儿童的身心健康发展。一方面，良好的亲子沟通在家庭中可以增强家长与残疾儿童的亲密感，帮助家长认识到残疾儿童的需求，鼓励残疾儿童正确地表达自己的情感，对残疾儿童的不适行为进行及时的指导与调整，从而提高残疾儿童的问题解决能力，进而为他们的发展提供正向支持。另一方面，家长与残疾儿童进行良好的亲子沟通，有助于排解家长因长期压力引起的不良感受。有些家庭的照顾者长期压抑自己的情绪反应，缺乏对残疾儿童心理层面的关注和理解，忽视了亲子沟通的重要性，会造成残疾儿童无法从家长身上获得安全感和理解，也会降低残疾儿童的适应性，影响他们身心的健康发展。此外，对于残疾儿童来说，非语言沟通尤其重要，大多数残疾儿童无法用语言表达他们的意思或情绪。一部分家长认为，残疾儿童与其没有语言沟通、无眼神接触，对外界事物没有反应，这意味着他们不具备沟通能力，于是就忽视了残疾儿童传递出的许多非语言信号，长此以往，造成了残疾儿童的沟通需求长期得不到满足和反馈，他们只能用发脾气、哭闹的方式来表达自己的需求，从而引发一系列情绪行为问题，不仅增加了家长的教养压力，同时也会影响残疾儿童心理的健康发展。家长需要了解残疾儿童在某一特定情境中的神情与他们所要传递的信息，善于使用非语言沟通与残疾儿童建立合适的亲子沟通关系，形成良好的沟通环境，这不仅有助于缓解家长的压力知觉，也有助于促进残疾儿童的心理健康发展。

（二）家庭复原力的中介作用

我们的研究结果显示，家庭复原力在家长的压力知觉与残疾儿童心理健康之间起部分中介作用，家长的压力知觉不仅可以直接影响残疾儿童心理健康，还可以通过家庭复原力间接影响残疾儿童心理健康，即残疾儿童家长感知到的亲职压力大小会影响家庭复原力水平的高低，进而影响残疾儿童的心理健康水平。这与姚红和田国秀（2015）的研究结果一致，胡夏娟（2009）以大学生为对象的研究同样证实了复原力在压力知觉与主观幸福感之间起中介作用。可以说，家庭作为一个独特的整体，其功能的良好发挥能够正向地影响儿童的身心发展，家庭复原力在一定程度上会缓冲家长压力知觉对儿童心理健康的消极影响。

从残疾儿童自身来看，由于身心缺陷和功能障碍，很多不可预知的情况会发生，家长需要投入更多的时间和精力照顾他们的日常生活，对其进行教育和康复训练。加之残疾儿童的认知发展和学习能力有限，无法在短时间内看到成效，这无疑会打击家长的信心，使他们充满挫败感。照顾残疾儿童是一个长期的过程，许多残疾儿童家庭的家长甚至将自己的所有时间和精力都用在照顾孩子的日常生活和教育训练上，然而却看不到孩子一点点的进步，从而很容易自暴自弃，抱有只养不教的心态，这势必会影响残疾儿童身心的健康发展。家庭复原力可以促使家庭成员形成一个团队进行协同作战，让家庭变得更有力量。在一些家庭复原力高的家庭，家长能够获得来自家庭内部成员的鼓励与支持，并积极地寻求外界社会的支持和帮助，用更加开朗的心态面对家有残疾儿童这一既定事实，将由残疾儿童带来的不幸转化为积极能量，不断从危机中寻找优势，发掘残疾儿童的潜能，激发他们的兴趣，并与人分享其中的喜悦。在我们的调查过程中，一位家庭复原力水平高的家长这样说："自己十年前还因为孩子的自言自语而崩溃，现在能听到他自娱自乐的歌声，感觉好美妙。"当家长能够以积极的心态面对孩子时，其就能感受到孩子对他们的爱，孩子一点点的进步都会让他们充满幸福感。在这种积极的状态下，由残疾儿童带来的压力也会有所改善，孩子对于家长来说不再是压力与负担，而仅仅是一个在整个家庭成员的爱与关怀下成长的孩子。在这种家庭环境中成长的残疾儿童，也会发展出良好的心理品质。

（三）家庭复原力和亲子沟通质量的链式中介作用

在影响家长压力知觉与残疾儿童心理健康的三条中介路径中，家庭复原力与亲子沟通质量的链式中介效应值最大，这说明家庭复原力与亲子沟通质量共同作用，对于缓解家长压力知觉对残疾儿童心理健康带来的负面影响的作用更加明显。在比较以家庭复原力为中介的路径一和以亲子沟通质量为中介的路径三的中介效应后发现，分别以这两个变量为中介的中介路径并无显著差异，说明它们对家长压力知觉和残疾儿童心理健康水平的中介作用没有显著差异。同时在链式中介作用下，家长压力知觉对残疾儿童心理健康的直接效应不显著，这就意味着链式中介效应是一个完全中介效应，是家庭复原力和亲子沟通质量对这一关系产生影响的强有力的证据。

已有研究指出，良好的家庭沟通是家庭复原力的基础（朱眉华，2013），家庭沟通包括夫妻沟通和亲子沟通，所以我们可以认为，在长期处于适应压力与挑战的过程中，发展出良好家庭复原力家庭中的家长往往不会将由残疾儿童带来的不幸怪罪于他人。同时，每个家庭成员都愿意为自己的行为和感受负责，相互信任、相互安慰，做彼此坚实的后盾。他们在应对由残疾儿童带来的一系列困难时，愿意与家人平等协商，在表达自身感受的同时也愿意关注他人需求，接受差异，向着让残疾儿童得到更好发展这一目标努力。处于高复原力家庭中的家长更乐于与孩子建立开放的、交流的亲子沟通模式。国外有研究者发现，家长的情绪所形成的氛围会影响孩子的情绪和健康（Epstein et al., 2003）。在同样处于逆境的残疾儿童家庭中，如果能够发展和建立适应良好的高复原力家庭，亲子沟通的问题会随着孩子能力与沟通意愿的提高、父母期望值的降低和应对方式的增多而有所减少。当家长处于高复原力情境下，且与残疾儿童形成高质量的亲子沟通关系时，压力知觉对残疾儿童心理健康的不良影响也会随之降低。

三、家长就职情况和残疾儿童年龄对亲子沟通质量中介作用的调节效应分析

我们进一步研究了人口学变量对亲子沟通质量中介作用的影响，结果显示，亲子沟通质量在家长的亲职压力知觉与残疾儿童心理健康关系中的中介效应存在一定的条件，它会受到家长就职情况和残疾儿童年龄的调节作用的影响，家长就职情况和残疾儿童年龄调节了亲子沟通质量中介作用的后半条路径。具体来看，不论家长是否就职，残疾儿童的年龄越大，模型的效应就越显著；并且，不论残疾儿童年龄大小，家长就职的模型要比家长未就职的模型效应值更大。

我们的研究发现，残疾儿童家长是否就职对残疾儿童心理健康的预测作用并不显著。已有研究表明，父母的工作会对孩子的心理健康和行为表现产生显著影响（郭昫澄，2015），这与我们的研究结论不一致。这可能是因为残疾儿童家庭自身存在一定的独特性和复杂性，一些家长会将更多的精力用在孩子的教育康复训练上，是否就职并不会显著地影响残疾儿童的心理健康水平。但是，亲子沟通质量与家长就职情况的交互作用却对残疾儿童心理健康产生了显著的负向影响，说明亲子沟通质量会受到家长工作的影响，从而影响残疾儿童的心理健康水平。同时，我们发现，残疾儿童年龄大小对其心理健康有正向的预测作用，即残疾儿童年龄越大，其心理健康水平越高，在与亲子沟通质量发生交互作用后，这种影响更加明显。具体来看，家长就职情况和残疾儿童年龄对亲子沟通质量中介效应的调节作用主要表现在以下两个方面。

第一，不论残疾儿童年龄大小，家长就职的模型要比未就职的模型效应值更大，即对于家长就职的家庭，有调节的中介效应更大，家长的压力知觉对残疾儿童心理健康的不良影响更小。这是因为在现实生活中，残疾儿童的教育康复训练具有长期性，需要家庭支付不菲的教育康复费用，这笔费用往往占了家庭支出的很大一部分，许多困难家庭常常因为经济困难而放弃对孩子进行康复训练。家长有一份稳定的工作，就意味着家庭整体收入的增加、经济压力的缓解，他们会有更多的精力关注残疾儿童的康复和身心健康发展。另外，多数未就职的家长是由于孩子的损伤较为严重，被迫放弃工作而全身心投入对残疾儿童的日常照料中。但每个残疾儿童的障碍程度不同、能力不同，学习能力也不相同。当孩子进步缓慢时，家长面对日复一日、枯燥、收效不明显的训练，很容易出现倦怠心理。如果压力得不到有效缓解，家长常常会对孩子发脾气，甚至教训、打骂孩子，这会严重地影响残疾儿童的心理健康。

第二，不论家长是否就职，残疾儿童的年龄越大，有调节的中介效应就越显著，这说明残疾儿童年龄对亲子沟通质量和残疾儿童心理健康有显著影响。依照马斯洛的需要层次理论，人的生长发育存在一定的阶段性，年龄小的儿童还处于满足自身低层次需要的阶段，对外界刺激的敏感度不高，因此心理健康水平受外界刺激的影响并不大。此外，年龄越小，儿童的表达与理解能力越差，沟通能力也相对越差，因此在进行亲子沟通时，他们使用的方法较为单一，并且残疾儿童本身在沟通上就存在一些缺陷，这种缺陷对年龄小的儿童的影响更为明显。随着残疾儿童年龄的增长，他们逐渐接受了一定的康复训练，家长也在日常照料中逐渐了解了孩子的喜好，能够更好地与其建立起良好的亲子沟通关系，从而有助于缓解家长压力知觉对残疾儿童心理健康的影响。

四、家庭居住地对家庭复原力中介作用的调节效应分析

我们还研究了人口学变量对家庭复原力中介作用的影响，发现家庭复原力在家长压力知觉与残疾儿童心理健康之间的中介作用会受到家庭居住地的调节，具体表现为这一中介效应对于居住地在城市的家庭更为显著，而对于居住地在农村的家庭不显著。

第一，相对于居住地在农村的残疾儿童家长来说，居住地在城市的家长的受教育程度更高，他们在日常生活中接触到的信息与知识更加广泛，相对丰富的资源使得他们在处理孩子的一系列问题时更科学，也更具专业性和方法性。当他们感受到亲职压力时，知识经验会帮助他们采取合理的方式加以缓解，相对开放的家庭环境也会带给他们积极影响，帮助他们排解压力。相反，居住地在农村的家长思想观念相对封闭，且在一些专业知识的获取上存在明显的信息不对称，往往会忽视自身压力的宣泄和对残疾儿童心理健康问题的关注，这不仅不利于其自身的心理健康，还会导致残疾儿童产生一系列情绪行为问题，增大养护难度。

第二，居住地在农村的残疾儿童家庭中，父母为了让家庭成员过上较好的生活，大多选择外出打工，将孩子留给祖父母照顾，属于隔代教养。已有研究表明，由祖父母充当主要照顾者的家庭，会对儿童的身心发展产生很大影响（陈改君，2014）。这些影响首先体现在祖父母更多的是进行生活照料，忽视了残疾儿童能力的培训与技能的获得；其次，一些祖父母年事已高，在日常照料中常常力不从心，容易把残疾儿童封闭在一个很小的环境中，限制多、引导少，使残疾儿童缺少接触外界社会的机会，社会交往能力得不到发展；最后，祖父母通常较为溺爱孩子，这就使得隔代教养的残疾儿童很难建立起规则意识，容易导致残疾儿童产生较多的情绪行为问题。隔代教养家庭长期处于一种家庭成员缺失的情况下，很难形成较好的家庭复原力，对于缓解隔代教养家庭

家长的压力知觉与促进残疾儿童心理的健康发展都十分不利。

第三，从我国目前的发展状况来看，城乡经济发展仍不均衡。城市经济发展更加多元，而农村经济结构相对单一。经济发展的不均衡就会导致教育水平的不均衡，导致农村家庭在教养孩子方面承担着比城市家庭更大的压力。这与已有研究的结果基本一致（吴诗佳，2017）。经济落后导致农村家庭对残疾儿童教育的投入不足，基础设施不完善且缺少专业的特殊教育教师，并且残疾儿童由于身心缺陷，可能需要家庭花费更多的财力用于康复治疗，家庭经济水平成为家长产生高压力的主要原因之一。居住地在农村的家庭的月收入普遍低于城市家庭，家长在日常养护残疾儿童的过程中将承受更大的经济压力，在长期处于多重高压的情况下，家长自身的心理健康不仅会受到影响，他们也容易在日常照料过程中对孩子产生不良情绪和消极态度，从而影响残疾儿童身心的健康发展。

研究结果还揭示出，在家长压力知觉对残疾儿童心理健康的直接影响中，不论是居住地在城市的家庭还是居住地在农村的家庭，调节作用都不显著。这可能是因为不论是城市家庭还是农村家庭，残疾儿童带给家长的压力都是客观存在的，这些压力对残疾儿童心理健康的影响也非常明显，因此家庭居住地这一人口学变量对于压力知觉影响残疾儿童心理健康的调节作用并不显著。

五、教育建议

（一）缓解家长的压力感受

残疾儿童的日常养护是一个长期、复杂的过程，家长能够感知到的压力来自生活的方方面面，包括照顾压力、经济压力、精神压力和社交压力等。研究发现，残疾儿童家长能体会到因照顾残疾儿童而导致自己生活质量的降低，并且他们对残疾儿童的健康、生活幸福表现出高度的担忧（Lee et al.，2008）。家长感受到过大的压力，对于自己的身心健康以及残疾儿童的心理健康都会产生不利影响。因此，家长减压的重要性就显得尤为突出。一方面，国家亟须出台相关政策，为满足残疾儿童家长的需求提供相关支持；另一方面，特殊教育工作者在关注残疾儿童教育康复成效和身心健康的同时，也应关注残疾儿童家长的压力知觉，减少家长的压力体验。家长也可以尝试采用多种多样的减压方式，如旅游、运动、和朋友聊天、放平心态、就孩子的教养问题与配偶达成一致等，家长的心情愉悦了，残疾儿童也就能够拥有美好的心情，其自然而然也能够健康发展。

（二）关注残疾儿童家庭的复原力

家庭复原力有助于缓解家长的压力知觉对残疾儿童心理健康的影响，高复原力的家庭往往具有良好的家庭氛围、正确的教育观念及教养方式、开放交流的亲子关系、家人间的互助支持等家庭环境要素。良好的家庭氛围可以让家庭成员和睦相处、关系融洽，父母在教育方面的正确观念和恰当的教养方式能够引导儿童的身心共同朝好的方向发展。然而，生活中不是所有的残疾儿童家庭都会发展出应对压力的复原力，获得家庭复原力除了需要家庭内部成员之间的相互理解与支持外，同时需要社区与外界社会的支持。我们应当提高全社会对残疾儿童的接纳度，给予这类家庭充分的支持与帮助，促进残疾儿童家庭复原力的发展。相关教育康复机构和教师也应当关注家庭复原力对残疾儿童家庭的积极影响，增加对家庭复原力的干预，通过缓解家长压力知觉对残疾儿童心理健康产生的不良影响，从而促进残疾儿童心理健康水平的提高。

（三）建立良好的亲子关系

亲子沟通是影响残疾儿童心理健康的重要中介变量，与家庭复原力一起，共同影响着残疾儿童的心理健康，可以通过亲子沟通更好地提高残疾儿童的心理健康水平。但在实际生活中，残疾儿童家长的亲子沟通观念十分欠缺，许多家长认为自己的孩子不具备沟通能力，认为只需要对残疾儿童进行生活照顾、康复训练就足够了，普遍忽略了与孩子之间开放沟通的重要性。因此，社会需要加强对残疾儿童家长的教育与宣传，帮助他们了解如何与孩子沟通，如何通过多种沟通方式和孩子建立良好的亲子关系，认识到亲子沟通对残疾儿童心理健康发展的重要性，逐渐改善亲子沟通模式，提高残疾儿童家庭的亲子沟通质量。家长要平等地看待孩子，尊重孩子的爱好，尊重孩子的选择权和自主权，多以鼓励、理解、尊重的方式与孩子谈心，少些指责和唠叨，多些宽容和沟通，努力使亲子间的感情沟通变得顺畅，从而建立起良好的亲子关系，促进残疾儿童心理的健康发展。

（四）家长调整心态，积极应对

在孩子被诊断为残疾儿童之后，中国的家长往往会感到无比震惊和困惑，因为在中国，多数家庭一般只生育一个孩子，父母对他们唯一的孩子的期望很高，所以在接受残疾儿童这一诊断结果上显得尤为艰难，他们在面对残疾儿童时显得手足无措，内心充满恐惧，常常会感受到巨大的压力。残疾儿童家长需要转变观念，调整心态，积极应对残疾儿童带来的困难。残疾儿童家长有必要每隔一段时间就抽空对自己的心态和压力状况进行自我分析，发现问题，及时解决，进而更好地投入对残疾儿童的教养过程中。家长还可以主动收集和加工相关信息，多了解残疾儿童养育方面的知识，帮助自己获得控制权，因为知识可以变成对抗和解决紧张性刺激的有力工具（李静，王雁，2012）。国外也有研究发现，让父母参与到孩子的干预训练中，不但可以增加他们的应对技巧，而且能减轻他们的亲职压力（Diggle & McConachie，2013）。

（五）关注农村特殊教育建设

受到我国经济、教育水平城乡发展不均衡的影响，居住在农村的残疾儿童家长的压力感受会更加明显，相应地，残疾儿童的心理健康水平也容易受到更大的影响。因此，我们应当关注农村地区特殊教育的发展，加大对农村地区经济和师资的投入力度，让更多生活在农村地区的残疾儿童家庭得到专业指导。有条件的农村学校应当定期举办亲职教育课程，帮助家长获得更多日常养护和教育康复训练方面的知识，使家长能够缓解自身的压力体验，从而为残疾儿童的心理健康成长提供更多支持。

（六）促进残疾儿童自我决定能力的发展

许多家庭由于有残疾儿童，其日常生活被打乱，家庭中不得不安排一人全职照顾残疾儿童。研究显示，家长的就职情况会对残疾儿童的心理健康水平产生一定影响。在一部分有轻度障碍孩子的家庭中，只要孩子能够进入学校或康复机构，家长可以选择性地放手让孩子自己成长。虽然残疾儿童自身的障碍限制了其自我决定的发展水平，但家长不能完全取代他们，一味地帮他们做选择，而是应当适度放手，提高残疾儿童的自我决定能力，完善他们的独立人格。

第七章　残疾儿童心理问题与家长亲职压力的干预

残疾儿童因自身的生理缺陷和功能障碍，会出现更多的心理和行为问题，这些问题是家长亲职压力的重要来源，而家长过大的心理压力势必会影响家庭的功能和亲子沟通的方式与质量，家庭的功能不良和沟通不畅则可能成为影响残疾儿童心理健康的危险因素。因此，为残疾儿童及其家长提供心理干预，减少儿童的消极情绪和行为问题，减轻家长的亲职压力，帮助家长学会面对困难，提高自我管理情绪和有效应对压力的能力，对于促进残疾儿童和家长的心理健康水平、改善残疾儿童家庭的生活质量都有着极其重要的作用。我们的研究发现，家长的高亲职压力一方面会直接导致残疾儿童的心理健康问题增多，另一方面还会通过损害亲子沟通和家庭功能间接地引发残疾儿童出现更多的心理健康问题，因此要减少残疾儿童的心理问题，除了需要直接干预外，还需要从家长减压、亲子沟通质量改善和家庭功能修复三个方面入手，这体现了研究残疾儿童心理健康及其与家长亲职压力关系的临床应用价值。本章对此进行了初步探索，通过运用动作训练、行为强化等专业的干预手段，结合我们团队的相关研究成果，对孤独症儿童的行为问题进行了矫治，并且运用规范的认知行为团体心理辅导方法，降低了残疾儿童家长的压力感受水平，取得了显著的干预效果。对于残疾儿童心理健康的维护来说，单纯的心理咨询和治疗技术是不够的，只有把专业的咨询和治疗技术与家长的改变和整个家庭的调整相结合，才有可能取得更好的干预效果且维持更久。今后，我们将继续致力于把研究中取得的成果用于残疾儿童家庭的心理支持服务中，以积极的家庭系统为核心，逐步建立高效的残疾儿童及其家长心理健康的干预模式和体系，努力提升残疾儿童及其家长的心理健康水平和生活质量。

第一节　粗大动作训练改善孤独症儿童感觉统合失调行为的实验研究

感觉统合（sensory integration）是个体通过一种或多种感觉系统，如视觉、听觉、触觉、味觉、嗅觉、前庭觉、本体感觉等，将身体和周围环境之间接触的信息传递给大脑，大脑进行整合后让运动系统做出反应的过程（Schaaf & Miller，2005）。感觉统合是一个神经生物学过程，体现出大脑对环境刺激进行加工、分析、组织和反应的能力，这种能力将来自身体和环境的感觉信息相统整，使个体能够在环境中有效地使用身体，并与环境发生相互作用，从而奠定了认知和情绪发展的基础。相应地，感觉统合失调（sensory integration dysfunction）则是大脑难以用一种合适的方式来识别、调节、整合或组织感觉信息，这种失调可能出现在各种感觉系统中，但更多地发生于触觉、前庭觉和本体感觉（Katz，2006）。研究发现，有感觉统合问题的儿童经常会出现自我刺激行为和自我伤害行为，从而影响他们对目的活动的整体参与（Mishra et al.，2011）。可见，感觉统合失调会干扰儿童的认知能力、社会技能、自尊、人际交往等诸多方面的正常发展，给儿童的适应和成长带来困难。

感觉统合的概念最初由美国心理学家艾尔斯（Ayres）引入职业治疗领域，用于对学习障碍儿童的治疗，随后在特殊教育和康复领域得到大范围的提倡与推广，被特殊教育教师用于孤独症、注意缺陷多动障碍等更多类型的特殊儿童的干预中（Faramarzi et al.，2016）。孤独症儿童普遍具有感觉加工方面的障碍，常常难以调节对感觉信息或特定刺激的反应，喜欢用自我刺激的方式来补偿受限的感觉输入或避免过度刺激，导致孤独症儿童出现刻板动作、无目的的跑动、攻击行为和自伤行为等，这些反应都与孤独症儿童中枢神经系统的感觉统合能力不足有关（Pfeiffer et al.，2011）。即使是高功能孤独症或者阿斯伯格综合征儿童，也在运动能力，以及本体感觉和前庭觉等感觉加工上明显受损（Siaperas et al.，2012）。由感觉统合失调导致的功能障碍既是孤独症儿童的明显特征，也是引发他们产生行为问题的重要原因。

正是因为感觉统合失调对孤独症儿童的影响很大，感觉统合训练自然就成为一种常用的孤独症儿童的康复和治疗方法。目前的一些研究结果显示，感觉统合训练在改善孤独症儿童的语言、社交、感知觉和行为方面都具有令人满意的疗效（王纯，2006）。然而，研究者对传统的感觉统合训练，如穿戴负重背心、用工具刷或擦、摇摆、坐弹力球、用垫子或枕头挤压等，对孤独症儿童的感觉加工异常和问题行为的干预效果是有争议的。有研究者分析了2006—2013年的23篇有关艾尔斯感觉统合训练的研究论文，发现只有中等程度的证据能支持这一干预方法在孤独症儿童中的使用效果（Watling & Hauer，2015）。那么，有没有一种更加简便、经济的方法能够改善孤独症儿童的感觉统合失调行为呢?

根据凯哈特（Kephart，1964）的知觉-动作学习发展理论，动作学习是儿童最初的学习方式，儿童的学习经验是从粗大动作开始的，逐渐发展到能够把感知到的信息与动作结合成有意义的整体，大肌肉动作是儿童认识环境、学习发展的第一步。在儿童的成长过程中，知觉与动作密不可分，知觉学习需要依靠动作不断去探索和体会，而动作学习也必须要有稳定的感官能力作为基础，只有感知觉稳定发展，儿童才能建立对自我身体的认识，才能做出正确的动作控制和反应（金容，2014）。因此，粗大动作与感知能力的发展是相互影响、相互促进的。粗大动作是神经系统发育的一个重要指标，更是多种基本动作技能的基础，也是儿童探索环境、从周围世界获取知识的重要途径，粗大动作能力的发展对于儿童掌握各类运动、参与日常活动，以及参加社会交往都有重要意义（王效全等，2015）。已有研究发现，粗大动作训练的物理治疗方法的确能改善有动作协调障碍儿童的运动机能，促进其更好地参与日常活动（Maharaj & Lallie，2016）。然而，目前与动作训练有关的治疗方法普遍被用于大脑瘫痪、发育迟缓等动作发展障碍儿童的康复，而用于孤独症儿童的方法甚少。不过，也有学者开始探讨动作训练方法对孤独症儿童的影响，发现知觉-动作训练可以提高孤独症儿童的注意水平，促进其神经和认知功能的发展（Afshari，2012）。基于此，我们尝试使用粗大动作训练的方法，从动作入手对孤独症儿童的感觉统合失调行为进行干预，以期提高孤独症儿童的感觉统合能力，为康复教师和家长寻找到一种经济负担小、环境限制少且可以转移的能有效促进孤独症儿童感知发展和减少其行为问题的训练方法。

一、研究对象与方法

（一）研究对象

以 3 名孤独症儿童为研究对象，均在重庆市江津区向阳儿童发展中心的同一班级接受康复训练。经过观察儿童和访谈其老师、家长后发现，3 名儿童均有感觉统合失调行为，对其生活和学习造成了较大干扰。

对象一，小龚，12 岁，男，家中老大，经重庆某医院测试，确诊为重度孤独症，智力重度低下。父母对小龚的关心很少，奶奶是其主要照顾者。据老师介绍，小龚坐在椅子上或者站着时都喜欢摇晃身体，上课时会突然起立跑到教室窗边蹦蹦跳跳，与老师交流时无目光接触，老师主动要求他接触后，他会马上躲闪掉，保持时间不到 3 秒。在家里，他会在奶奶不注意时擅自跑到门前的公路上晃荡身体，走来走去。

对象二，小杨，7 岁，男，独生子女，在北京某医院被确诊为重度孤独症，智力重度低下，无重大身体疾病史，无明显情绪问题，目前与父亲生活在一起。老师表示，其父亲属于溺爱型家长，在生活中不会给小杨提出要求、建立规则。在班级中，小杨表现得无欲无求，自我刺激频繁，经常会驼着背、踮起脚尖跳、翘起嘴巴吸、玩口水等，上课时基本上与老师无眼神接触，在被动要求注视 1 秒后会躲闪掉。

对象三，小宇，6 岁，男，家中老大，在医院进行检测后被确诊为重度孤独症，智力重度低下，多动。其父母关系良好，重视小宇的在校情况，经常与主要负责老师进行交流。小宇的情绪问题严重，不能接受不是整块的饼干等食物，喜欢装哭，经常大哭大笑、在地上打滚、爬上爬下。老师表示，在学习时，小宇的注意力容易分散，耐性差，在完成任务时多被要求几次就躺在地上大哭，但并无眼泪。

为进一步明确 3 名研究对象在感觉统合上的失调程度，实验之前，我们使用儿童感觉统合评定量表对他们的感觉统合发展情况进行了评估，由于部分对象为学龄前孤独症儿童，并且均存在智力低下问题，只考察了量表的前三个维度，即前庭失衡、触觉过分防御和本体感觉失调，结果见表 7-1，从具体得分上可以看出，3 名儿童在前庭觉、触觉和本体感觉上均存在严重的失调现象。

表 7-1　3 名研究对象的感觉统合失调情况

研究对象	前庭失衡			触觉过分防御			本体感觉失调		
	原始分	标准分	失调程度	原始分	标准分	失调程度	原始分	标准分	失调程度
小龚	40	15	严重	68	27	严重	23	<10	严重
小杨	34	14	严重	50	<10	严重	19	<10	严重
小宇	37	20	严重	58	17	严重	38	24	严重

注：量表各维度的原始分转换成标准分后，得分低于 40 分表明存在感觉统合失调现象，其中得分在 30～40 分为轻度失调，得分在 30 分以下为严重失调（汪向东等，1999）

（二）研究工具

1. 儿童感觉统合评定量表

该量表由中国台湾地区的郑信雄在综合南加利福尼亚大学艾尔斯的多个感觉统合失调症状检核表的基础上编制而成，北京医科大学的任桂英等检验了该量表在中国大陆地区的可用性，表明其具有较好的信效度（任桂英等，1994）。该量表共有 58 个题项，包括前庭失衡、触觉过分防御、本体感觉失调、学习能力发展不足、大年龄的特殊问题五个维度，按“总是如此”“常常如此”“有时候”“很少这样”“从不这样”进行 1～5 评分。该量表由 3 名孤独症儿童的主要负责老师（均与其相处 3 年以上）完成填答，以评估研究对象感觉统合的失调程度。

2. 感觉统合失调行为观察记录表

通过对 3 名儿童的行为观察，以及与其家长和负责老师的深度访谈，并结合他们在儿童感觉统合评定量表的前庭失衡、触觉过分防御、本体感觉失调三个维度各题项上的得分情况，我们选择确定了 3 名儿童共同存在的感觉统合失调行为，据此编制成感觉统合失调行为观察记录表，用于记录 3 名研究对象的感觉统合失调行为的发生情况，每天观察后统计其感觉统合失调行为出现的次数。

3. 全人疗育评估记录表三

此表可用于孤独症儿童动作障碍的评估，由中国台湾地区的动作训练师叶仓甫老师设计和编制（金容，2014）。通过观察评估和操作评估，我们可以了解 3 名研究对象在粗大动作上的现有能力、动作发展训练阶段、障碍部位等，以明确每个儿童当前的动作问题和影响动作发展的因素，进而设计相应的个别化的粗大动作训练策略和方案。

（三）研究方法与实验设计

采用跨被试的多基线单一被试实验法，选择 3 名孤独症儿童，运用 A-B 设计的实验范式，依次介入实验处理，在相同的情境中，改变 3 名儿童相同的目标行为。

1. 自变量

自变量是粗大动作训练。首先采用叶仓甫老师编制的全人疗育评估记录表三，观察和评估 3 名研究对象的现有粗大动作能力及其存在的主要问题；然后据此为 3 名研究对象制订了不同的粗大动作训练方案，周一至周五每天各训练一次，每次训练时间均为 40 分钟。

对象一的训练计划：诱导下的跪走，配合儿歌的节律，儿歌停止则跪走就停止，儿歌开始则跪走就开始；单手扶持下的交替半跪，要求他在完成交替半跪时必须数一个数字，同时做一个抬腿和放下的动作，每个动作要配合他与训练老师的眼神注视，一组动作做 10 次；当听到训练老师的指令“小龚，这儿来”后，他到老师面前就可得到用细毛刷刷手的奖励。休息时，让他坐在 20 度倾斜的摆位椅上玩玩具。

对象二的训练计划：在跪姿、跪走下与训练老师玩他喜欢的玩具，或者吃他喜欢吃的食物，训练老师要引起他的主动注视；双手扶持，诱导他以单脚半跪姿和训练老师玩玩具，引起眼神注视；诱导他坐 20 度倾斜的摆位椅，至少 5 分钟一次，接受训练老师的关节挤压，要求他与训练老师的眼神接触在 2 秒及以上。

对象三的训练计划：配合音乐、儿歌的节奏进行前进跪走、倒退跪走；在训练老师的指令下跪走完成开车运送货物的游戏；先独立地进行交替半跪，训练老师数数，他在听到数数声音后抬脚，然后眼睛看训练老师示范交替半跪及正确举手，模仿抬脚、举手动作，做对则训练老师给予口头鼓励；之后做扶地蹲走活动；休息时可坐 30 度的楔形垫，训练老师给予关节挤压。

2. 因变量

因变量是感觉统合失调行为。研究者通过观察和访谈 3 名研究对象在平时生活、上学期间出现的与感觉统合失调有关的行为表现，并且结合他们在儿童感觉统合评定量表的三个维度，即前庭失衡、触觉过分防御、本体感觉失调项目内容上的得分情况，确定了他们需要干预的感觉统合失调的相同目标行为，具体见表 7-2，每天记录目标行为发生的总次数。

表 7-2　3 名研究对象的感觉统合失调行为

维度	项目内容	目标行为
前庭失衡	特别爱玩旋转的凳椅或游乐设施，不会晕 喜欢旋转或绕圈子跑，不晕不累 爬上爬下，跑进跑出，不听劝阻	①玩旋转类设施、旋转绕圈跑 ②擅自离开座位跑来跑去、爬上爬下
触觉过分防御	不喜欢直接视觉接触，常常必须用手来表达其需要 不喜欢和别人玩碰触游戏，视洗脸和洗澡为痛苦 常吸吮手指或咬指甲 听而不见，过分安静，表情冷漠又无故嬉笑	③避开老师注视、叫名字时无目光接触 ④拒绝脸部触碰 ⑤玩手、吃手
本体感觉失调	不喜欢翻跟头、打滚、攀爬 拒走平衡木，不善于玩积木、组合东西、排队、投球	⑥不能完成跨障碍物跪走动作

3. 无关变量及其控制

3 名研究对象分别在固定的时间、相同的地点接受粗大动作训练。训练场地是一间大活动室，里面有地垫若干，辅具有摆位椅、楔形垫、滚筒，玩具若干，环境相对安静。3 名儿童的粗大动作训练由同一名研究者实施，感觉统合失调行为则由同一名研究者和熟悉被试的主要负责老师分工合作，在相同的时间段（早会与早操、课间、午饭、午休时间）和地点完成记录。实验开始前，研究者与记录老师（即主要负责老师）充分沟通交流，并培训其做观察记录的方法，详细解释目标行为的操作性定义，以消除观察者偏差。

（四）研究过程

采用跨被试的多基线 A-B 设计，每名被试均接受一个基线期（A）和一个处理期（B）的训练。由于实验过程中被试二与被试三因生病等原因请假缺席，被试三未能从第一天进入基线期，被试二在基线期出现非连续性的数据点，基线期测试变成多探试设计，这是多基线设计的一种改良形式，并不会影响实验的信效度（杜正治，2006）。

实验进行之前，研究者与 3 名儿童的父母签订了知情同意书，并与被试接触两个月后开始基线期的数据记录，在基线期对所有被试均不进行介入处理，每天在自然状态下记录其感觉统合失调行为的发生次数，每天计数一次。整个实验期间，被试一（小龚）的基线期从第 1 天到第 10 天，记录天数为 10 天；在第 11 天进入处理期，接受粗大动作训练，持续到实验结束，记录天数为 33 天。被试二（小杨）的基线期从第 1 天到第 20 天，因请假缺席，记录天数为 14 天；在第 21 天进入处理期，干预持续到实验结束，记录天数为 23 天。被试三（小宇）的基线期从第 7 天到第 28 天，记录天数为 22 天；在第 29 天进入处理期，到实验结束时的记录天数为 15 天。

（五）数据处理和统计方法

采用视觉分析和 *C* 统计来考察和检验粗大动作训练的干预效果。

二、粗大动作训练的干预效果

将 3 名被试在研究中所得数据用 Excel 软件绘制成折线图（图 7-1），图中数据分为两个时期，即基线期和处理期，首先对数据进行视觉分析，然后使用 *C* 统计检验处理期的干预效果，并评估干预效果的效应量，具体分析结果详见表 7-3。

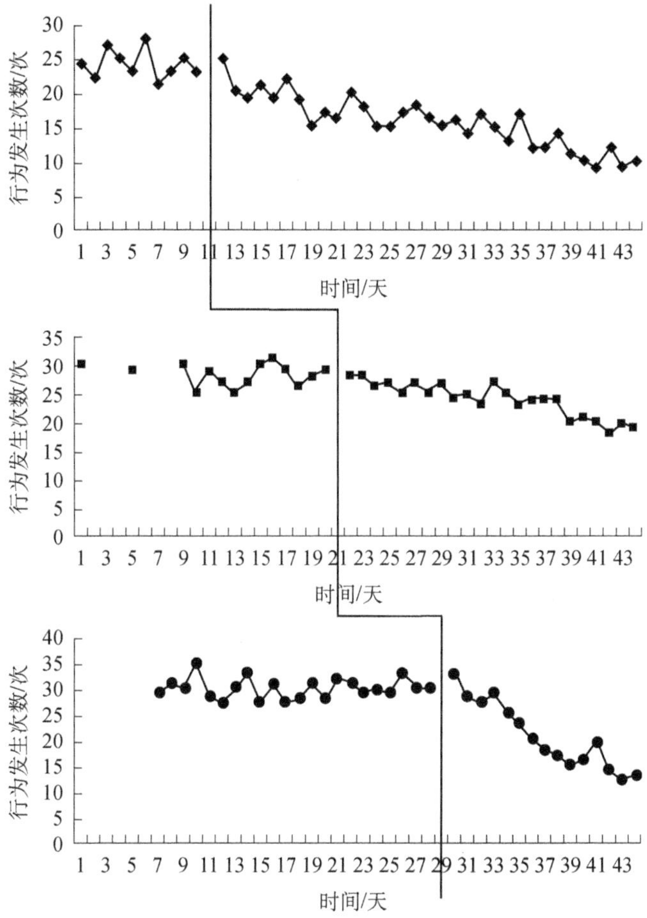

图 7-1　3 名被试感觉统合失调行为发生次数的变化趋势

注：从上至下分别为被试一、被试二、被试三的变化趋势

表 7-3　3 名被试感觉统合失调行为的视觉分析和统计检验结果

项目		被试一		被试二		被试三	
阶段内变化	实验阶段	基线期 A	处理期 B	基线期 A	处理期 B	基线期 A	处理期 B
	阶段长度	10	33	14	23	22	15
	趋势路径	\ (+)	\ (+)	— (=)	\ (+)	— (=)	\ (+)
	趋势稳定性	90.00%（稳定）	87.88%（稳定）	85.71%（稳定）	95.65%（稳定）	86.36%（稳定）	93.33%（稳定）
	平均水准	24.10	15.70	28.21	23.91	29.95	20.67
	水准范围	28～21	25～9	31～25	28～18	35～27	33～12
	水准变化	+1	+15	+1	+9	−1	+20

续表

项目		被试一		被试二		被试三	
阶段内变化	水准稳定性	70.00%（变动）	42.42%（变动）	78.57%（稳定）	47.83%（变动）	72.73%（变动）	26.67%（变动）
	C	−0.43	0.78	0.14	0.78	−0.25	0.89
	Z	−1.52	4.67**	0.57	3.89**	−1.25	3.71**
阶段间变化	阶段比较	A / B		A / B		A / B	
	趋势变化效果	正向		正向		正向	
	水准变化	23～25（−2）		29～28（+1）		30～33（−3）	
	平均水准变化	8.40		4.30		9.28	
	重叠百分比	9.09%		47.83%		26.67%	
	C	0.84		0.79		0.87	
	Z	5.68**		4.90**		5.43**	
	SMD	−3.85		−2.23		−4.41	
	PND	90.91%		52.17%		73.33%	

注：趋势稳定性与水准稳定性的决断值为 15%。“\”“/”“—”表示的是趋势路径，分别代表资料点呈下降、上升、持平的趋势。“+”“−”“=”表示的是干预效果的变化，分别代表进步、退步、没有变化。下同

（一）阶段内变化分析

结合图 7-1 和表 7-3 可知，被试一在基线期内的感觉统合失调行为从下降趋势逐渐发展到稳定，趋势稳定性达 90.00%，水准变化为+1，平均水准为 24.10，*C* 统计结果显示差异不显著（$Z=-1.52$，$p>0.05$），表明基线期的行为呈稳定状态。进入处理期后，其感觉统合失调行为呈持续下降趋势，趋势稳定性为 87.88%，平均水准为 15.70，水准变化为+15，感觉统合失调行为有明显减少，粗大动作训练表现出明显的干预效果，且达到统计学上非常显著的水平（$Z=4.67$，$p<0.01$）。

被试二在基线期内出现感觉统合失调行为的趋势稳定性为 85.71%，水准稳定性为 78.57%，趋向走势和水平均呈稳定状态，平均水准为 28.21，水准变化为+1，无统计学上的显著差异（$Z=0.57$，$p>0.05$）。进入处理期后，其感觉统合失调行为呈缓慢下降趋势，趋势稳定性为 95.65%，平均水准为 23.91，水准变化为+9，水准稳定性为 47.83%，呈变动状态，表明感觉统合失调行为有明显改善，粗大动作训练的干预效果达到统计学上非常显著的水平（$Z=3.89$，

$p<0.01$）。

被试三在基线期内出现感觉统合失调行为的趋势稳定性为 86.36%，平均水准为 29.95，水准变化为−1，*C* 统计结果显示没有显著差异（$Z=-1.25$，$p>0.05$），对象三的行为稳定，可以进入处理期。进入处理期后，其感觉统合失调行为呈快速下降趋势，趋势稳定性为 93.33%，平均水准为 20.67，水准变化为+20，水准稳定性为 26.67%，呈变动状态，表明粗大动作训练的介入产生了效果，感觉统合失调行为有明显减少，且达到统计学上非常显著的水平（$Z=3.71$，$p<0.01$）。

（二）阶段间变化分析

被试一在基线期与处理期两阶段之间的趋势由下降走向下降，趋向稳定性由稳定向稳定发展，表现出正向的处理效果，平均水准变化为 8.40，重叠百分比为 9.09%，经 *C* 统计检验，达到非常显著的水平（$Z=5.68$，$p<0.01$），表明粗大动作训练对减少被试一的感觉统合失调行为有很好的效果。

被试二在基线期和处理期两阶段之间的趋势由持平走向下降，趋势稳定性由稳定向稳定发展，表现出正向的处理效果，平均水准变化为 4.30，重叠百分比为 47.83%，经 *C* 统计检验，达到非常显著的水平（$Z=4.90$，$p<0.01$），表明粗大动作训练的介入有效地减少了被试二的感觉统合失调行为，训练效果良好。

被试三在基线期和处理期两个阶段之间的趋势由持平走向下降，趋势稳定性由稳定向稳定发展，表现出正向的处理效果，平均水准变化为 9.28，重叠百分比为 26.67%，经 *C* 统计检验，同样达到非常显著的水平（$Z=5.43$，$p<0.01$），表明粗大动作训练对减少被试三的感觉统合失调行为也有很好的效果。

（三）实验的效应量

采用两个指标来评估实验干预的效应量：一个是 SMD；另一个是 PND。两个指标可以从不同方面反映单一被试实验研究的干预效果值（Rakap，2015）。由表 7-3 的数据可知，3 名儿童中，被试二的 PND 值相对较低（52.17%），但也超过了 50%，表明粗大动作训练对其仍是有效的（Rakap，

2015），而整个实验研究的 PND 值为 72.14%，处于 70%～90%，表明本研究的实验处理具有良好的干预效果。此外，3 名被试的 SMD 值及其平均数（−3.50）的绝对值均远大于 0.8，属于高度效果的水平（Kromrey & Foster-Johnson，1996），充分说明粗大动作训练对于减少孤独症儿童感觉统合失调行为的干预效果非常明显。

三、粗大动作训练对孤独症儿童感觉统合失调行为的影响

从实验结果可以看出，经粗大动作训练后，参与实验的 3 名孤独症儿童的感觉统合失调行为的发生次数均有不同程度的显著下降，表明粗大动作训练对于 3 名孤独症儿童的感觉统合失调行为的干预是有效果的。实验结束后，研究者对 3 名孤独症儿童的主要负责老师和家长进行了访谈，老师反映他们的感觉统合失调行为都有所改善，感觉统合能力得到了一定提高，尤其是前庭失衡行为的改善效果明显，他们玩旋转设施、跑来跑去的行为减少了很多，眼神注视的出现次数更多，注视时间比以前有所增加。此外，家长也反映 3 名儿童在家中的表现比以前有进步。小龚独自跑到公路上穿梭的情况减少，小杨总是踮着脚尖走路的情况得到缓解，小宇爬上爬下的行为大大减少，并且能复诵数数。可见，粗大动作训练可以为感觉统合失调儿童提供一种感觉输入控制，使其能够统合这些感觉信息，促进脑神经生理的发展，达到改善儿童运动协调能力和语言功能等目的（王纯，2006）。因此，经过研究者与主要负责老师和儿童家长的讨论后，3 名孤独症儿童将会持续接受粗大动作训练。

粗大动作训练是按照儿童粗大动作发展顺序，遵循儿童粗大动作发展规律，通过精心设计的粗大动作活动，使儿童获得粗大动作技能的训练方法。儿童的粗大动作发展与感觉统合能力有密切关系，粗大动作的发展不足会影响感觉统合能力的发展，而粗大动作的完善也可以带动感觉统合能力的提高，通过粗大动作训练，儿童的前庭觉、触觉、本体感觉都能参与其中，并得到锻炼。本实验研究之所以能取得良好的干预效果，是因为针对 3 名孤独症儿童设计的粗大动作训练方案都是以屈曲的本体感觉输入为主的，屈曲肌肉的参与有利于稳定动作姿势控制，同时结合有节律的音乐、游戏以及教育手段，从而有利于

神经抑制，并且能强化神经抑制控制下的动作，减少神经兴奋，进而减少冲动行为。在孤独症儿童身体处于稳定的神经控制下，其大脑通过各种感觉器官接收信息，再加以处理，并做出反应。研究者根据孤独症儿童的行为反应，不断修正其接收到的信息，如此循环，最终导致感觉统合失调行为的减少。

参与实验的 3 名研究对象在基线期和处理期的阶段间的水准变化分别为 −2、+1、−3，表明干预的立即效果不是很明显，这可能是由于研究者和 3 名孤独症儿童之间的熟悉度还不够。为了保证观察记录的客观性和有效性，避免观察者偏差的影响，研究者在实验处理前与研究对象并无过多的交往和沟通，只是处于比较客观的位置进行观察记录，而进入处理期后也并未给儿童足够的适应时间，未考虑到孤独症儿童心理接受度对干预效果的影响。此外，3 名孤独症儿童粗大动作训练的效果有差异，被试三（小宇）在感觉统合失调行为上的进步明显优于其他两名儿童，而被试二（小杨）的改变效果相对较小，这与儿童的主要照顾者的教养方式有很大关系，小宇的家长在整个干预过程中表现出积极配合的态度。当然，实验中粗大动作训练的效果还得益于 3 名儿童的主要负责老师对干预的高度配合，在日常课程中融入了研究者的动作设计，加大了训练量。由此可见，儿童的心理接受度、训练者与儿童的熟识度、主要照顾者的教养态度、家长和老师的配合参与度等都可能会影响粗大动作训练的干预效果。

四、孤独症儿童粗大动作训练的干预建议

本次实验结果可以证实，粗大动作训练对孤独症儿童的感觉统合失调行为具有良好的改善作用。对于年龄越小、感觉统合失调症状越轻的儿童，粗大动作训练的干预效果越明显。粗大动作训练并不是单纯只给孤独症儿童设计粗大动作，同时还要关注儿童的心理和情绪，调整家长的教育态度，减小环境对训练的影响。基于此，我们提出几点建议，以期能够更好地发挥粗大动作训练的积极作用。

第一，在粗大动作训练的主要干预方法的基础上可结合多种辅助手段，如音乐、游戏等，让孤独症儿童在相对轻松、愉快的环境里接受干预。多种辅助的手段能创造多种情境，游戏的融入可以增加儿童对训练的兴趣，而带有节律

性的音乐可以使孤独症儿童平复冲动的情绪。

第二，创设单纯的干预环境，孤独症儿童在较单纯的环境中才能比较容易集中注意力，当其内部的信息接收处于比较稳定的状态下，其感觉统合的状态才会较好。因此，训练时给儿童呈现的感知觉信息加工环境要尽量单一，给出的指令要求必须清晰、简单、明确，如“某某，跪走运货物”，只有简单的指令才有利于孤独症儿童接收到更多的正确信息。

第三，只有将粗大动作训练方法转移到孤独症儿童家长的手中，才可能加大训练量，产生更明显的干预效果，因此孤独症儿童粗大动作训练方案的制订和实施都需要家长的全程参与。与孤独症儿童相处时间最多的、最了解他们的是其父母，把训练方法转移给父母是保证有效训练量的最好办法。父母的参与和积极配合，可以增强粗大动作训练对于孤独症儿童感觉统合失调行为的改善效果。

第二节　代币制干预孤独症儿童自伤性问题行为的实验研究

自伤行为是一种危害性极大的问题行为，会给个体带来直接的身体伤害。早在19世纪30年代，国外学者首次对自伤行为中的“割腕综合征”进行了描述，从此其受到关注，尤其是近年来，自伤行为逐渐成为众多研究者关注的焦点（孙立双，韦小满，2008）。关于自伤行为的定义，研究者至今仍有较大争议，未能达成统一认识。除自伤外，常用的表达方式还有自残和自我损害，其中自我损害的外延最宽泛，用于描述一系列行为和意图，既包括高致命性的行为，如淹溺、悬吊、服毒等，也包括一些低致命性的行为，如切割、灼烧、过量服药等，还包括其他没有明显可见伤害性的行为，如过度锻炼、过度节食以及一些鲁莽行为（如飙车）等（Skegg，2005）。自伤行为发生人群的范围很广，从普通人到特殊群体，并且发生率也越来越高。

孤独症谱系障碍是一种由大脑、神经及基因病变引起的综合征，是由脑功能障碍所致的发育障碍，其临床特征主要表现为社会交往障碍、言语发育障碍、兴趣范围狭窄和刻板重复的行为方式（American Psychiatric Association，1994）。在孤独症儿童中，有自伤性问题行为的个体不在少数（任树霖，石学云，2015）。自伤行为不仅会对孤独症儿童的身体健康造成威胁，也会使他们很难被社会接纳，有严重自伤行为的儿童还会被关在家中或送去医疗机构，这在一定程度上会影响他们接受教育，并且会给家庭和社会带来沉重的心理压力和经济负担。因此，不管是从孤独症儿童的人身安全和身心健康出发，还是从家庭和谐与社会稳定考虑，对其自伤行为的干预都有着极其重要的现实意义。

目前国内研究者采用了多种方法来干预孤独症儿童的自伤行为，例如，张洋（2013）在对孤独症儿童的自伤行为进行功能分析的基础上，发现运用注意转移的干预策略确实能有效地减少个案的部分自伤行为发生的次数。肖艳林和余芳（2015）使用积极行为支持的方法对一名孤独症儿童的自伤行为进行了干预，采用了前事控制策略、教导替代性行为策略、后果处理策略及生态环境改善策略，结果显示，其自伤行为的发生率显著下降。然而，目前还少有将代币制运用于孤独症儿童自伤性问题行为的干预研究。代币制是一种使用代币作为正强化物的行为治疗方法，在行为矫正的过程中用一种原本没有强化作用的物体的表征作为代币，与具有增强作用的其他刺激物相联系（蔡青，2016）。它被广泛运用于残疾儿童的问题行为干预中，如肖艳林（2016）运用代币制对孤独症学生的情绪问题进行了干预，结果显示，运用代币制有效减少了孤独症学生的情绪行为问题。基于代币制在残疾儿童问题行为矫治中的有效性，我们希望可以将其用于孤独症儿童自伤性问题行为的干预，通过验证其干预成效，为减少乃至消除孤独症儿童的自伤性问题行为提供一种方便可行的策略。

一、研究对象与方法

（一）研究对象

小熙，男，10岁，是一名在重庆市巴南区特殊教育学校培智部三年级上学的孤独症儿童，有一定程度的自伤性问题行为，如手拍打脸、双手使劲互相撞击、咬手、手敲头、使劲甩手/抖手等。父亲在外务工，由母亲照看。母亲孕期及生产期无异常，但为高龄生产。在他3岁时，母亲发现其部分行为异常，于中国人民解放军陆军军医大学第一附属医院进行诊断，诊断结果为孤独症。

（二）研究方法

1. A-B-A-B 单一被试实验法

采用 A-B-A-B 单一被试实验法，共分为四个阶段：基线期（A1），时间为 10 天，观察记录个案在自然情景中的自伤性问题行为次数，并对其行为进行功能分析，待个案情况基本稳定后再进行干预；干预期（B1），时间为 14 天，采用代币制对个案进行干预，观察记录其行为变化情况；倒返期（A2），时间为 10 天，撤销代币制的干预后，记录个案在自然情景中出现的自伤性问题行为的次数；再干预期（B2），时间为 14 天，再次采用代币制对个案进行干预，观察并记录其行为变化。

2. 研究的变量

自变量为个案自伤时介入的干预策略，是用以改变问题行为的方法，即代币制。

因变量为个案的自伤性问题行为，包括该名儿童所有针对自己身体进行直接伤害的行为，如用手敲头、敲打脸、双手互相撞击、咬自己、抓伤自己和敲击硬物等行为。因变量的测量方法是，采用时间记录法，以“次”作为单位，记录个案自伤性问题行为在 30 分钟内发生的次数，敲打一下记为一次，包括手拍打脸、双手使劲互相撞击、咬手、手敲头、使劲甩手/抖手等行为。

在无关变量的控制上，每天选取上午、下午各 1 节课，时间固定为 30 分钟。在研究时间段中，要求陪读家长离开教室，以消除陪读家长的干扰。

（三）研究工具

1. 行为动机评量表

采用钮文英（2009）修改自杜兰德（Durand）的行为动机评量表来考察个体行为的功能，该量表共有 16 个题项，分为获取感官刺激、逃避、引人注意和获得事物四个维度，每个维度各有 4 个题项，对选项“从不如此”“很少如此”“半数如此”“经常如此”“总是如此”进行 1～5 分的五级评定，分数越高表示行为问题出现的频率越高。

2. ABC 行为观察记录表

根据研究对象的情况编制 ABC 行为观察记录表，记录内容包括观察的目标行为、观察的日期、时间、地点、行为前发生的事件（A）、出现的行为（B）、出现的结果（C）、行为功能等。

3. 功能评估访谈表

编制功能评估访谈表，以了解研究对象的问题行为特征及其功能，具体访谈问题主要包括以下方面：①每一种问题行为的表现形式、发生频率、持续时间和强度（行为发生时的破坏性）如何？②上述哪些行为有可能一起发生？大约在什么情况下同时发生？③他/她的这种行为在什么时候、什么环境最有可能发生？他/她的这种行为在什么时候、什么环境最少发生？他/她在什么环境发生这种行为最猛烈？④他/她跟谁在一起最有可能发生这样的行为？他/她跟谁在一起最少发生这样的行为？⑤他/她的这种行为通常发生在怎样特定的时间和/或特定的环境下？你能预测他/她的这种行为会在什么时候和怎样的情况下发生吗？⑥他/她的这种行为的后果是什么？他/她的这种行为的功能可能是什么呢？他/她从中能获得什么呢？⑦他/她的治疗史和诊断结论是什么？他/她在服用什么药物？你认为这种药物会在多大程度上影响他/她的这种行为？⑧他/她首选的社会事件、活动/玩具或食物有哪些？他/她的优点和缺点是什么？他/她现在和曾经运用的社会技巧有哪些？

4. 增强物调查表

对研究对象及其家长和教师进行访谈，据此编制增强物调查表，主要涉及三类增强物：①物质类增强物，包括消耗性的（如食物、饮料等）、操作性的（如电脑、玩具等）、持有性的（如贴纸、文具等）；②活动类增强物，如游戏、音乐、运动等；③社会性增强物，如口头鼓励、老师或家长的动作/表情、身体接触等。

（四）研究过程

整个干预研究分为基线期（A1）、干预期（B1）、倒返期（A2）、再干预期（B2）四个阶段，基线期与倒返期分别为10天，干预期与再干预期分别为14天，总共48天。每天固定选取两位老师上午、下午各1节课（每节课抽取30分钟）的时间进行观察记录，即每天观察2节课。采用时间间隔记录法，间隔时间为30秒，即把一节课分为60个30秒。由两名观察者同时进行观察记录。在实验的整个过程中，如果个案发生了自伤性问题行为，就在该时间段内画“+”号标记；如果没有发生，就画“–”号标记。在干预期与再干预期，每次观察完之后，取两名观察者记录“–”的平均数，个案可以根据“–”的数量换取相同数量的代币（五角星）。在课后，根据增强物兑换表换取不同的奖励物，个案可以自己选择在课后立即兑换增强物或者延迟兑换增强物。增强物与代币的兑换关系见表 7-4。

表 7-4 增强物与代币的兑换关系表

增强物	代币/个	增强物	代币/个
玩豆袋 1 分钟	5	彩虹糖 1 颗	10
玩水袋 1 分钟	5	旺旺奶糖 1 颗	10
家长/老师挤压头部/双手 1 分钟	5	在老师的带领下去操场玩 5 分钟	15
用波巴斯球挤压身体 1 分钟	5		

根据个案的自伤性问题行为的功能性评量结果分析可知，小熙的自伤性行为的主要功能是“获取感官刺激”，其次是“获得事物”，最后是“逃避”。首先，在“获取感官刺激”方面，他对于豆袋、水袋、家长/老师挤压头部/双手、用波巴斯球挤压身体这一类可获得感官刺激的增强物的需求更大，所以兑换所需代币数量最少，为 5 个；其次，在“获得事物”方面，他爱吃彩虹糖和旺旺奶糖，所以兑换所需代币数量为 10 个；最后，在“逃避”方面，他对于在老师的带领下去操场玩 5 分钟的需求较小，所以兑换所需代币数量最多，为 15 个。

（五）数据处理方法

对数据进行视觉分析和 C 统计分析，以检验代币制的干预效果。

二、自伤性问题行为的功能性评量结果分析

（一）相关人员访谈资料分析

通过对教师和家人的访谈，结果发现：①小熙的自伤性问题行为有多种表达形式，如手拍打脸、双手使劲互相撞击、咬手、手敲头、使劲甩手/抖手等行为；②小熙的自伤性问题行为通常是为了获得感官刺激，尤其是在他玩得很开

心以至于兴奋的情况下，比较容易出现手拍打脸、双手使劲互相撞击、手敲头、使劲甩手/抖手等自伤性问题行为；③当他想要获得某物而没有得到满足时，也会出现手敲头、咬手、手拍打脸等自伤性问题行为。

（二）行为动机评量表的结果分析

对小熙在行为动机评量表中的得分与功能等级数据进行整理，结果见表 7-5。此表由小熙的两位老师 ZH、SN 填写，结果显示，两位老师的排序是相同的，他们都把“获取感官刺激”作为小熙自伤性行为动机的主要原因，将“获得事物”列为第二个动机，将“逃避”列为第三个动机，最后一个动机才是“引人注意”。由此可以推断，小熙自伤性问题行为的功能一般为“获取感官刺激”，但有时也是为了“获得事物”或出于其他原因。

表 7-5 小熙的行为动机评量结果

行为动机	ZH 老师			SN 老师		
	T	*M*	等级	*T*	*M*	等级
获取感官刺激	18	4.50	1	17	4.25	1
逃避	10	2.50	3	9	2.25	3
引人注意	6	1.50	4	7	1.75	4
获得事物	14	3.50	2	15	3.75	2

注：*T* 表示总分

（三）A-B-C 行为观察记录表的结果分析

基于小熙的 A-B-C 行为观察记录表的评量结果，其自伤性问题行为可被归纳为五种形式，包括手拍打脸、双手使劲互相撞击、咬手、手敲头、使劲甩手/抖手，每一种行为都兼具几种功能。在这五种行为中，手敲头、手拍打脸、双手使劲互相撞击、使劲甩手/抖手的行为比较常见，其主要功能是获取感官刺激；咬手这种行为虽然不常见，但一旦出现，就是较严重的自伤行为，它往往表示小熙对不喜欢的环境或要求的逃避或想要获得事物。根据行为观察记录数据可知，小熙的自伤性问题行为的功能最多为“获取感官刺激”（417 次），其次是“获得事物”（109 次），最后是“逃避”（47 次），而“引人注意”是 0 次。这与之前在对教师的访谈中所了解到的信息，以及两位教师填写的行为动机评量表的分析结果是一致的。综合访谈资料、评量表和行为观察记录的分析结果，我们最终确定将小熙为“获取感官刺激”“获得事物”“逃避”而产生的自伤性问题行为作为干预的目标行为。

（四）观察者一致性

为了解本次研究的观察信度，必须做观察者之间的一致性测验。以研究者为主要观察者，以助教（有教室观察与记录的经验）为另一观察者，在被试的基线期、干预期、倒返期、再干预期同时观察被试的自伤性问题行为，在互不干扰的情况下记录各类自伤性问题行为的发生次数，然后进行观察者一致性测验。经公式计算得出的观察者一致性百分比为93%，表明具有高度的可靠性。

三、代币制对小熙自伤性问题行为的干预效果

（一）代币制对小熙为“获取感官刺激”的自伤性问题行为的干预效果

通过整理和分析数据资料，我们对小熙为“获取感官刺激”的自伤性问题行为的干预变化趋势进行阶段内、阶段间的视觉分析，结果详见表7-6和表7-7。

表7-6 小熙为“获取感官刺激”的自伤性问题行为干预的阶段内分析结果

阶段	基线期（A1）	干预期（B1）	倒返期（A2）	再干预期（B2）
阶段长度	10	14	10	14
水准范围	60～48	45～29	56～45	37～22
水准变化	+12	+16	+11	+15
水准稳定性	90.00%	85.71%	90.00%	71.43%
平均值	54.60	36.57	50.80	29.21
C	0.02	0.43	0.09	0.44
Z	0.07	1.76*	0.32	1.77*

表7-7 小熙为“获取感官刺激”的自伤性问题行为干预的阶段间分析结果

阶段比较	A1/B1		A2/B2	
重叠百分比	0		0	
趋势变化效果	—（=）	＼（+）	／（−）	＼（+）
平均水准变化	54.60～36.57（−18.03）		50.80～29.21（−21.59）	

续表

阶段比较	A1/B1	A2/B2
水准绝对变化	58～42（−16）	50～37（−13）
C	0.82	0.88
Z	4.19**	4.50**

从表 7-6 和表 7-7 的结果来看，基线期（A1）的 C 统计结果显示，基线期的数据没有显著差异（C=0.02，Z=0.07，p>0.05），为稳定状态，因此可以进入干预期。进入干预期（B1）后，C 统计结果显示，其存在显著差异（C=0.43，Z=1.76，p<0.05），其平均值也由 54.60 变为 36.57，这表明在进入干预期后有干预效果。进入倒返期（A2）后，C 统计结果显示，倒返期的数据没有显著差异（C=0.09，Z=0.32，p>0.05），为稳定状态，其平均值由 36.57 变为 50.80，可见，在撤销干预后，小熙为“获取感官刺激”的自伤性问题行为增多。进入再干预期（B2）后，C 统计结果显示，其存在显著差异（C=0.44，Z=1.77，p<0.05），其平均值也由 50.80 变为 29.21，这表明小熙在进入再干预期后有干预效果。

小熙的基线期与干预期之间的数据重叠百分比为 0，C 统计结果显示存在显著差异（C=0.82，Z=4.19，p<0.01），倒返期与再干预期之间的数据重叠百分比为 0，同时 C 统计结果也显示存在显著差异（C=0.88，Z=4.50，p<0.01），这表明小熙在进入干预期与再干预期后的干预效果显著。

综上所述，在进入干预期与再干预期后，小熙为“获取感官刺激”的自伤性问题行为减少的变化明显，干预效果显著。

（二）代币制对小熙为“获得事物”的自伤性问题行为的干预效果

通过整理和分析数据资料，我们对小熙为“获得事物”的自伤性问题行为的干预变化趋势进行阶段内、阶段间的视觉分析，结果详见表 7-8 和表 7-9。

表 7-8　小熙为“获得事物”的自伤性问题行为干预的阶段内分析结果

阶段	基线期（A1）	干预期（B1）	倒返期（A2）	再干预期（B2）
阶段长度	10	14	10	14
水准范围	14～6	8～0	13～8	5～0
水准变化	+8	+8	+5	+5

续表

阶段	基线期（A1）	干预期（B1）	倒返期（A2）	再干预期（B2）
水准稳定性	80%	57%	80%	64%
平均值	11.00	3.57	10.10	2.00
C	0.22	0.84	0.02	0.87
Z	0.77	3.38**	0.07	3.51**

表 7-9　小熙为“获得事物”的自伤性问题行为干预的阶段间分析结果

阶段比较	A1/B1		A2/B2	
重叠百分比	14%		0	
趋势变化效果	—（=）	＼（+）	—（=）	＼（+）
平均水准变化	11～3.57（−7.43）		10.1～2（−8.1）	
水准绝对变化	12～6（−6）		10～3（−7）	
C	0.68		0.79	
Z	3.48**		4.05**	

从表 7-8 和表 7-9 的结果来看，基线期（A1）的 C 统计结果显示，基线期的数据没有显著差异（C=0.22，Z=0.77，p>0.05），为稳定状态，因此可以进入干预期。进入干预期（B1）后，C 统计结果显示，其存在显著差异（C=0.84，Z=3.38，p<0.01），其平均值也由 11.00 变为 3.57，表明在进入干预期后有干预效果。进入倒返期（A2）后，C 统计结果显示，倒返期的数据没有显著差异（C=0.02，Z=0.07，p>0.05），为稳定状态，其平均值由 3.57 变为 10.10，可见，在撤销干预后，小熙为“获得事物”的自伤性问题行为增多。进入再干预期（B2）后，C 统计结果显示，其存在显著差异（C=0.87，Z=3.51，p<0.01），其平均值也由 10.10 变为 2.00，这表明小熙在进入再干预期后有干预效果。

小熙的基线期与干预期之间的数据重叠百分比为 14%，C 统计结果显示存在显著差异（C=0.68，Z=3.48，p<0.01），倒返期与再干预期之间的数据重叠百分比为 0，同时 C 统计结果也显示存在显著差异（C=0.79，Z=4.05，p<0.01），表明小熙在进入干预期与再干预期后的干预效果显著。

综上所述，在进入干预期与再干预期后，小熙为“获得事物”的自伤性问题行为减少的变化趋势明显，干预效果显著。

（三）代币制对小熙为“逃避”的自伤性问题行为的干预效果

通过整理和分析数据资料，我们对小熙为“逃避”的自伤性问题行为的干预变化趋势进行阶段内、阶段间的视觉分析，结果详见表 7-10 和表 7-11。

表 7-10 小熙为“逃避”的自伤性问题行为干预的阶段内分析结果

阶段	基线期（A1）	干预期（B1）	倒返期（A2）	再干预期（B2）
阶段长度	10	14	10	14
水准范围	5～1	5～0	5～0	3～0
水准变化	+4	+5	+5	+3
水准稳定性	80%	57%	50%	64%
平均值	3.00	2.21	2.70	1.79
C	0.28	0.14	0.28	0.02
Z	0.98	0.56	0.98	0.08

表 7-11 小熙为“逃避”的自伤性问题行为干预的阶段间分析结果

阶段比较	A1/B1		A2/B2	
重叠百分比	93%		100%	
趋势变化效果	—（=）	—（=）	/（-）	—（=）
平均水准变化	3.00～2.21（-0.79）		2.70～1.79（-0.91）	
水准绝对变化	4～2（-2）		3～1（-2）	
C	0.18		0.11	
Z	0.92		0.56	

从表 7-10 和表 7-11 的结果来看，基线期（A1）的 C 统计结果显示，基线期的数据没有显著差异（C=0.28，Z=0.98，p>0.05），为稳定状态，因此可以进入干预期。进入干预期（B1）后，C 统计结果显示，其没有显著差异（C=0.14，Z=0.56，p>0.05），其平均值由 3.00 变为 2.21，表明进入干预期后干预效果不显著。进入倒返期（A2）后，C 统计结果显示，倒返期的数据没有显著差异（C=0.28，Z=0.98，p>0.05），为稳定状态，其平均值由 2.21 变为 2.70，可见，在撤销干预后，小熙为“逃避”的自伤性问题行为变化不明显。进入再干预期（B2）后，C 统计结果显示，其也没有显著差异（C=0.02，Z=0.08，p>0.05），其平均值由 2.70 变为 1.79，这表明小熙在进入再干预期后的干预效果仍然不显著。

小熙的基线期与干预期之间的数据重叠百分比为93%，C统计结果显示没有显著差异（$C=0.18$，$Z=0.92$，$p>0.05$），倒返期与再干预期之间的数据重叠百分比为100%，并且C统计结果也显示没有显著差异（$C=0.11$，$Z=0.56$，$p>0.05$），表明小熙在进入干预期与再干预期后的干预效果不显著。

综上所述，在进入干预期与再干预期后，小熙为“逃避”的自伤性问题行为的变化不明显，干预效果不显著。

四、代币制对孤独症儿童自伤性问题行为的影响

（一）代币制对个案为“获取感官刺激”的自伤性问题行为的影响

在基线期，小熙为“获取感官刺激”的自伤性问题行为发生的次数较多，如手拍打脸、双手使劲互相撞击、手敲头、使劲甩手/抖手等行为，这些行为有时是由于无聊而表现出的玩耍方式，但大多是为了获得感官刺激。据每次的观察记录，小熙的这些行为基本上是交替发生的，都对小熙造成了一定的伤害，每种行为发生的次数比较平均，而且发生次数居高不下。我们通过采用增强物调查表和访谈的方式对小熙的偏好进行调查，了解到小熙喜欢玩豆袋、沙袋、波巴斯球，喜欢别人帮他挤压身体，尤其是头部，这些都可以作为小熙的自伤性行为矫正中的增强物。在干预期，小熙下课后可以兑换增强物，这能适当地满足其感官刺激的需求，他的自伤性问题行为的发生次数在逐渐减少。干预期结束后，撤销干预，进入倒返期，此时没有可满足感官刺激的物品，小熙又再次发生那些自伤性问题行为，而且此时自伤性问题行为的发生次数与基线期相近。在再干预期，小熙自伤性问题行为发生的情况与干预期相似，从干预到干预结束这个过程中，他的自伤性问题行为的发生次数同样在逐渐减少。可见，代币制对小熙为“获取感官刺激”而表现出的自伤性问题行为的干预是有效果的。

（二）代币制对个案为“获得事物”的自伤性问题行为的影响

在基线期，小熙为“获得事物”而表现出的自伤性问题行为的发生次数不像为“获取感官刺激”的自伤性问题行为那么多。因为小熙的生活作息比较规律，且家人和老师都掌握了小熙的生活习惯，往往能预料到他的需求，所以对

于小熙而言，很少有东西是他自己提出要求了别人才会给予的。通过观察和访谈发现，小熙喜欢吃糖，尤其是彩虹糖和旺旺奶糖，一天最多能吃 2 袋，家人担心其健康，很少给小熙糖吃，但当他想获得而得不到满足时，他就会出现咬手、双手使劲互相撞击、手敲头等自伤性问题行为。在干预期，小熙下课后可以通过兑换代币得到糖，这能满足他获得事物的需求，他的自伤性问题行为的发生次数在逐渐减少。在倒返期和再干预期，仍有类似的情况发生，其观察和干预情况与基线期和干预期相似。从干预到干预结束的过程中，他的自伤性问题行为的发生次数同样在逐渐减少，证明代币制对小熙为“获得事物”而表现出的自伤性问题行为的干预也是有效果的。

（三）代币制对个案为“逃避”的自伤性问题行为的影响

小熙为“逃避”而表现出的自伤性问题行为，主要出现在老师对他有要求，而且是要求比较高的时候，他会用逃避来拒绝老师的要求，或者他想离开某种他不喜欢的环境时，也会选择逃避。例如，在课堂上，他会突然站起来双脚跳，并使劲地用手敲击桌子，或者双手使劲互相撞击、咬手，表示他要出去，想要跑到操场的角落去玩。当老师要求他做一些他不会而且又有些难度的事情时，他也会特别想逃离课堂，以获得自由，如果老师继续要求，他就会通过咬手、手敲桌子等方式表示不满。其最主要的原因是他的心情变差了，因此就会用自伤的方式来发泄情绪，甚至是逃离现场。通过下课时可以兑换在老师的带领下去操场玩 5 分钟的方式，虽然小熙的心情会变好，满足了他想要去操场角落玩的需求，但在老师要求他做事情时，小熙仍然会用自伤的方式表达不满，只有当老师不再提出要求后，其自伤行为才会慢慢停止。所以小熙在干预期中的自伤性问题行为的发生次数比基线期略有减少，但两者的差异并不显著。接下来的倒返期的情况与基线期的情况相同，再干预期的情况与干预期的情况也大致相同，表明代币制对小熙为“逃避”而表现出的自伤性问题行为的干预效果不明显，有时甚至没有效果。

五、自伤性问题行为的干预建议

（一）结合多种干预策略

采用代币制干预孤独症儿童自伤性问题行为的研究结果表明，代币制对于个案为“获取感官刺激”“获得事物”的自伤性问题行为的干预效果比较显著，但对于个案为“逃避”而表现出的自伤性问题行为的干预效果并不显著，而且在代币制撤出后，个案还会再次发生自伤性问题行为。这说明代币制的方法虽然有效，但干预效果并不全面，可以结合多种干预策略对儿童的自伤性问题行为进行干预，例如，加入前事控制和后果处理的干预策略，控制儿童易发生自伤性问题行为的前事，减少一部分自伤性问题行为的发生，这样干预效果可能会更好；加入注意转移策略，在儿童为“逃避”而出现自伤性问题行为时，通过增强物转移其注意力，从而减少其为“逃避”而出现自伤性问题行为的次数。

（二）找准原因，对症下药

任何儿童的自伤性问题行为都是有原因的，就像病人来医院看病一样，只有找准病因，才能对症下药，帮助其解决问题和促进其健康发展。有研究者指出，器质性病变、外伤性或生物化学上的因素、痛觉阈理论、社会性正强化（社会性注意、喜爱之物）、社会性负强化（逃避）、自动性正强化（弥补感觉缺失）和自动性负强化（终止或弱化刺激）可以解释个体自伤性问题行为产生的病因和动机（孙立双，韦小满，2008）。值得注意的是，残疾儿童自伤性问题行为产生的原因有时是复杂的，需要对其进行全面分析，然后根据原因选择适合的干预方法，如使用功能性行为评估以及以此为基础的干预方法、生物学模式与行为学模式相结合的干预方法、以惩罚为基础与以强化为基础相结合的干预方法等。

（三）重视家庭，多方合作

任何一种自伤行为都是当事人自身和周围环境因素长期交互影响的结果，对自伤行为的干预可能是一个长期、艰难的过程。如果单纯依靠教师去干预残疾儿童的自伤性问题行为往往是不够的，其成效慢、维持效果差，必须调动与残疾儿童生活、学习或成长有直接关联的重要他人，即家长的参与和干预。研究发现，童年的不良生活经历，如遭遇性虐待和躯体虐待、不良的教养方式和父母离异等，会诱发个体产生自伤行为（Madge et al.，2011）。由此可见，父母的教养方式对残疾儿童自伤性问题行为的影响至关重要。因此，我们在干预的时候要重视家庭因素的影响，要取得家长的配合与支持，将家长纳入儿童自伤性问题行为干预的团队中来，防止因家庭环境的变化使儿童自伤性问题行为加剧或产生新的自伤性问题行为。除了家庭外，我们还要进行多方合作，将家庭、教师、康复师等人员组织起来，建立起团队合作机制，综合全面地探讨与评估儿童情况，制订个别化的干预计划和服务方案，高效地对儿童进行问题行为的改善和良好行为的塑造。

第三节　认知行为团体辅导对残疾儿童父母亲职压力的干预效果

养育残疾儿童对父母来说是一个极大的挑战，他们要付出比养育健全儿童更多的心力，甚至有不少类型的残疾儿童需要父母的终生照顾，这无疑会给残疾儿童父母造成长期沉重的负担和心理压力。在照料和教养残疾儿童过程中额外多的困难和付出，使残疾儿童父母感受到了远超过健全儿童父母的亲职压力。过大的亲职压力会使这些父母体验到更多的消极情绪和更少的幸福感，出现较多的抑郁、焦虑等负面情绪，严重影响残疾儿童父母的身心健康、家庭和谐以及生活质量（Johnson et al.，2011）。父母感受到过大的亲职压力也会影响其亲职能力，而父母感到不能胜任又会进一步导致其产生更大的亲职压力（Ketelaar et al.，2008），由此形成恶性循环。同时，残疾儿童父母是照顾、养育残疾儿童的主要承担者，也是对残疾儿童进行康复治疗和干预训练的主导力量。亲职压力不但会影响父母的身心健康和家庭和谐，而且不利于残疾儿童的康复和身心成长。然而，国内近年来的研究多集中于对残疾儿童教育和康复的理论与实践研究，较少关注残疾儿童父母，特别是对其心理层面的关注还有待加强。在现实生活中，有不少残疾儿童父母把孩子的教育康复成效作为个人生活的唯一目标和价值，忽视了对自身心理状态的关注和建设。因此，针对残疾儿童父母的亲职压力状况实施有效的干预，为其提供适宜的心理支持，帮助他们缓解亲职压力、维护其心理健康，是刻不容缓的事情。

目前生物反馈放松训练和认知行为团体辅导是两种常用的针对一些心理疾

病与压力症状的干预手段。生物反馈放松训练通过采用特定的仪器，将人体发出的微弱反应放大成为我们的视觉、听觉所能感知的信号，如用音响或屏幕上的图像同步反映血压和心率的起伏波动等，并通过奖励或强化使生理变化朝着研究者需要的方向发展，主要应用于部分生理、心理疾病的医学治疗和部分职业人群的放松训练，已有不少研究证实这一技术有改善心理状态和放松的效果。例如，牛婧（2010）的研究证实生物反馈放松训练对功能性排便障碍患者的症状及心理状态有较好的疗效；郑琴等（2015）的研究发现，生物反馈放松训练能明显改善患者的焦虑情绪，从而减轻患者的躯体症状，增强药物疗效；王智等（2010）运用生物反馈放松技术对学生进行训练，结果显示，不同反馈形式的联合腹式呼吸的生物反馈放松训练能够降低交感神经系统的活动水平，减轻焦虑与紧张的主观心理状态。

团体心理辅导是压力干预的另一种常用形式，是指通过团体情境下的人际交互作用，促进个体在交往中进行观察、学习、体验、认识自我、探索自我、接纳自我，调整并改善与他人的关系，学习新的态度与行为方式，从而发展良好适应的助人过程（刘视湘等，2015）。认知行为团体辅导是指基于认知行为疗法的团体心理辅导，是一种依照认知行为疗法的原则发展起来的团体辅导形式，即在团体情境中通过改变思维或信念来改变不良认知，从而达到改善甚至消除不良情绪和行为的一种方法（李君，2013）。已有的相关研究主要是将认知行为团体辅导应用于焦虑问题、情绪管理等方面的干预，且大都取得了一定的效果。例如，陈姝姝（2013）的研究发现，认知行为团体辅导作为改善大学生考试焦虑的干预方式具有可行性，明显减少了实验组学生考试焦虑的症状；方璐（2011）的研究也证实，认知行为团体辅导对降低初任教师的愤怒水平及促进其愤怒的有效表达都有一定的效果。

然而，国内目前还较少有研究将生物反馈放松训练和认知行为团体辅导的干预方法运用于改善残疾儿童父母的亲职压力，尤其是有关这两种方法的疗效比较的研究就更少了。由于残疾儿童父母在长期养育孩子的过程中累积起来的亲职压力有其自身的独特性，生物反馈放松训练能否同样有效尚需进一步考察。此外，残疾儿童父母的确有不少关于儿童、家庭和环境的不合理认知，表现出较多的负性情绪和不良行为，适合使用认知行为团体辅导方法来加以改善，但这一方法对于残疾儿童家长亲职压力的缓解是否真的有效以及效果多大也有待进一步验证。

基于此，我们通过实验法来验证这两种减压方法对于干预残疾儿童父母的亲职压力这样的慢性压力是否也同样有效，比较它们在干预效果上的差异，以期探索干预残疾儿童家长亲职压力的适宜方法，帮助残疾儿童父母降低亲职压力水平，改善家庭生态系统，进而为残疾儿童的康复和成长提供良好的环境。

一、研究对象与方法

（一）研究对象

将在重庆师范大学教育康复中心和重庆市璧山区特殊教育学校招募之前参与过亲职压力测试且结果显示压力较大的 24 名残疾儿童父母作为研究对象，以抽签的方式将其随机分成三组：两个实验组，其中第一组（团辅组）8 人，使用认知行为团体辅导进行干预，第二组（生物反馈组）8 人，使用生物反馈放松训练进行干预；一个对照组，即第三组 8 人，不做任何干预。

（二）研究工具

1. 短式亲职压力量表

采用短式亲职压力量表来评估干预前后残疾儿童父母的亲职压力水平，该量表是阿比丁（Abidin，1990b）编制的，后由任文香（1995）翻译成中文版并修订。该量表的维度及评分见第二章第二节所述。

2. 阳光智能型身心反馈训练系统

该系统是由北京阳光易德心理学应用技术有限公司开发的配合放松椅一起使用的软硬件相结合的产品，整套系统的核心在于软件部分，包括压力评估、放松训练、音乐调适和自主调节四大模块，结合生理采集设备可以疏导使用者的负面情绪，提高其情绪调节和压力应对能力。

（三）数据收集方法

该实验的自变量为使用的干预方式类型，有三个水平，即使用认知行为团体辅导干预、使用生物反馈放松训练干预、不干预，相应地，实验对象也分成三组，分别为团辅组、生物反馈组、对照组。因变量为父母的亲职压力水平，在干预前后，使用短式亲职压力量表对三组被试进行测验。控制变量为各组的研究对象人数（同为 8 人）、各组间进行亲职压力水平测验的时间（间隔不超过 3 天）、干预次数（同为 10 次）、干预实施者（由同一个研究者进行干预），以免影响实验结果的有效性和准确性。

（四）数据处理方法

使用 SPSS19.0 对数据进行统计分析。根据研究目的选择合适的数据统计方法，包括 K-S 检验（检验数据是否符合正态分布）、F 检验、相关样本 t 检验。

（五）研究程序

1. 干预前测验

在实验开始前，使用短式亲职压力量表对三组被试进行亲职压力干预前测验。控制各组被试的人数相同（同为 8 人），各组间进行亲职压力水平测验的时间间隔不超过 3 天，以免影响实验结果的有效性和准确性。干预前的测验目的在于：一是分析三组被试亲职压力水平的差异情况；二是收集干预前数据，与干预后数据进行比较和分析。

2. 实施干预

控制各组被试的人数相同（同为 8 人），两个实验组干预实验起止时间的间隔都不超过 3 天，以保证实验结果的有效性和准确性。

对实验组的第一组（团辅组）的 8 人进行干预，对他们进行每周 1 次（周五）、共 10 次的认知行为团体辅导。其认知行为团体辅导的活动方案具体如表 7-12 所示。我们对团辅组残疾儿童父母所使用的压力干预技术是基于认知行为疗法的团体心理辅导技术，因此在团辅活动的设计和实施的流程上遵循了团体心理辅导的基本要求与规范，但在具体的活动内容、实施过程中的引导、活动后的分享上都充分考虑了残疾儿童父母亲职压力的特殊性。对于残疾儿童的主要照顾者来说，养育孩子几乎成为他们生活的全部，他们将绝大部分时间用于照顾孩子和陪伴孩子参与康复训练，他们所感受到的亲职压力无论是在量上还是质上都具有不同于健全儿童家长的特点：在量上表现为压力的强度更大，在质上表现为压力来源更加复杂、心理冲突更多，如既会因孩子的障碍而自责，也会因孩子的拖累而怨愤，还会因家人支持不力而责怪。因此，我们在设计具体的活动内容时将残疾儿童父母遭遇的生活事件贯穿其中，从亲职愁苦、亲子互动失调和困难儿童三个方面缓解其压力，在活动实施过程中引导他们重新解读生活，分享自己的育儿故事，帮助他们逐渐接受孩子的障碍，化解因孩子障碍产生的自责和相互指责问题，重建家庭关系，重新认识残疾儿童带来的压力，学会积极地归因和乐观地解释自己遭遇的困难，扩宽获取支持的途径，建立家长间的人际支持网络。只有通过这些有针对性的认知调整和行为改变，才有可能达成缓解残疾儿童父母亲职压力的目的。

表 7-12　认知行为团体辅导的活动方案

周次	活动主题	活动目标	活动流程
第一周	用心相聚	1. 帮助团体成员了解团体性质及目标 2. 促进团体成员彼此认识与了解 3. 营造安全、接纳、尊重、轻松的团体氛围	1. 主持人介绍本团体及团体辅导的主要内容与目标 2. 使用短式亲职压力量表进行团体辅助前亲职压力水平测试 3. 团体成员签署“团体辅导知情协议书” 4. 在小游戏“滚雪球”中，主持人和团体成员进行自我介绍，以相互了解 5. 在趣味游戏“神奇的吸引力”中活跃团体气氛，增强团体凝聚力
第二周	这不是我的错	1. 学习合理归因技术 2. 让成员了解自己的归因特点，认识到归因方式对行为结果的影响 3. 让成员体验合理归因所带来的积极情绪情感 4. 引导成员学会使用正确积极的归因方法	1. 在暖身活动“穿针引线”后体验归因，主持人讲解归因理论，引出主题：合理归因 2. 成员通过心理测验了解自己的归因特点：内部控制型/外部控制型 3. 主持人提供育儿案例并呈现由不同归因引发的良性或恶性结果 4. 成员在游戏“如果我是这个××”中学习并运用正确积极的归因方法 5. 主持人总结归纳本次活动的要点及建议
第三周	我原来这么棒	1. 引导成员重新认识自己的价值 2. 引导成员接纳自我、提升自我价值感	1. 在暖身活动“照镜子”中了解成员对自己的评价 2. 主持人提供真实育儿案例，呈现不同个体对自我价值认知的不同及其对个体行为产生的影响 3. 自由讨论上述案例，并发表观点 4. 成员互相评价，重新认识自我 5. 成员轮流说出自己的优点、特长或能力，以及最大的缺点 6. 主持人总结归纳本次活动的要点及建议
第四周	我们一起度过	1. 让成员了解自己在家庭中的沟通特点 2. 促进成员在夫妻间及家庭内部的和谐沟通	1. 在暖身活动“画出我的家”中引导成员展现家庭结构及日常相处情境 2. 在游戏“家庭雕塑”中让成员观察、体验各自在家庭中的沟通特点 3. 主持人呈现各种正确或错误的沟通特点，引导成员体验正确沟通的特点及其良性结果 4. 成员分享、交流自己觉得在日常生活中使用的正确、良好的沟通方法，互相学习 5. 主持人总结归纳本次活动的要点及建议

续表

周次	活动主题	活动目标	活动流程
第五周	做自己情绪的主人	1. 帮助成员认识情绪的基本类型及消极情绪的危害 2. 学习情绪 ABC 理论，并帮助成员学会运用该理论来调节不良情绪	1. 在暖身活动“表情包来也”中让成员观察体验不同的表情及情绪，然后归纳情绪的基本类型 2. 主持人提供实例，让成员讨论并阐述消极情绪的危害 3. 成员分享自己在生活中由不恰当的情绪反应造成的不良后果，主持人引出情绪 ABC 理论并进行讲解 4. 在游戏“放飞坏情绪”中让成员体验运用情绪 ABC 理论来解决成员的烦恼，调节其不良情绪 5. 主持人总结归纳本次活动的要点及建议
第六周	我爱你但是我的回答是“不”	1. 引导成员认识到育儿日常中一些不合理的妥协做法 2. 帮助成员学习一些对待不同年龄段儿童的教育方法和拒绝方式	1. 请成员回想一下平时孩子跟自己提一些无法接受的要求/无理取闹时的场景（在家中、在外玩时……） 2. 情景重现：根据成员刚才的描述，主持人演孩子，成员按自己平时的应对方式来表现 3. 反思自己刚才的表现：我这样做是否解决了问题？我这样做是否有利于孩子良好性格的养成和成长？ 4. 主持人讲解面对不同年龄的孩子可采取不同的教育方法，以及不同的拒绝方式 5. 主持人总结归纳本次活动的要点及建议
第七周	爸爸妈妈夸夸我	1. 引导成员在育儿活动中培养冷静、客观的心态 2. 引导成员为孩子设定合理的发展目标，并以此调整自己的育儿行为	1. 主持人提供真实育儿案例，讲述对孩子提出合理的发展期望与制订可行计划对父母和孩子的重要性 2. 成员讨论、陈述看法，并反思自己的育儿行为和目标 3. 成员自愿分享自己的日常情境以寻求有价值的育儿建议 4. 主持人总结归纳本次活动的要点及建议
第八周	压力拜拜 1	1. 引导成员体验、认识压力产生的原因 2. 引导成员交流和分享压力 3. 认识和学习应对压力的基本方法	1. 在暖身活动“我帮你按摩”中彼此体验、分享感受 2. 在心理投射绘画游戏“我说你画”中让成员看到自己的心理压力 3. 主持人根据前两个游戏总结压力的来源 4. 主持人介绍应对压力的几种基本方法，并由成员补充
第九周	压力拜拜 2	1. 帮助成员在娱乐和音乐活动中宣泄、舒缓压力	1. 主持人回顾上周活动内容 2. 在暖身活动“抛开烦恼”中学会宣泄、释放压力 3. 在催眠放松活动中舒缓压力
第十周	结束但不分离	1. 回顾梳理前几周活动的要点和建议 2. 结束本次团辅活动，处理离别情绪，互相祝福	1. 主持人回顾梳理前几周活动的要点和建议 2. 使用短式亲职压力量表进行团体辅助后亲职压力水平测试

同期，对实验组的第二组（生物反馈组）的 8 人进行干预，对其进行每周 1 次（主要在周三）、共 10 次的生物反馈放松训练，使用的仪器为阳光智能型

身心反馈训练系统，通过进行压力评估、放松训练、自主调节、音乐调适，完成生物反馈放松训练。

3. 干预后测验

在实验结束之后，使用短式亲职压力量表对三组被试进行亲职压力干预后的测验，控制各组被试的人数相同（同为 8 人），各组间进行亲职压力水平测验的时间间隔不超过 3 天，以免影响实验结果的有效性和准确性。干预后测验的目的在于：一是分析 10 周之后实验组、对照组的亲职压力的变化差异；二是收集干预后数据，与干预前数据进行比较和分析。

二、两种干预方法的效果比较

（一）数据分布形态检验

对残疾儿童父母干预前后的亲职压力量表得分进行 K-S 检验，结果显示，干预前和干预后的亲职压力均值的 p 值分别为 0.899、0.801，都远大于 0.05，说明两组数据与正态分布无显著差异，即符合正态分布，因此可以用参数检验中的 F 检验来比较三组数据的组间差异，用相关样本 t 检验来比较三组被试干预前后分数的组内差异。

（二）团辅组、生物反馈组和对照组前测的组间差异比较

采用 F 检验，对团辅组、生物反馈组和对照组的亲职愁苦、亲子互动失调、困难儿童三个维度和亲职压力的干预前测验分数的均值进行组间比较与分析，结果见表 7-13。

表 7-13　团辅组、生物反馈组和对照组干预前亲职压力及各维度差异比较

变量	团辅组（$M\pm SD$）	生物反馈组（$M\pm SD$）	对照组（$M\pm SD$）	F	p
亲职愁苦	46.750±7.025	36.000±10.663	39.750±13.274	2.106	0.147
亲子互动失调	34.875±5.617	32.125±7.199	30.875±1.552	1.171	0.329
困难儿童	42.875±9.463	36.875±8.806	39.875±4.703	1.141	0.338
亲职压力	124.500±14.589	105.000±21.109	110.500±18.554	2.420	0.113

从表 7-13 可知，在实施干预前，团辅组、生物反馈组和对照组三组的亲职愁苦维度均值分别为 46.750、36.000 和 39.750，$p>0.05$，表明实验干预前三

组在亲职愁苦这一维度的均值上无显著差异；三组的亲子互动失调维度均值分别为 34.875、32.125 和 30.875，$p>0.05$，表明实验干预前三组在亲子互动失调这一维度的均值上无显著差异；三组的困难儿童维度均值分别为 42.875、36.875 和 39.875，$p>0.05$，表明实验前三组在困难儿童这一维度的均值上无显著差异；三组的亲职压力均值分别为 124.500、105.000 和 110.500，$p>0.05$，表明实验干预前三组在亲职压力的均值上无显著差异，且生物反馈组在干预前的离散程度最大。综合上述结果，实验干预前三组之间在统计学上无显著差异，即这三个组的亲职压力水平相当，可视为等组。

（三）团辅组、生物反馈组和对照组前后测差值的组间差异比较

采用 F 检验，对团辅组、生物反馈组和对照组的亲职愁苦、亲子互动失调、困难儿童三个维度和亲职压力的干预前后差值的均值进行组间比较与分析，结果见表 7-14。

表 7-14 团辅组、生物反馈组和对照组干预前后亲职压力及各维度差值的差异比较

变量	团辅组（$M\pm SD$）	生物反馈组（$M\pm SD$）	对照组（$M\pm SD$）	F	p
亲职愁苦差值	10.875±2.799	−0.875±3.563	−0.250±0.460	50.548	0.000
亲子互动失调差值	6.375±3.583	−0.375±5.040	−0.375±1.302	9.125	0.001
困难儿童差值	4.500±2.000	−0.375±3.662	−1.250±1.581	11.570	0.000
亲职压力差值	21.750±2.549	−1.625±9.195	−1.875±2.356	45.735	0.000

由表 7-14 可知，在实验干预前后，团辅组、生物反馈组和对照组三组的亲职愁苦维度差值的均值分别为 10.875、−0.875 和−0.250，$p<0.001$，表明实验干预前后三组在亲职愁苦这一维度差值的均值上有极显著的差异；三组的亲子互动失调维度差值的均值分别为 6.375、−0.375 和−0.375，$p<0.01$，表明实验干预前后三组在亲子互动失调这一维度差值的均值上有非常显著的差异；三组的困难儿童维度差值的均值分别为 4.500、−0.375 和−1.250，$p<0.001$，表明实验干预前后三组在困难儿童这一维度差值的均值上有极显著的差异；三组的亲职压力差值的均值分别为 21.750、−1.625 和−1.875，$p<0.001$，表明实验干预前后三组在亲职压力差值的均值上有极显著的差异。

进一步采用 LSD 事后检验，对团辅组、生物反馈组和对照组的亲职压力干预前后差值的均值进行两两组间的多重比较，结果显示，团辅组与生物反馈

组的均值差为 23.375，$p<0.001$，表明团辅组的干预效果明显好于生物反馈组的干预效果；团辅组与对照组的均值差为 23.625，$p<0.001$，表明团辅组的干预有极显著的效果；生物反馈组与对照组的均值差为 0.250，$p>0.05$，表明生物反馈组的干预无显著效果。

（四）团辅组、生物反馈组和对照组干预前后的组内差异比较

采用相关样本 t 检验，对团辅组、生物反馈组和对照组的亲职愁苦、亲子互动失调、困难儿童三个维度以及亲职压力的干预前均值和干预后均值进行组内比较与分析，结果见表 7-15—表 7-17。

表 7-15　团辅组干预前后亲职压力及各维度差异比较

变量	干预前（$M\pm SD$）	干预后（$M\pm SD$）	t	p
亲职愁苦	46.750±7.025	35.875±7.605	10.986	0.000
亲子互动失调	34.875±5.617	28.500±3.927	5.032	0.002
困难儿童	42.875±9.463	38.375±8.733	6.364	0.000
亲职压力	124.500±14.589	102.750±14.139	24.129	0.000

表 7-16　生物反馈组干预前后亲职压力及各维度差异比较

变量	干预前（$M\pm SD$）	干预后（$M\pm SD$）	t	p
亲职愁苦	36.000±10.663	36.875±8.951	−0.695	0.510
亲子互动失调	32.125±7.199	32.500±3.545	−0.210	0.839
困难儿童	36.875±8.806	37.250±7.759	−0.290	0.780
亲职压力	105.000±21.105	106.625±17.808	0.500	0.633

表 7-17　对照组实验前后亲职压力及各维度差异比较

变量	实验前（$M\pm SD$）	实验后（$M\pm SD$）	t	p
亲职愁苦	39.750±13.274	40.000±13.384	−1.528	0.170
亲子互动失调	30.875±1.552	31.250±2.434	−0.814	0.442
困难儿童	39.875±4.703	41.125±5.693	−2.236	0.060
亲职压力	110.500±18.554	112.375±19.805	−2.250	0.059

由表 7-15 可知，团辅组的亲职愁苦维度在干预前后的均值分别为 46.750 和 35.875，$p<0.001$，表明该组的亲职愁苦维度均值在实验干预前后有极显著的差异；亲子互动失调维度在实验干预前后的均值分别为 34.875 和 28.500，

$p<0.01$，表明该组的亲子互动失调维度均值在实验干预前后有非常显著的差异；困难儿童维度在实验干预前后的均值分别为 42.875 和 38.375，$p<0.001$，表明该组的困难儿童维度均值在实验干预前后有极显著的差异；亲职压力在实验干预前后的均值分别为 124.500 和 102.750，$p<0.001$，表明该组的亲职压力均值在实施干预前后有极显著的差异。

由表 7-16 可知，生物反馈组的亲职愁苦维度在实验干预前后的均值分别为 36.000 和 36.875，$p>0.05$，表明该组的亲职愁苦维度均值在实验干预前后没有显著差异；亲子互动失调维度在实验干预前后的均值分别为 32.125 和 32.500，$p>0.05$，表明该组的亲子互动失调维度均值在实验干预前后无显著差异；困难儿童维度在实验干预前后的均值分别为 36.875 和 37.250，$p>0.05$，表明该组的困难儿童维度均值在实验干预前后也无显著差异；亲职压力在实验干预前后的均值分别为 105.000 和 106.625，$p>0.05$，表明该组的亲职压力均值在实施干预前后同样没有显著差异。

由表 7-17 可知，对照组的亲职愁苦维度在实验前后的均值分别为 39.750 和 40.000，$p>0.05$，表明该组的亲职愁苦维度均值在实验前后没有显著差异；亲子互动失调维度在实验前后的均值分别为 30.875 和 31.250，$p>0.05$，表明该组的亲子互动失调维度均值在实验前后无显著差异；困难儿童维度在实验前后的均值分别为 39.875 和 41.125，$p>0.05$，表明该组的困难儿童维度均值在实验前后也无显著差异；亲职压力在实验前后的均值分别为 110.500 和 112.375，$p>0.05$，表明该组的亲职压力均值在实验前后同样没有显著差异。

三、残疾儿童父母的亲职压力水平分析

残疾儿童父母的亲职压力主要来自三个方面，即亲职愁苦、亲子互动失调和困难儿童，其中亲职愁苦指的是在履行亲职角色时由父母个人因素造成的对压力的愁苦感受，包括胜任感、角色限制、与配偶的冲突、缺乏社会支持、抑郁等；亲子互动失调是指在亲子互动中，父母觉得子女与自己的期望相差甚远，且很少感受到子女的积极回馈，此时父母会感到失望，与其有距离，从而导致亲子关系失调；困难儿童指的是儿童拥有某些特质，致使父母困扰、担心。显然，残疾儿童本身的缺陷和障碍，以及残疾儿童出生带给家庭成员和整

个家庭环境的影响，都会加重残疾儿童父母感受到的亲职压力。

本次实验调查结果显示，残疾儿童父母的亲职压力总均值高达 113.33，处于一个很高的水平，这与倪俊伟等（2017）的研究结果相一致。可以说，与健全儿童父母相比，残疾儿童父母确实比较普遍地处于较高的亲职压力水平，这可能与教养残疾儿童的高难度、高经济压力、低社会支持程度有密切的关系，同时也与残疾儿童父母本身在承担亲职角色时的不恰当观念及行为有着不可分割的关系。高水平的亲职压力也让残疾儿童家长遭受着严重的身体和心理健康问题的损害，这些身心健康问题不仅会对残疾儿童父母自身的健康造成伤害，而且会影响残疾儿童的教养与康复，甚至会对其产生某些消极影响，因此残疾儿童父母的亲职压力问题需要得到社会的广泛关注，此问题的解决势必也会对残疾儿童的康复产生积极的促进效果。

四、认知行为团体辅导与生物反馈放松训练的效果分析

本次实验研究结果显示，认知行为团体辅导对于残疾儿童家长亲职压力的干预效果最为显著，而生物反馈放松训练几乎没有明显的减压效果。究其原因可能有以下几个方面。

（一）实验设计和实施的差异

1. 实施干预的时间安排的差异

在实验研究中，团辅组的干预确定在每周的周五统一进行，时间间隔稳定，而生物反馈组的干预在每周的周三、周六或周日进行，视家长的空闲时间决定，因此不是每个家长每周的实验干预时间都是统一的，时间间隔也是不稳定的。虽然每周团辅组和生物反馈组的干预时间间隔不超过 3 天，但生物反馈组时间安排的不固定性和时间间隔不稳定性等因素可能造成了两个实验组的干预效果存在差异。

2. 干预方案和形式的差异

团辅组每周的干预方案是每周围绕一个目标进行设计的，内容各不相同，可能使参与者保持对活动的新鲜感和期待以及参与活动的积极性，而生物反馈组每周的干预方案都是根据被试第一次参与时的压力评估结果设定的，内容大

同小异，可能使参与者产生重复感，降低其积极性。同时，团辅组的干预是团体活动，活动中参与者直接被传授知识，可以及时与同伴交流信息，这样的形式可能使得参与者更容易、更直接地接受和学习到相应的知识。生物反馈组的干预是个体活动，活动中参与者与仪器互动并接收反馈信息，参与者虽然可以直接地感受到身体的放松，但心理的放松需要他们自己理解、领悟，这样的形式可能使得参与者接受知识和方法的方式较为间接，这些差异可能导致研究结果中两个实验组的效果存在差异。

（二）认知行为团体辅导干预效果显著的原因

1. 以残疾儿童父母的亲职压力为方案设计导向

研究者针对残疾儿童父母亲职压力的结构和影响因素进行了深入分析，并根据其结果制定了团体辅导干预方案的主题和具体内容。同时，团体辅导每次活动的目标都是针对残疾儿童父母亲职压力结构中的具体内容确定的，力求保证团体辅导干预的针对性和合理性。

2. 以认知行为疗法为设计理论基础

认知行为疗法在团体辅导中的应用为研究者设计团体辅导方案提供了科学的理论依据，通过使用认知行为疗法的技术和策略，使参与者认识到自己在生活中的不良认知与信念，以及其对情绪和行为的不良影响，进而重建合理的认知和信念来改善自己的亲职压力水平。

（三）生物反馈放松训练干预效果不佳的可能原因

1. 生物反馈放松训练方案缺乏更好的灵活性

本次实验所用的生物反馈放松训练干预方案是生物反馈仪器的自带程序根据父母压力测验结果进行系统设定的，无法人为改动，也无法人为地根据被试的独特性和实时反馈对训练方案进行更灵活的调整，导致训练过程中缺乏与被试更加灵活的互动，可能会影响被试的主动性和积极性，从而影响实验效果。

2. 缺乏对生物反馈技术的熟练运用和正确引导

本次实验所用的生物反馈技术是研究者初次探索性的运用，研究者对于该项技术还缺乏足够深入的学习和了解，所以研究者对生物反馈放松训练方法的运用并不熟练，对参与成员的引导和带领可能存在某些不恰当的行为，最终可能导致实验结果受主观因素影响而有所偏差。

五、残疾儿童家长亲职压力的干预建议

根据本次实验研究结果，在残疾儿童家长亲职压力的干预中，我们建议可以尝试运用认知行为团体辅导的方法来减轻他们的压力感受。结合本次实验干预中的经验，我们提出以下几点建议。

（一）营造安全、接纳、尊重、轻松的辅导氛围

由于残疾儿童家长本身的亲职压力大多处于高水平，其身体和心理负荷都较大，在团体心理辅导中营造安全、接纳、尊重、轻松的氛围，有利于家长更好地融入活动，在人际互动中感受到支持和压力的缓解，从而提升干预效果。

（二）团辅活动后及时了解成员反馈意见，促进自我反思和总结改进

团体辅导的过程不仅是参与成员的学习、成长过程，也是主持者不断学习、进步的过程，研究者只有在每一次团辅活动后及时了解成员的反馈意见，进一步加以反思和改进，才能更好地从实际出发，灵活地调整相应活动，充分发挥团体辅导的功能。

（三）对生物反馈疗法及技术进行深入的研究和学习

研究者只有对生物反馈疗法及放松训练技术进行扎实的理论学习和实践探索，才能将生物反馈疗法的作用真正发挥出来，从而为将其运用到残疾儿童家长亲职压力的干预研究中打好基础、做好准备，最终造福残疾儿童家长。

参 考 文 献

蔡青.（2016）. 代币制在培智学校教育中的应用——以广东省佛山市顺德区启智学校为例. *现代特殊教育*,（13）, 40-41.

陈改君.（2014）. *城市家庭隔代教养问题研究——以开封市顺河区N个家庭为例*. 河南大学硕士学位论文.

陈桦.（2016）. *团体辅导改善特殊学生家长亲子沟通的行动研究*. 广州大学硕士学位论文.

陈家麟.（2002）. *学校心理健康教育：原理与操作*. 北京：教育科学出版社.

陈建文.（2010）. 论社会适应. *西南大学学报（社会科学版）*, *36*（1）, 11-15.

陈建文，王滔.（2004）. 社会适应与心理健康. *西南师范大学学报（人文社会科学版）*, *30*（3）, 34-39.

陈丽，刘艳.（2012）. 流动儿童亲子沟通特点及其与心理健康的关系. *中国特殊教育*,（1）, 58-63.

陈丽萍，王慧馨，李丽珍.（2017）. 极低/超低出生体质量儿家庭功能及母亲亲职压力关系研究. *护理学报*, *24*（14）, 72-76.

陈敏丽，凌霄.（2013）. 中小学生亲子沟通方式调查研究. *教育研究与实验*,（3）, 85-89.

陈敏榕，陈燕惠，薛漳.（2016）. ASD儿童父母的亲职压力及心理影响因素研究. *中国妇幼健康研究*, *27*（12）, 1434-1436.

陈瑞，郑毓煌，刘文静.（2013）. 中介效应分析：原理、程序、Bootstrap方法及其应用. *营销科学学报*, *9*（4）, 120-135.

陈若琳，李青松.（2001）. 台北县双工作家庭父母亲的亲职喜悦与压力之探讨. *生活科学学报*, *7*, 157-179.

陈姝姝.（2013）. *认知行为团体辅导对大一学生考试焦虑的影响*. 湖南师范大学硕士学位论文.

陈夏尧，李丹，刘荣莲，李俊，沈薇，柯丹，等.（2013）. 智力障碍、孤独症儿童家长心理压力及相关因素对比研究. *中国康复理论与实践*, *19*（6）, 572-574.

陈晓科，高俊杰，赵均.（2013）. 重庆市特殊儿童心理健康与社会支持相关分析. *现代教育科学（小学教师）*,（3）, 41-42.

陈衍，陈庆良.（2002）. 福利院儿童与普通儿童孤独感和人格特征的比较研究. *贵州师范大学学报（社会科学版）*,（1）, 105-108.

陈云英.（2004）. *中国特殊教育学基础*. 北京：教育科学出版社.

谌静，任小红，田艳珍.（2013）. 急性白血病患儿的家庭功能现状及其影响因素. *解放军护理杂志*, *30*（16）, 15-18.

池丽萍.（2010）. 亲子沟通观察研究的编码方案及其整合. *心理发展与教育*, *26*（4）, 438-444.

池丽萍. (2011). 亲子沟通的三层次模型：理论、工具及在小学生中的应用. *心理发展与教育，27* (2)，140-150.

池丽萍，辛自强. (2001). 家庭功能及其相关因素研究. *心理学探新，21* (3)，55-64.

池丽萍，俞国良. (2010). 测量和观察法在亲子沟通研究中的应用. *心理科学进展，18* (6)，932-939.

池丽萍，俞国良. (2012). 不同学业成绩儿童的亲子沟通比较. *心理科学，35* (5)，1091-1095.

戴吉，邓云龙. (2013). 心理健康标准的中国文化因素探析. *求索，*(4)，132-134.

戴晓阳. (2010). *常用心理评估量表手册*. 北京：人民军医出版社.

戴艳. (2008). *中学生家庭复原力的结构及其与心理健康的关系研究*. 北京师范大学博士学位论文.

狄世萍. (2013). 在亲子沟通中探索家庭指导模式. *考试周刊，*(15)，180.

丁志辉. (2013). 浅谈智障儿童的心理健康教育. *才智，*(31)，338.

杜建慧，王雁. (2017). 多元整合模式视角下特殊儿童的心理健康教育. *中国德育，*(20)，38-43.

杜文海. (2013). *自闭症儿童母亲心路历程的叙事研究*. 重庆师范大学硕士学位论文.

杜亚松，寇建华，王秀玲，夏黎明，邹如皓. (2006). 长处和困难问卷研究. *心理科学，29* (6)，1419-1421.

杜正治. (2006). *单一受试研究法*. 台北：心理出版社.

方俊明. (2005). *特殊教育学*. 北京：人民教育出版社.

方璐. (2011). *认知行为取向团体辅导对初任教师愤怒情绪的干预研究*. 浙江师范大学硕士学位论文.

方晓义，徐洁，孙莉，张锦涛. (2004). 家庭功能：理论、影响因素及其与青少年社会适应的关系. *心理科学进展，12* (4)，544-553.

房超，方晓义. (2003). 父母-青少年亲子沟通的研究. *心理科学进展，11* (1)，65-72.

费立鹏，沈其杰，郑延平，赵靖平，蒋少艾，王立伟，等. (1991). "家庭亲密度和适应性量表"和"家庭环境量表"的初步评价——正常家庭与精神分裂症家庭成员对照研究. *中国心理卫生杂志，5* (5)，198-202.

冯佳伟，黄蓉，邵姚君，汪萌芽. (2019). 阿尔兹海默症患者照顾者人格特征对知觉压力的影响. *中国健康心理学杂志，27* (9)，1281-1285.

冯洁. (2019). *特殊儿童父母亲职压力、亲职效能与心理健康的相关性——亲职压力的干预研究*. 广州大学硕士学位论文.

冯娟，屈妍. (2013). 中学生应对方式与家庭功能及自我效能感. *中国健康心理学杂志，21* (2)，253-255.

冯跃. (2014). 国外家庭抗逆力的内涵及模式研究述评. *首都师范大学学报（社会科学版），*(4)，140-145.

高慧. (2014). 呼和浩特市听障儿童家庭亲子沟通现状的调查研究. *内蒙古师范大学学报（教育科学版），27* (12)，65-67.

高俊杰，陈晓科，李祚山，赵均. (2013). 特殊儿童学校心理健康教育现状. *中国学校卫生，34* (9)，1122-1123.

高雪. (2010). 育儿过程中自闭症儿童家长需求的个案研究. *学理论，*(2)，177-178.

高原.（2016）. *父母教养压力、亲子沟通质量与儿童问题行为的关系*. 山东师范大学硕士学位论文.
高紫琳，刘靖，黄新芳，邱莉，苏静，曾坤山.（2019）. 学龄前期孤独症谱系障碍儿童情绪行为问题及其与母亲情绪问题的相关性. *中国儿童保健杂志，27*（5），473-476.
勾柏频.（2011）. *聋中学生生活事件、社会支持、应付方式与心理健康的关系*. 陕西师范大学硕士学位论文.
顾亚南.（2013）. 特殊教育学校学生心理健康教育初探. *科教导刊（中旬刊）*,（1），222-224.
关文军，颜廷睿，邓猛.（2015）. 残疾儿童家长亲职压力的特点及其与生活质量的关系：社会支持的中介作用. *心理发展与教育，31*（4），411-419.
郭晌澄.（2015）. *双职工家庭工作——家庭界面特征对个人满意度及其家庭生活的影响*. 华中师范大学博士学位论文.
郭逊.（2010）. *盲校中学生学校适应研究*. 辽宁师范大学硕士学位论文.
韩媛媛.（2006）. *苏中地区听力残疾学生心理健康问题的研究*. 扬州大学硕士学位论文.
郝金莲，陈素芬，贺彦丽，付智伟，张晓娟，郭琳，等.（2014）. 学龄前儿童焦虑情绪与父母亲职压力的关联分析. *中国儿童保健杂志，22*（3），324-326.
何华国.（2009）. *特殊儿童亲职教育*. 台北：五南图书出版社.
何侃.（2008）. *特殊儿童心理健康教育*. 镇江：江苏大学出版社.
洪荣正.（2003）. *职业妇女亲职压力与因应方式之研究*. 嘉义大学硕士学位论文.
侯静，陈会昌，王争艳，李苗.（2002）. 亲子互动研究及其进展. *心理科学进展，10*（2），185-191.
胡静，张福娟.（2009）. 论视力残疾学生的心理健康教育. *新疆教育学院学报，25*（2），87-90.
胡夏娟.（2009）. *大学生压力知觉、复原力和心理幸福感的关系研究*. 河北师范大学硕士学位论文.
胡晓毅，王勉.（2012）. 北京地区发展性障碍儿童家庭生活质量的研究. *中国特殊教育，*（7），3-10.
胡心怡，刘霞，申继亮，范兴华.（2007）. 生活压力事件、应对方式对留守儿童心理健康的影响. *中国临床心理学杂志，15*（5），502-503.
胡艳杰，王吉，秦秀群，尹晓娜，夏薇，孙彩虹，等（2013）. 孤独症谱系障碍儿童母亲亲职压力及影响因素研究. *中国儿童保健杂志，21*（6），623-626.
黄柏芳.（2004）. 浙江省盲人学校在校学生心理健康状况调查报告. *中国特殊教育，*（3），39-42.
黄平.（2017）. *父母社会支持、父母自我效能与智力障碍儿童社会适应的关系*. 上海师范大学硕士学位论文.
吉彬彬，蒋芬，易容芳，唐四元.（2012）. 孤独症儿童父母的亲职压力研究进展. *护理学杂志，27*（3），88-90.
吉彬彬，陈三妹，易容芳，王庆妍，唐四元.（2013）. 孤独症儿童父母社会支持和应对方式及家庭功能的研究. *广东医学，34*（10），1594-1596.
贾普君.（2011）. *幼儿教师心理弹性与社会支持、自我效能感的现状及其关系*. 河南大学硕士学位论文.
江光荣.（1996）. 关于心理健康标准研究的理论分析. *教育研究与实验，*（3），49-54.

江光荣.（2004）. *选择与成长：大学生心理学*. 武汉：华中师范大学出版社.
江虹，谢经汤，丁娟，雷震，潘芳.（2014）. 亲职压力对心理健康的影响：应对方式和家庭功能的中介和调和作用. *山东大学学报（医学版），52*（11），81-85.
江琴娣.（2004）. 轻度智力落后学生心理健康水平与父母教养方式的关系. *中国特殊教育，*（7），39-42.
江琴娣.（2005）. 随班就读轻度智力落后学生心理健康问题的研究. *中国特殊教育，*（2），37-40.
江琴娣，张福娟.（2007）. 轻度智障学生心理健康教育干预的形式与方法. *心理科学，30*（2），408-410.
姜乾金，黄丽，卢抗生，娄振山，扬爱如，陈慧，等.（1993）. 心理应激：应对的分类与心身健康. *中国心理卫生杂志，7*（4），145-147.
姜硕媛，李建军，王焐，闫国利.（2015）. 视力障碍儿童的心理韧性与情绪-行为问题的关系. *中国特殊教育，*（2），22-26.
蒋林洁.（2011）. *震后中学生的灾难暴露、家庭复原力和创伤后成长的关系研究*. 四川师范大学硕士学位论文.
金炳彻，张金峰.（2014）. 残疾儿童家庭支持体系研究综述. *残疾人研究，*（1），24-27.
金容.（2014）. *动作障碍儿童训练新指引*. 武汉：湖北科学技术出版社.
荆杰.（2012）. *重庆市自闭症儿童母亲亲职压力及其社会支持之研究*. 重庆师范大学硕士学位论文.
寇建华，杜亚松，夏黎明.（2005）. 儿童长处和困难问卷（父母版）上海常模的信度和效度. *上海精神医学，17*（1），25-28.
兰继军，张银环.（2016）. 我国聋生心理健康现状及其影响因素分析. *现代特殊教育，*（12），30-35.
雷雳，王争艳，李宏利.（2001）. 亲子关系与亲子沟通. *教育研究，*（6），49-53.
李飞.（2013）. *硕士研究生压力知觉、完美主义、状态——特质焦虑与睡眠质量的关系*. 哈尔滨工程大学硕士学位论文.
李丰，王贞，赵荣安，文香淑，陈军，李媛，等.（2004）. 脑瘫患儿气质特征研究. *中国康复理论与实践，10*（4），215-217.
李欢，彭燕，汪甜甜，杨爱佳，李翔宇.（2017）. 近十年中国特殊教育均衡发展实证分析——基于广义熵指数的测度与分解. *教育学报，13*（4），89-97.
李静.（2010）. *学前残疾儿童家长亲职压力特点、影响因素及干预研究*. 北京师范大学博士学位论文.
李静，王雁.（2012）. 学前残疾儿童家长亲职压力干预研究. *中国特殊教育，31*（1），34-38.
李静，王雁.（2015）. 学前残疾儿童家长亲职压力：社会支持与应对方式的作用及性质. *中国特殊教育，*（5），3-8，14.
李君.（2013）. *基于认知行为疗法的团体辅导对实习前护生社交焦虑的干预研究*. 北京中医药大学硕士学位论文.
李平，李泽楷，邓爱玲.（2013）. 脑瘫患儿家庭支持的研究进展. *中华护理杂志，48*（4），365-367.
李维，张诗忠.（2004）. *心理健康百科全书：儿童健康卷*. 上海：上海教育出版社.
李雪宁，赵亚茹.（2016）. 孤独症儿童母亲心理健康状况与应对方式研究. *中国妇幼健康研*

究，27（12），1431-1433.
李玉丽.（2016）. *父母肢体残疾的青少年创伤后成长与家庭弹性的关系及机制.* 山东大学博士学位论文.
李媛.（2012）. *孤独症儿童家长亲职压力与一般自我效能感、人格特征的关系研究.* 宁夏医科大学硕士学位论文.
李媛，方建群，马欣荣，赵彩萍，张朝霞.（2011）. 孤独症儿童家长亲职压力与人格特征的相关性研究. *宁夏医科大学学报，33*（12），1167-1169.
李泽慧.（2015）. *特殊儿童沟通与交往.* 南京：南京师范大学出版社.
李祚山.（2005）. 视觉障碍儿童的人格与心理健康的特征及其关系研究. *中国特殊教育，*（12），79-83.
李祚山，胡晓.（2004）. 听觉障碍儿童的心理健康及其影响因素研究. *中国特殊教育，*（8），56-59.
梁薇.（2010）. *初中生亲子沟通、社会目标与数学学业求助的关系研究.* 山西师范大学硕士学位论文.
廖红娅.（2014）. 特殊儿童心理健康教育的干预方法探讨. *课程教育研究，33*，29-30.
林崇德.（2012）. 心理和谐：心理健康教育的指导思想. *西南大学学报（社会科学版），38*（3），5-11.
林崇德，杨治良，黄希庭.（2003）. *心理学大辞典.* 上海：上海教育出版社.
林惠雅.（2010）. 父母共亲职类型与亲职压力之探讨. *应用心理研究，*（46），125-151.
蔺秀云，黎燕斌，张玉麟，何杰，方晓义.（2015）. 父母亲职压力与儿童对立违抗行为的关系：一项交叉滞后分析. *心理与行为研究，13*（2），153-161.
刘华山.（2001）. 心理健康概念与标准的再认识. *心理科学，24*（4），480-481.
刘莉，王美芳.（2018）. 父母教养压力与儿童内化问题行为的关系：父母体罚的中介作用. *中国临床心理学杂志，26*（1），63-68.
刘敏.（2015）. *听障中学生对挫折的态度与心理弹性、生活适应的关系研究.* 西南大学硕士学位论文.
刘敏，冯维.（2016）. 听障中学生对挫折的态度与心理弹性、生活适应的关系. *中国特殊教育，*（8），19-24.
刘宁，陈锡宽，闻增玉，高尔生，周本成，周小萍，等.（2005）. 上海核心家庭亲子沟通状况及其影响因素分析. *中国公共卫生，21*（2），43-45.
刘佩佩.（2013）. *残疾儿童家长社会支持、应对方式、心理压力与生活满意度的关系研究.* 中南民族大学硕士学位论文.
刘视湘，朱小茼，贺双燕.（2015）. *团体心理辅导实务.* 北京：首都师范大学出版社.
刘毅玮，冯谦.（2006）. 初中聋生心理健康状况的家庭影响因素研究. *中国学校卫生，27*（5），439-440.
鲁明辉，雷浩，宿淑华，琚四化，谌小猛.（2018）. 自闭症谱系障碍儿童感觉异常与情绪行为问题的关系研究. *中国特殊教育，*（4），60-65.
罗玲.（2014）. *成都地区自闭症儿童家庭生活质量研究.* 四川师范大学硕士学位论文.
吕青.（2018）. 残疾与家庭的相互影响及系统支持. *残疾人发展理论研究，2*（1），113-120.
吕桃，杨曹骅，杜亚松，刘文文，张林娜，姜凌霄，等.（2015）. 孤独谱系障碍患儿父母压力和家庭功能的特点及相关研究. *中国儿童保健杂志，23*（9），916-919.

马珍珍，张福娟，蒋骊.（2005）. 智力落后儿童家长的心理健康对其子女行为问题的回归分析. *中国特殊教育，*（4），46-49.

倪俊伟，李彦章，康晓东.（2017）. 脑瘫儿童父母亲职压力与心理弹性、自尊的相关研究. *成都医学院学报，12*（1），92-96.

宁泽淑，杨理明，江志，陈波，张洁.（2014）. 癫痫患儿家长特质应对方式调查分析. *中国现代神经疾病杂志，14*（2），117-120.

牛婧.（2010）. *生物反馈疗法对成人功能性排便障碍的症状及心理状态的影响.* 成都中医药大学硕士学位论文.

钮文英.（2009）. *身心障碍者的正向行为支持.* 台北：心理出版社.

彭虹，陈淑云，陈淑云，程悦，熊汉忠.（2010）. 北京市学前残疾儿童家长心理压力问卷调查. *中国特殊教育，*（5），12-17.

彭婷，章小雷，黄钢，马红霞.（2018）. 自闭症儿童家庭弹性研究现状. *中国医学创新，15*（1），143-145.

朴永馨.（2014）. *特殊教育学.* 福州：福建教育出版社.

齐宁.（2007）. *社区青少年家长版亲子沟通问卷的编制以及比较研究.* 华东师范大学硕士学位论文.

秦秀群，苏小茵，高玲玲.（2008）. 孤独症儿童父母的亲职压力调查研究. *中华护理杂志，43*（10），931-933.

秦秀群，陈华丽，彭碧秀，邹小兵.（2010）. 注意缺陷多动障碍儿童母亲的亲职压力影响因素分析. *中国儿童保健杂志，18*（5），375-377.

邱兆宏.（2004）. *压力与健康：整合分析与模式验证之研究.* 高雄医学大学硕士学位论文.

邱致燕，王小洁，张斌，王叶飞.（2016）. 大学生压力知觉、神经质人格与手机成瘾的关系研究. *卫生职业教育，34*（21），131-132.

任桂英，王玉凤，顾伯美，沈渔村.（1994）. 儿童感觉统合评定量表的测试报告. *中国心理卫生杂志，*（4），145-147.

任树霖，石学云.（2015）. 自闭症儿童自伤行为个案研究. *绥化学院学报，35*（1），97-100.

任文香.（1995）. *幼儿母亲亲职压力、因应策略与亲子关系满意之关系研究.* 台湾师范大学硕士学位论文.

申仁洪，王志强.（2010）. 小学-初中聋校听力残疾儿童社会适应行为量表的编制. *重庆师范大学学报（哲学社会科学版），*（4），92-99.

申仁洪，郑杜甫.（2010）. 智力落后儿童社会适应行为问卷的编制及主要指标考量. *重庆师范大学学报（哲学社会科学版），*（1），99-110.

苏丹，黄希庭.（2007）. 中学生适应取向的心理健康结构初探. *心理科学，30*（6），1290-1294.

孙崇勇，张鸿雁.（2010）. 聋哑青少年心理健康状况的调查与分析. *四川精神卫生，23*（3），137-140.

孙立双，韦小满.（2008）. 国外关于特殊儿童自伤行为的研究综述. *中国特殊教育，*（4），41-45.

孙维胜.（2012）. 90 后大学生的家庭亲密度和适应性调查研究. *当代教育科学，*（5），42-44.

唐春，秦秀群，李咏梅，邹小兵.（2010）. Asperger 综合征儿童母亲的亲职压力及其相关因素分析. *中国儿童保健杂志，18*（10），754-756.

唐立，周雪，赵艳.（2016）. 问题学生亲子沟通特点及影响因素. *中国健康心理学杂志，24*（2），274-277.

唐月红.（2014）. *脑瘫患儿父母的亲职压力与应对方式、社会支持的相关性研究*. 北京中医药大学硕士学位论文.

陶沙.（2006）. 乐观、悲观倾向与抑郁的关系及压力、性别的调节作用. *心理学报，38*（6），886-901.

汪向东，王希林，马弘.（1999）. *心理卫生评定量表手册（增订版）*. 北京：中国心理卫生杂志社.

王纯.（2006）. 自闭症儿童的感觉统合训练疗法研究. *中国健康心理学杂志，*（5），511-514.

王菲菲，李雪，刘靖，吉兆正.（2019）. 孤独症幼儿的情绪行为问题研究. *中国全科医学，22*（18），2189-2193.

王辉.（2007）. 自闭症儿童的心理行为特征及诊断与评估. *中国康复医学杂志，22*（9），853-856.

王金道.（2004）. SCL-90 量表使用的现状及检测心理健康的异议. *中国心理卫生杂志，18*（1），51-52.

王金道，董洋，林丽丽，史惠瑄.（2014）. 亲子沟通对社会支持的影响. *嘉应学院学报，32*（9），93-96.

王玲凤.（2004）. 聋学生的自我概念和心理健康状况的研究. *中国特殊教育，*（5），45-48.

王玲凤.（2007）. 特殊家庭子女心理健康状况的调查分析. *中国特殊教育，*（3），72-77.

王倩，袁茵.（2007）. 我国近年来智力落后儿童适应行为相关因素研究进展. *中国特殊教育，*（4），18-21.

王瑞姗，杨振宁，田原.（2013）. 中医院校大学生家庭亲密度和适应性与应对方式的关系. *中国健康心理学杂志，21*（8），1262-1263.

王树青，张文新，陈会昌.（2006）. 中学生自我同一性的发展与父母教养方式、亲子沟通的关系. *心理与行为研究，4*（2），126-132.

王思阳.（2011）. 智障儿童心理健康研究的回顾与展望. *兰州教育学院学报，27*（4），146-148.

王效全，陈和新，马汉均，郭锡熔，崔新华.（2015）. 学龄前儿童粗大动作发育调查及影响因素分析. *中国儿童保健杂志，23*（2），188-191.

王彦堃.（2013）. *《特殊儿童学校适应评估量表》的编制*. 华东师范大学硕士学位论文.

王艳丽.（2017）. *父母冲突对流动儿童抑郁/社交焦虑的影响：亲子沟通和同伴依恋的作用*. 浙江理工大学硕士学位论文.

王雁，王姣艳.（2004）. 智力落后学生学校适应行为研究. *中国特殊教育，*（6），30-34.

王玉龙，袁燕，唐卓.（2017）. 留守儿童亲子依恋与情绪健康的关系：情绪调节能力的中介和家庭功能的调节. *心理科学，40*（4），898-904.

王智，董蕊，张伟.（2010）. 不同反馈形式的生物反馈和音乐放松训练对生理反应和心理指标的影响. *体育科学，30*（4），34-42.

温忠麟，刘红云，侯杰泰.（2012）. *调节效应和中介效应分析*. 北京：教育科学出版社.

温忠麟，张雷，侯杰泰，刘红云.（2004）. 中介效应检验程序及其应用. *心理学报，36*（5），614-620.

吴明隆.（2003）. *SPSS 统计应用实务——问卷分析与应用统计*. 北京：科学出版社.

吴明隆. (2010a). *问卷统计分析实务——SPSS 操作与应用*. 重庆：重庆大学出版社.
吴明隆. (2010b). *结构方程模型——AMOS 的操作与应用 (第 2 版)*. 重庆：重庆大学出版社.
吴诗佳. (2017). *城市与农村幼儿父母亲职压力的比较研究——以河北省石家庄市为例*. 河北师范大学硕士学位论文.
夏慧芸，刘振寰. (2011). 脑瘫患儿心理行为异常及其治疗进展. *中国儿童保健杂志，19* (10)，921-923.
肖艳林. (2016). 代币制对自闭症学生情绪问题干预的个案研究. *中小学心理健康教育*，(20)，30-32.
肖艳林，余芳. (2015). 自闭症儿童自伤行为干预个案研究. *现代特殊教育，24*，46-52.
谢俊敏. (2017). *亲子沟通与青少年内化问题的关系：心理一致感的中介效应*. 山东师范大学硕士学位论文.
解亚宁. (1998). 简易应对方式量表信度和效度的初步研究. *中国临床心理学杂志，6* (2)，114-115.
熊庆秋，李欣晏，周伟珍，崔婷. (2015). 6～11 岁轻度智力障碍儿童行为适应性及其与支持性体系关系的研究. *中国教育学刊*，(S1)，64-67.
徐杰，张越，詹文琦，王晶，代娅梅，张林. (2016). 亲子沟通对青少年社会适应的影响：社会支持的中介作用. *中国健康心理学杂志，24* (1)，65-68.
徐素琼. (2008). 美国对身心障碍者的家庭支持及其对我国的启示. *中国特殊教育*，(9)，6-10.
徐晓彤. (2016). *曾国藩的人格探究——基于 McAdams 人格理论及方法*. 华中科技大学硕士学位论文.
徐晓燕，黄建，刘亮，周德祥，张菁. (2013). 脑瘫患儿父母的应对方式对生活质量的影响. *中国健康心理学杂志，21* (1)，105-107.
徐媛. (2010). *特殊儿童家长的心理弹性研究*. 华东师范大学硕士学位论文.
徐云，李幸，余小敏. (2013). 成都地区亲子沟通现状调查. *中国妇幼保健，28* (27)，82-83.
闫新慰. (2014). *压力知觉与青少年抑郁的关系——社会支持与性别的作用*. 陕西师范大学硕士学位论文.
杨帆，兰继军. (2014). 孤独症儿童父母亲职压力研究综述. *残疾人研究，14* (2)，60-63.
杨焕兰. (2009). *幼儿家庭亲子沟通模式的调查研究*. 西南大学硕士学位论文.
杨焕兰. (2012). 当前幼儿家庭亲子沟通模式的调查研究. *赤峰学院学报 (自然科学版)，28* (11)，188-189.
杨慧. (2016). 特殊儿童社会保障研究. *理论观察*，(1)，86-87
杨廷忠，黄汉腾. (2003). 社会转型中城市居民心理压力的流行病学研究. *中华流行病学杂志，24* (9)，760-764.
杨晓翠. (2016). *特校学生心理健康的问卷编制与调查*. 重庆师范大学硕士学位论文.
杨亚东，王馨，戴美霞，李丽，刘惠芳，石碧君，等. (2020). 中国孤独症谱系障碍儿童适应行为量表编制及信效度研究. *中国学校卫生，41* (9)，1325-1330.
姚红，田国秀. (2015). 家庭抗逆力实务干预模式研究评述. *首都师范大学学报 (社会科学版)*，(6)，118-125.

叶一舵.（2001）. 心理健康标准及其研究的再认识. *东南学术*,（6）, 169-175.
叶一舵.（2015）. *中小学心理健康教育教程*. 福州：福建教育出版社.
于凤杰.（2013）. *青少年早中期的个人目标及其家庭、同伴背景*. 山东师范大学博士学位论文.
余明，刘靖，李雪，贾美香.（2014）. 高功能与低功能学龄期孤独症儿童共患病研究. *中国实用儿科杂志，29*（11）, 865-870.
余文玉，魏玲，杨玉瑶.（2010）. 脑瘫患儿家长压力源的质性研究. *现代医药卫生，26*（13）, 2035.
俞国良.（2022）. 心理健康的新诠释：幸福感视角. *北京师范大学学报（社会科学版）*,（1）, 72-81.
袁茵，刘红羽.（2008）. 智力障碍儿童心理健康解析. *现代特殊教育*,（6）, 4-7.
原凯歌，刘航.（2011）. 大学生家庭环境、一般自我效能感和应对方式的相关研究. *中国健康心理学杂志，19*（3）, 361-363.
查贵芳，刘苓.（2016）. 脑瘫患儿心理行为问题调查研究. *中国妇幼卫生杂志，7*（3）, 45-48.
翟宏，傅荣.（1999）. 心理健康的评价指标与心理健康标准. *赣南师范学院学报*,（4）, 51-55.
张安安.（2015）. 高校教师压力知觉与职业倦怠关系研究. *中北大学学报（社会科学版）, 31*（4）, 44-48.
张峰.（2004）. *青少年亲子沟通心理研究*. 西南师范大学硕士学位论文.
张福娟，陈丽竑.（2006）. 青春期轻度智障学生与普通学生心理健康特点比较研究. *中国特殊教育*,（6）, 32-36.
张福娟，江琴娣，杨福义.（2004）. 轻度智力落后学生心理健康问题的研究. *心理科学，27*（4）, 824-827.
张洪胜，郭焱.（2002）. 如何促进脑瘫儿童健全人格的发展. *社会福利*,（5）, 16-18.
张美云.（2007）. *发展迟缓儿童家庭社会支持、亲职压力与赋权增能之相关研究*. 彰化师范大学博士学位论文.
张焱，钟永碧.（2015）. 孤独症谱系障碍儿童父亲亲职压力现状及影响因素研究. *中国特殊教育*,（4）, 38-44.
张洋.（2013）. 自闭症儿童自伤性行为干预的个案研究报告. *绥化学院学报，33*（7）, 103-107.
张作记.（2005）. *行为医学量表手册*. 北京：中华医学电子音像出版社.
赵爱勤.（2000）. 132 例病残孤儿术前心理护理. *护理学杂志，15*（11）, 687-688.
赵均.（2009）. *重庆市特殊儿童心理健康与心理服务的现状及对策研究*. 重庆师范大学硕士学位论文.
赵丽娜，赵斌.（2013）. 我国聋生心理健康教育研究现状. *中小学心理健康教育*,（12）, 16-19.
赵梅菊，肖非，邓猛.（2015）. 自闭症儿童适应行为发展特点的实证研究. *教育学术月刊*,（8）, 75-81.
赵萍萍，李诗晗，谢思敏，赵敏，黄丹，李彦章.（2017）. 自闭症儿童家长亲职压力及其心理需求的关系研究. *中国特殊教育*,（4）, 66-70.

赵西西.（2016）. *脑瘫患儿家庭复原力的影响因素及干预模式雏形研究.* 郑州大学硕士学位论文.

郑洪波，郑延平.（1987）. 抑郁自评问卷（BDI）在抑郁患者中的应用. *中国神经精神疾病杂志，13*（4），236-237.

郑林英.（2010）. *听觉障碍儿童家庭复原力及影响因素研究.* 四川师范大学硕士学位论文.

郑琴，曲淼，裴清华.（2015）. 生物反馈辅助治疗焦虑症疗效观察. *世界中西医结合杂志，*（8），1110-1112.

郑日昌，戴艳.（2011）. *小学生健康教育.* 北京：高等教育出版社.

郑日昌，张颖，刘视湘.（2008）. 小学生心理健康的结构和量表编制. *教育测量与评价（理论版），*（2），30-34.

中国残疾人联合会.（2019）. *中国残疾人事业统计年鉴（2019）.* 北京：中国统计出版社.

周彩峰，周志南，谢俊房，武恒双.（2015）. 脑性瘫痪患儿父母积极体验与家庭亲密度适应性调查及相关性研究. *中国全科医学，18*（8），924-927.

周彩峰，谢俊房，武恒双，周志南，利民.（2014）. 家庭亲密度适应性与先天性心脏病术后患儿父母焦虑、抑郁的相关性分析. *中国实用护理杂志，30*（11），32-35.

周浩，龙立荣.（2004）. 共同方法偏差的统计检验与控制方法. *心理科学进展，12*（6），942-950.

周少林.（2014）. *武警官兵人格特征与应对方式研究——压力知觉的中介效应.* 湖南师范大学硕士学位论文.

朱眉华.（2013）. *困境与调适：乡城流动家庭的抗逆力研究.* 上海大学博士学位论文.

邹华，吴媛，周长虹，匡桂芳.（2011）. 8～11岁注意缺陷多动男童的行为问题及其与父母应对方式的相关研究. *中国儿童保健杂志，19*（5），463-465.

Hoffman，E.（2003）. *马斯洛传——人的权利的沉思*（许金声 译）. 北京：华夏出版社.

Walsh，F.（2013）. *家庭抗逆力*（朱眉华 译）. 上海：华东理工大学出版社.

Abidin，R. R.（1982）. Parenting stress and the utilization of pediatric services. *Children's Health Care，11*（2），70-73.

Abidin，R. R.（1990a）. Introduction to the special issue：The stresses of parenting. *Journal of Clinical Child Psychology，19*（4），298-301.

Abidin，R. R.（1990b）. *Parenting Stress Index（Short Form）: Test Manual.* Charlottesville：Pediatric Psychology Press.

Abidin，R. R.（1992）. The determinants of parenting behavior. *Journal of Clinical Child Psychology，21*（4），407-412.

Abidin，R. R.（1995）. *Parenting Stress Index：Professional Manual*（3rd ed.）. Odessa：Psychological Assessment Resources.

Afshari，J.（2012）. The effect of perceptual-motor training on attention in the children with autism spectrum disorders. *Research in Autism Spectrum Disorders，6*（4），1331-1336.

Ahlert，I. A.，& Greeff，A. P.（2012）. Resilience factors associated with adaptation in families with deaf and hard of hearing children. *American Annals of the Deaf，157*（4），391-404.

American Psychiatric Association.（1994）. *Diagnostic and Statistical Manual of Mental Disorders*（4th ed.）. Arlington：American Psychiatric Publishing.

Anderson，L. S.（2008）. Predictors of parenting stress in a diverse sample of parents of early adolescents in high-risk communities. *Nursing Research*, *57* (5), 340-350.

Barnes, H. L., & Olson, D. H. (1982). Parent-adolescent communication scale. In D. H. Olson, H. I. McCubbin, H. Bames, A. Larsen, M. Muxen, & M. Wilson (Eds.), *Family Inventories: Inventories Used in a National Survey of Families across the Family Life-Cycle* (pp. 33-48). St. Paul: Family Social Science, University of Minnesota.

Barnes, H. L., & Olson, D. H. (1985). Parent-adolescent communication and the circumplex model. *Child Development*, *56* (2), 438-447.

Beatty, S. E., Cross, D. S., & Shaw, T. M. (2008). The impact of a parent-directed intervention on parent-child communication about tobacco and alcohol. *Drug and Alcohol Review*, *27* (6), 591-601.

Beavers, R., & Hampson, R. B. (2000). The beavers systems model of family functioning. *Journal of Family Therapy*, *22* (2), 128-143.

Beck, A., Hastings, R. P., Daley, D., & Stevenson, J. (2004). Pro-social behaviour and behaviour problems independently predict maternal stress. *Journal of Intellectual and Developmental Disability*, *29* (4), 339-349.

Becvar, D. (2013). *Handbook of Family Resilience.* New York: Springer Science Business Media.

Bekhet, A. K., Johnson, N. L., & Zauszniewski, J. A. (2012). Resilience in family members of persons with autism spectrum disorder: A review of the literature. *Issues in Mental Health Nursing*, *33* (10), 650-656.

Bernstein, G. A., & Borchardt, C. M. (1996). School refusal: Family constellation and family functioning. *Journal of Anxiety Disorders*, *10* (1), 1-19.

Bloomfield, L., & Kendall, S. (2012). Parenting self-efficacy, parenting stress and child behaviour before and after a parenting programme. *Primary Health Care Research & Development*, *13* (4), 364-372.

Bobrowski, K. J., Czabała, J. C., & Brykczyńska, C. (2007). Risk behaviours as a dimension of mental health assessment in adolescents. *Archives of Psychiatry and Psychotherapy*, *9* (1), 17-26.

Borre, A., & Kliewer, W. (2014). Parental strain, mental health problems and parenting practices: A longitudinal study. *Personality and Individual Differences*, *68*, 93-97.

Brookman-Frazee, L. I., Taylor, R., & Garland, A. F. (2010). Characterizing community-based mental health services for children with autism spectrum disorders and disruptive behavior problems. *Journal of Autism and Developmental Disorders*, *40* (10), 1188-1201.

Bumpus, M. F., & Hill, L. G. (2008). Secrecy and parent-child communication during middle childhood: Associations with parental knowledge and child adjustment. *Parenting: Science and Practice*, *8* (2), 93-116.

Choi, E. K., & Yoo, I. Y. (2015). Resilience in families of children with Down syndrome in Korea. *International Journal of Nursing Practice*, *21* (5), 532-541.

Cohen, S., Kamarck, T., & Mermelstein, R. (1983). A global measure of perceived stress. *Journal of Health and Social Behavior*, *24* (4), 385-396.

Connor, K. M., Vaishnavi, S., Davidson, J. R. T., Sheehan, D. V., & Sheehan, K. H.

(2007). Perceived stress in anxiety disorders and the general population: A study of the Sheehan stress vulnerability scale. *Psychiatry Research*, *151* (3), 249-254.

Cousino, M. K., & Hazen, R. A. (2013). Parenting stress among caregivers of children with chronic illness: A systematic review. *Journal of Pediatric Psychology*, *38* (8), 809-828.

Dabrowska, A., & Pisula, E. (2010). Parenting stress and coping styles in mothers and fathers of pre-school children with autism and Down syndrome. *Journal of Intellectual Disability Research*, *54* (3), 266-280.

Davis, E., Shelly, A., Waters, E., Boyd, R., Cook, K., & Daven. (2010). The impact of caring for a child with cerebral palsy: Quality of life for mothers and fathers. *Child: Care Health and Development*, *36* (1), 63-73.

Di Battista, A., Godfrey, C., Soo, C., Catroppa, C., & Anderson, V. (2014). "In my before life": Relationships, coping and post-traumatic growth in adolescent survivors of a traumatic brain injury. *Journal of Rehabilitation Medicine*, *46* (10), 975-983.

Diggle, T. T. J., & McConachie, H. (2013). Parent-mediated early intervention for young children with autism spectrum disorder. *Cochrane Database of Systematic Reviews*, (4), CD003496.

Ebata, A. T., & Moos, R. H. (1994). Personal, situational, and contextual correlates of coping in adolescence. *Journal of Research on Adolescence*, *4* (1), 99-125.

Ellis, J., Dowrick, C., & Lloyd-Williams, M. (2013). The long-term impact of early parental death: Lessons from a narrative study. *Journal of the Royal Society of Medicine*, *106* (2), 57-67.

Emerson, E., & Hatton, C. (2007). Mental health of children and adolescents with intellectual disabilities in Britain. *The British Journal of Psychiatry*, *191* (6), 493-499.

Emerson, E., Einfeld, S., & Stancliffe, R. J. (2010). The mental health of young children with intellectual disabilities or borderline intellectual functioning. *Social Psychiatry*, *45* (5), 579-587.

Epstein, N. B., Ryan, C. E., Bishop, D. S., Miller, I. W., & Keitner, G. I. (2003). The McMaster model: A view of healthy family functioning. In F. Walsh (Ed.), *Normal Family Processes: Growing Diversity and Complexity* (pp. 581-607). New York: Guilford Press.

Estes, A., Munson, J., Dawson, G., Koehler, E., Zhou, X. H., & Abbott, R. (2009). Parenting stress and psychological functioning among mothers of preschool children with autism and developmental delay. *Autism: The International Journal of Research & Practice*, *13* (4), 375-387.

Faramarzi, S., Rad, S. A., & Abedi, A. (2016). Effect of sensory integration training on executive functions of children with attention deficit hyperactivity disorder. *Neuropsychiatry and Neuropsychol*, *11* (1), 1-5.

Fellinger, J., Holzinger, D., Sattel, H., & Laucht, M. (2008). Mental health and quality of life in deaf pupils. *European Child and Adolescent Psychiatry*, *17* (7), 414-423.

Finzi-Dottan, R., Triwitz, Y. S., & Golubchik, P. (2011). Predictors of stress-related growth in parents of children with ADHD. *Research in Developmental Disabilities*, *32* (2), 510-519.

Fitzpatrick, M. A., & Ritchie, L. D. (1994). Communication schemata within the family: Multiple perspectives on family interaction. *Human Communication Research*, *20* (3), 275-301.

Folkman, S., & Lazarus, R. S. (1980). An analysis of coping in a middle-aged community sample. *Journal of Health and Social Behavior*, *21* (3), 219-239.

Friedrich, W. N., Greenberg, M. T., & Crnic, K. (1983). A short-form of the questionnaire on resources and stress. *American Journal of Mental Deficiency*, *88* (1), 41-48.

Fung, S., Lunsky, Y., & Weiss, J. A. (2015). Depression in youth with autism spectrum disorder: The role of ASD vulnerabilities and family-environmental stressors. *Journal of Mental Health Research in Intellectual Disabilities*, *8* (3-4), 120-139.

Gallagher, S., Phillips, A. C., Oliver, C., & Carroll, D. (2008). Predictors of psychological morbidity in parents of children with intellectual disabilities. *Journal of Pediatric Psychology*, *33* (10), 1129-1136.

Galvin, K. M., Braithwaite, D. O., & Bylund, C. L., (2015). *Family Communication: Cohesion and Change* (9th ed.). New York: Pearson Education.

Gau, S. S. F., Chou, M. C., Chiang, H. L., Lee, J. C., Wong, C. C., Chou, W. J., et al. (2012). Parental adjustment, marital relationship, and family function in families of children with autism. *Research in Autism Spectrum Disorders*, *6* (1), 263-270.

George, L. K., & Gwyther, L. P. (1986). Caregiver well-being: A multidimensional examination of family caregivers of demented adults. *The Gerontologist*, *26* (3), 253-259.

Gerstein, E. D., Crnic, K. A., Blacher, J., & Baker, B. L. (2009). Resilience and the course of daily parenting stress in families of young children with intellectual disabilities. *Journal of Intellectual Disability Research*, *53* (12), 981-997.

Giovagnoli, G., Postorino, V., Fatta, L. M., Sanges, V., Peppo, L. D., Vassena, L., et al. (2015). Behavioral and emotional profile and parental stress in preschool children with autism spectrum disorder. *Research in Developmental Disabilities*, 2015, *45* (2), 411-421.

Goodman, A., & Goodman, R. (2009). Strengths and difficulties questionnaire as a dimensional measure of child mental health. *Journal of the American Academy of Child and Adolescent Psychiatry*, *48* (4), 400-403.

Goodman, R. (1997). The strengths and difficulties questionnaire: A research note. *Journal of Child Psychology and Psychiatry*, *38* (5), 581-586.

Goodman, R. (2001). Psychometric properties of the strengths and difficulties questionnaire. *Journal of the American Academy of Child and Adolescent Psychiatry*, *40* (11), 1337-1345.

Hayes, A. F. (2013). *Introduction to Mediation, Moderation, and Conditional Process Analysis: A Regression-Based Approach*. New York: Guilford Press.

Hindley, P. A. (2005). Mental health problems in deaf children. *Current Paediatrics*, *15* (2), 114-119.

Ho, S., Rajandram, R. K., Chan, N., Samman, N., McGrath, C., & Zwahlen, R. A. (2011). The roles of hope and optimism on posttraumatic growth in oral cavity cancer patients. *Oral Oncology*, *47* (2), 121-124.

Holroyd, J. (1974). The questionnaire on resources and stress: An instrument to measure family response to a handicapped family member. *Journal of Community Psychology, 2* (1), 92-94.

Johnson, N., & Simpson, P. (2013). Lack of father involvement in research on children with autism spectrum disorder: Maternal parenting stress and family functioning. *Issues in Mental Health Nursing, 34* (4), 220-228.

Johnson, N., Frenn, M., Feetham, S., & Simpson, P. (2011). Autism spectrum disorder: Parenting stress, family functioning and health-related quality of life. *Families, Systems and Health, 29* (3), 232-252.

Joshi, G., Petty, C., Wozniak, J., Henin, A., Fried, R., Galdo, M., et al. (2010). The heavy burden of psychiatric comorbidity in youth with autism spectrum disorders: A large comparative study of a psychiatrically referred population. *Journal of Autism and Developmental Disorders, 40* (11), 1361-1370.

Kaiser, A. P., Hancock, T. B., & Hester, P. P. (1998). Parents as cointerventionists: Research on applications of naturalistic language teaching procedures. *Infants and Young Children, 10* (4), 46-55.

Kaptein, S., Jansen, D. E. M. C., Vogels, A. G. C., & Reijneveld, S. A. (2008). Mental health problems in children with intellectual disability: Use of the strengths and difficulties questionnaire. *Journal of Intellectual Disability Research, 52* (2), 125-131.

Katz, I. (2006). Students with sensory integration dysfunctions: Issues for school counselors. *Journal of School Counseling, 4* (22), 1-22.

Kelly, L., Keaten, J. A., Finch, C., Duarte, I. B., Hoffmann, P., & Michels, M. M. (2002). Family communication patterns and the development of reticence. *Communication Education, 51* (2), 202-209.

Kephart, N. C. (1964). Perceptual-motor aspects of learning disabilities. *Exceptional Children, 31* (4), 201-206.

Ketelaar, M., Volman, M. J., Gorter, J. W., & Vermeer, A. (2008). Stress in parents of children with cerebral palsy: What sources of stress are we talking about? *Child Care Health Development, 34* (6), 825-829.

Kim, E. (2013). Association of parental stress and emotional and behavioral problems in children and adolescents with epilepsy. *European Neuropsychopharmacology, 23* (S2), 596.

Kromrey, J. D., & Foster-Johnson, L. (1996). Determining the efficacy of intervention: The use of effect sizes for data analysis in single-subject research. *Journal of Experimental Education, 65* (1), 73-93.

Kushalnagar, P., Bruce, S., Sutton, T., & Leigh, I. W. (2017). Retrospective basic parent-child communication difficulties and risk of depression in deaf adults. *Journal of Developmental and Physical Disabilities, 29* (1), 25-34.

Lai, W. W., & Oei, T. P. S. (2014). Coping in parents and caregivers of children with autism spectrum disorders (ASD): A review. *Review Journal of Autism and Developmental Disorders, 1* (3), 207-224.

Landsberger, S. A., Diaz, D. R., Spring, N. Z., Sheward, J., & Sculley, C. (2014). Psychiatric diagnoses and psychosocial needs of outpatient deaf children and adolescents. *Child Psychiatry and Human Development*, *45* (1), 42-51.

Lazarus, R. S., & Folkman, S. (1984). *Stress, Appraisal and Coping*. New York: Springer Publishing Company.

Lee, L. C., Harrington, R. A., Louie, B. B., & Newschaffer, C. J. (2008). Children with autism: Quality of life and parental concerns. *Journal of Autism and Developmental Disorders*, *38* (6), 1147-1160.

Lewis, C., & Lamb, M. E. (2003). Fathers' influences on children's development: The evidence from two-parent families. *European Journal of Psychology of Education*, *18* (2), 211-228.

Madge, N., Hawton, K., McMahon, E. M., Corcoran, P., De Leo, D., De Wilde, E. J., et al. (2011). Psychological characteristics, stressful life events and deliberate self-harm: Findings from the child & adolescent self-harm in Europe (CASE) study. *European Child and Adolescent Psychiatry*, *20* (10), 499-508.

Maharaj, S. S., & Lallie, R. (2016). Does a physiotherapy programme of gross motor training influence motor function and activities of daily living in children presenting with developmental coordination disorder? *South African Journal of Physiotherapy*, *72* (1), 304.

Mahoney, G., Wheeden, C. A., & Perales, F. (2004). Relationship of preschool special education outcomes to instructional practices and parent-child interaction. *Research in Developmental Disabilities*, *25* (6), 539-558.

Majnemer, A., Shevell, M., Law, M., Poulin, C., & Rosenbaum, P. (2012). Indicators of distress in families of children with cerebral palsy. *Disability and Rehabilitation*, *34* (14), 1202-1207.

Mayes, S. D., Calhoun, S. L., Murray, M. J., & Zahid, J. (2011). Variables associated with anxiety and depression in children with autism. *Journal of Developmental and Physical Disabilities*, *23* (4), 325-337.

McAdams, D. P. (1988). *Power, Intimacy, and The Life Story: Personological Inquiries into Identity*. New York: Guilford Press.

McAdams, D. P. (1993). *The Stories We Live By: Personal Myths and the Making of the Self*. New York: William Morrow and Company.

McAdams, D. P. (1995). What do we know when we know a person? *Journal of Personality*, *63* (3), 365-396.

McAdams, D. P., & Janis, L. (2005). Narrative identity and narrative therapy. In L. Angus, & J. McLeod (Eds.), *The Handbook of Narrative and Psychotherapy* (pp. 159-173). Thousand Oaks: Sage.

McConnell, D., & Savage, A. (2015). Stress and resilience among families caring for children with intellectual disability: Expanding the research agenda. *Current Developmental Disorders Reports*, *2* (2), 100-109.

McCubbin, H. I., & Patterson, J. M. (1983). The family stress process: The double ABCX model of adjustment and adaptation. *Marriage and Family Review*, *6* (1-2), 7-37.

McLeod, J. M., & Chaffee, S. R. (1972). The construction of social reality. In J. T. Tedeschi (Ed.), *The Social Influence Processes* (pp. 50-59). New York: Routledge.

McStay, R. L., Dissanayake, C., Scheeren, A., Koot, H. M., & Begeer, S. (2014). Parenting stress and autism: The role of age, autism severity, quality of life and problem behaviour of children and adolescents with autism. *Autism*, *18* (5), 502-510.

Metcalfe, A., Plumridge, G., Coad, J., Shanks, A., & Gill, P. (2011). Parents' and children's communication about genetic risk: A qualitative study, learning from families' experiences. *European Journal of Human Genetics*, *19* (6), 640-646.

Miller, I. W., Ryan, C. E., Keitner, G. I., Bishop, D. S., & Epstein, N. B. (2000). The McMaster approach to families: Theory, assessment, treatment and research. *Journal of Family Therapy*, *22* (2), 168-189.

Mishra, N., Desai, O. P., & Nagar, R. (2011). To study the effectiveness of a specially designed therapy garment in children with sensory integrative dysfunction. *Indian Journal of Occupational Therapy*, *43* (1), 32-37.

Mohammadi, M., & Zarafshan, H. (2014). Family function, parenting style and broader autism phenotype as predicting factors of psychological adjustment in typically developing siblings of children with autism spectrum disorders. *Iranian Journal of Psychiatry*, *9* (2), 55-63.

Mori, K., Ujiie, T., Smith, A., & Howlin, P. (2009). Parental stress associated with caring for children with Asperger's syndrome or autism. *Pediatrics International*, *51* (3), 364-370.

Muylaert, C. J., Sarubbi, V., Gallo, P. R., Neto, M. L. R., & Reis, A. O. A. (2014). Narrative interviews: An important resource in qualitative research. *Revista da Escola de Enfermagem da USP*, *48* (2), 184-189.

Olson, D. H. (2000). Circumplex model of marital and family systems. *Journal of Family Therapy*, *22* (2), 144-167.

Parkes, J., White-Koning, M., Dickinson, H. O., Thyen, U., Arnaud, C., Beckung, E., et al. (2008). Psychological problems in children with cerebral palsy: A cross-sectional European study. *Journal of Child Psychology and Psychiatry and Allied Disciplines*, *49* (4), 405-413.

Patterson, J. (2002). Integrating family resilience and family stress theory. *Journal of Marriage and Family*, *64* (2), 349-360.

Pfeiffer, B. A., Koenig, K., Kinnealey, M., Sheppard, M., & Henderson, L. (2011). Effectiveness of sensory integration interventions in children with autism spectrum disorders: A pilot study. *American Journal of Occupational Therapy*, *65* (1), 76-85.

Pinquart, M., & Pfeiffer, J. P. (2012). Psychological adjustment in adolescents with vision impairment. *International Journal of Disability, Development and Education*, *59* (2), 145-155.

Plumb, J. C. (2011). *The Impact of Social Support and Family Resilience on Parental Stress in Families with a Child Diagnosed with An Autism Spectrum Disorder.* Unpublished Doctorial Dissertation, University of Pennsylvania.

Podsakoff, P. M., MacKenzie, S. B., Lee, J. Y., & Podsakoff, N. P.（2003）. Common method biases in behavioral research: A critical review of the literature and recommended remedies. *Journal of Applied Psychology*, *88*（5）, 879-903.

Pouretemad, H. R., Khooshabi, K., Roshanbin, M., & Jadidi, M.（2009）. The effectiveness of group positive parenting program on parental stress of mothers of children with attention-deficit/hyperactivity disorder. *Archives of Iranian Medicine*, *12*（1）, 60-68.

Raina, P., O'Donnell, M., Rosenbaum, P., Brehaut, J., Walter, S. D., Russell, D., et al.（2005）. The health and well-being of caregivers of children with cerebral palsy. *Pediatrics*, *115*（6）, 626-636.

Rakap, S.（2015）. Effect sizes as result interpretation aids in single-subject experimental research: Description and application of four nonoverlap methods. *British Journal of Special Education*, *42*（1）, 11-33.

Ratcliffe, B., Wong, M., Dossetor, D., & Hayes, S.（2015）. The association between social skills and mental health in school-aged children with autism spectrum disorder, with and without intellectual disability. *Journal of Autism and Developmental Disorders*, *45*（8）, 2487-2496.

Repetti, R. L., Taylor, S. E., & Seeman, T. E.（2002）. Risky families: Family social environments and the mental and physical health of offspring. *Psychological Bulletin*, *128*（2）, 330-366.

Ritchie, L. D.（1988）. *Family Communication Patterns and the Flow of Information in the Family.* Paper Presented at the Annual Meeting of the Association for Education in Journalism and Mass Communication, Portland.

Ritchie, L. D., & Fitzpatrick, M. A.（1990）. Family communication patterns: Measuring intrapersonal perceptions of interpersonal relationships. *Communication Research*, *17*（4）, 523-544.

Rivard, M., Terroux, A., Parent-Boursier, C., & Mercier, C.（2014）. Determinants of stress in parents of children with autism spectrum disorders. *Journal of Autism and Developmental Disorders*, *44*（7）, 1609-1620.

Roopnarine, J. L., Krishnakumar, A., Metindogan, A., & Evans, M.（2006）. Links between parenting styles, parent-child academic interaction, parent-school interaction, and early academic skills and social behaviors in young children of English-speaking Caribbean immigrants. *Early Childhood Research Quarterly*, *21*（2）, 238-252.

Schaaf, R. C., & Miller, L. J.（2005）. Occupational therapy using a sensory integrative approach for children with developmental disabilities. *Mental Retardation and Developmental Disabilities Research Reviews*, *11*（2）, 143-148.

Selye, H.（1956）. *The Stress of Life*. New York: McGraw-Hill.

Shin, D. C., & Johnson, D. M.（1978）. Avowed happiness as an overall assessment of the quality of life. *Social Indicators Research*, *5*（1-4）, 475-492.

Siaperas, P., Ring, H. A., Mcallister, C. J., Henderson, S., Barnett, A., Watson, P., et al.（2012）. Atypical movement performance and sensory integration in Asperger's syndrome. *Journal of Autism and Developmental Disorders*, *42*（5）, 718-725.

Sigurdardottir, S., Indredavik, M. S., Eiriksdottir, A., Einarsdottir, K., Gudmundsson, H.

S., & Vik, T. (2010). Behavioural and emotional symptoms of preschool children with cerebral palsy: A population-based study. *Developmental Medicine and Child Neurology, 52* (11), 1056-1061.

Simonoff, E., Jones, C. R. G., Baird, G., Pickles, A., Happe, F., & Charman, T. (2013). The persistence and stability of psychiatric problems in adolescents with autism spectrum disorders. *Journal of Child Psychology and Psychiatry, 54* (2), 186-194.

Simonoff, E., Pickles, A., Charman, T., Chandler, S., Loucas, T., & Baird, G. (2008). Psychiatric disorders in children with autism spectrum disorders: Prevalence, comorbidity, and associated factors in a population-derived sample. *Journal of the American Academy of Child and Adolescent Psychiatry, 47* (8), 921-929.

Skegg, K. (2005). Self-harm. *Lancet, 366* (9454), 1471-1483.

Skinner, H., Steinhauer, P., & Sitarenios, G. (2000). Family assessment measure (FAM) and process model of family functioning. *Journal of Family Therapy, 22* (2), 190-210.

Skok, A., Harvey, D., & Reddihough, D. (2006). Perceived stress, perceived social support, and wellbeing among mothers of school-aged children with cerebral palsy. *Journal of Intellectual & Developmental Disability, 31* (1), 53-57.

Streisand, R., Swift, E., Wickmark, T., Chen, R., & Holmes, C. S. (2005). Pediatric parenting stress among parents of children with type 1 diabetes: The role of self-efficacy, responsibility, and fear. *Journal of Pediatric Psychology, 30* (6), 513-521.

Svetina, M., & Nastran, K. (2012). Family relationships and post-traumatic growth in breast cancer patients. *Psychiatria Danubina, 24* (3), 298-306.

Turnbull, A. P., & Turnbull, H. R. (2002). From the old to the new paradigm of disability and families: Research to enhance family quality of life outcomes. In J. Paul, C. D. Lavely, & A. Cranston-Gingras (Eds.), *Professional Issues in Special Education: Intellectual, Ethical, and Professional Challenges to the Profession* (pp. 83-117). Westport: Greenwood Publishing Group.

Van Eldik, T., Treffers, P. D., Veerman, J. W., & Verhulst, F. C. (2004). Mental health problems of deaf Dutch children as indicated by parents' responses to the child behavior checklist. *American Annals of the Deaf, 148* (5), 390-395.

Watling, R., & Hauer, S. (2015). Effectiveness of Ayres sensory integration and sensory-based interventions for people with autism spectrum disorder: A systematic review. *American Journal of Occupational Therapy, 69* (5), 1-12.

Weitlauf, A. S., Vehorn, A. C., Taylor, J. L., & Warren, Z. E. (2014). Relationship satisfaction, parenting stress, and depression in mothers of children with autism. *Autism: The International Journal of Research and Practice, 18* (2), 194-198.

Wiener, J., Biondic, D., Grimbos, T., & Herbert, M. (2016). Parenting stress of parents of adolescents with attention-deficit hyperactivity disorder. *Journal of Abnormal Child Psychology, 44* (3), 561-574.

Woolfson, L., & Grant, E. (2006). Authoritative parenting and parental stress in parents of pre-school and older children with developmental disabilities. *Child: Care, Health and Development, 32* (2), 177-184.

附　录

附录一：残疾儿童心理健康问卷（正式）

以下是关于残疾儿童心理和行为的陈述，请您仔细阅读每一项，根据您对儿童的日常观察和了解，基于他们的真实表现，在每个陈述后面的五个选项中选择一个最符合儿童实际情况的选项，然后在该选项的数字上打“√”。请您逐项作答，不要遗漏，并且只有在儿童的实际情况的确是介于符合与不符合之间时才选择“不确定”。

题目	非常不符合	有点不符合	不确定	有点符合	非常符合
1. 知道自己的长处和不足	1	2	3	4	5
2. 与老师相处融洽	1	2	3	4	5
3. 即使在不熟悉的公共场合里仍然感到放松	1	2	3	4	5
4. 对学习活动不感兴趣	1	2	3	4	5
5. 自己遇到困难或问题，能知道向大人求助	1	2	3	4	5
6. 能独自安排休闲娱乐活动	1	2	3	4	5
7. 受到批评后，会一直不开心	1	2	3	4	5
8. 上课时，听讲有困难	1	2	3	4	5
9. 知道自己与普通人的不同之处	1	2	3	4	5
10. 在上课或者训练时，老师一开始讲话，就能停下手中在做的事情去听	1	2	3	4	5
11. 当遇到不顺利的事情时，会为此烦恼很长时间	1	2	3	4	5
12. 会想出一些克服困难的办法并去做	1	2	3	4	5
13. 在做一件事情时，总是需要再三提醒才能完成	1	2	3	4	5
14. 能够认识到自己需要比普通人更努力	1	2	3	4	5

续表

题目	非常不符合	有点不符合	不确定	有点符合	非常符合
15. 能被周围大部分的同学喜欢	1	2	3	4	5
16. 在生活中完成力所能及的事情后感到开心	1	2	3	4	5
17. 受到挫折后反应过分强烈或压抑	1	2	3	4	5
18. 和父母的关系融洽	1	2	3	4	5
19. 遇到自己开始做不好的事情时，能够坚持，最终将事情做好	1	2	3	4	5
20. 喜欢和父母待在一起	1	2	3	4	5
21. 注意力不集中，容易分心	1	2	3	4	5
22. 能够接受自己的失败，并继续努力	1	2	3	4	5
23. 不喜欢学习	1	2	3	4	5
24. 能融洽地与同学相处	1	2	3	4	5

附录二：亲职压力的叙事访谈提纲

一、相关信息

1. 在您怀孕前，您了解过特殊群体吗？

2. 在孩子出生后，您是选择亲自照顾他还是由孩子的爷爷奶奶照顾他？

3. 您是什么时候发现孩子与其他小朋友不一样的？当时孩子有什么表现？

4. 请问您当时是通过什么途径知道孩子得了孤独症？

5. 孩子被确诊后，您从知道这个事实到接受这个事实经历了多长时间？

6. 家人为此有过争吵或者抱怨、指责吗？您试图采取什么方法来解决矛盾、正视问题？

7. 您觉得在接受孩子的过程中自己有什么变化？家庭是否也有一些变化？

8. 现在二胎政策放开了，您有考虑过生二胎吗？家里的长辈有没有这样的要求？您的态度是什么？

9. 您是否有选择让孩子去机构做康复训练？您还寻找了其他什么资源？

10. 您是如何协调家庭和孩子之间的冲突的？每天用在孩子身上的时间是多长？有请过家教吗？

11. 您让您的孩子进入了普通学校随班就读，您是如何选择学校的？

12. 孩子在普通学校学习有得到融合教育的支持吗？您是否后悔让孩子进入普通学校学习？为什么？

13. 您觉得孩子在学校学习最让您头疼的事情是什么？您是怎么处理的？老师和同学都能接纳他并包容他吗？

14. 面对孩子外出时的突发状况，您是怎么处理的？

15. 孩子在哪个成长阶段最让您头疼？

16. 您是否有给孩子报兴趣班？为什么？是对孩子的未来有什么规划吗？

二、叙事线索

问题一：生活篇章

请被访者把自己的生活想象成一本书，每一段都是这本书中的一章，当然了，这本书还没有写完。让被访者把以前的生活分成若干章节，最少2～3章，最多7～8章，然后为每一章命名，并描述其大致内容，以及是什么原因使得被访者从这一章过渡到了下一章。

问题二：重要事件

请被访者描述过去经历的8个重要事件，尽可能详细地描述事件的细节及其对被访者所蕴涵的意义：

高峰体验——最让你高兴、兴奋的事；

低谷体验——最艰难、沮丧的事；

转折点——使你产生重大改变的事，尽管在事发当时你不一定意识到；

最早的记忆——你记忆中最早的、不一定是重要的事，你记得当时的情境以及你的感受是什么；

重要的童年记忆——童年经历中特别突出的一件事，无论其带来的情绪体验是积极的还是消极的；

重要的青春期记忆——青春期里特别突出的一件事，无论其带来的情绪体验是积极的还是消极的；

重要的成年记忆——成年后特别突出的一件事，无论其带来的情绪体验是积极的还是消极的；

其他重要记忆——记忆深刻的另外一件事，无论其带来的情绪体验是积极的还是消极的。

问题三：重要他人

请被访者描述生活中最重要的四个人，要尽可能详细地叙述自己与他们的关系以及他们对被访者的不同影响，然后请被访者描述自己是否有特别崇拜的偶像。

问题四：对未来的打算

请被访者陈述自己目前对未来的梦想、具体的计划与目标。

问题五：压力与现存的问题

请被访者描述自己目前生活中的两个最棘手的问题，以及这些问题给被访者带来的矛盾、冲突或者挑战，让被访者详细分析问题发生的原因、经过，找出克服困难的办法，并叙述自己在平时生活中应对压力的常用策略。

问题六：人生主题和价值观

请被访者归纳出自己的生活故事中最主要的旋律是什么，觉得在个人生活中最重要的是什么。